文苑艺传媒丛

中国游艺史话
ZHONGGUO YOUYI SHIHUA

王宏凯 著

典藏版

中国国际广播出版社

游艺的魅力
（代序）

游艺，就是游戏的艺术，是各种游戏或娱乐活动的总称，是人类追求快乐愉悦生活的精神需求，凝结着中华民族悠久深厚的历史文化传承。中国人懂得生命的意义和生活的艺术，在博大精深的文化体系中创造出纷繁绚丽的游艺文化。千百年来，中国人不断追求人性的解放，在心物交融的精神状态下，无拘无束地体验生命的快乐。游艺意味着生活的乐趣、精神的解脱、身心的激发和释放，忘却忧愁和烦恼，甚至是时空的存在。

南北朝时任昉《述异记》有一则非常美妙的传说故事。晋朝时，樵夫王质上山砍柴，看见两个童子在对弈。王质在旁津津有味地观看。童子送他一枚枣子吃，王质便不感觉饥饿。一眨眼的工夫，一盘棋尚未下完，王质斧子的木柄已经烂尽了。王质回到家，发现已经过了百年，旧时的亲朋都已不在人世。后世以烂柯为题的诗歌、绘画不胜枚举，唐代画家刘商以王质故事为题绘有《观弈图》，元人贡性之有诗云："笑杀王郎底事痴，斧柯烂尽不曾知。却抛尘世无穷乐，只博山中一局棋。"中国游艺常常与仙界相连，仙人的游戏是凡人向往的生活，正所谓"山中方一日，世上已千年"，仙界的缥缈，时空的变幻，人生的苦短，都与游艺所蕴含的精神有机地联系在一起，彰显着独特趣味和无穷魅力。

明代木刻画《烂柯观弈图》

围棋的魅力折射出整个游艺活动所具有的益智、愉情、欢娱、忘忧的独特功能。游艺蕴含着超凡脱俗、愉悦快乐的人生哲学，独特典雅，精致细腻，充满活力和趣味，体现着中华民族的乐观主义精神。中国人创造出围棋、象棋、蹴鞠、风筝、骰子、麻将、七巧板、九连环、斗鸡、斗蟋蟀、谜语、酒令等众多游艺项目，千百年来，世代相传，繁衍不绝，并不断焕发出新的活力，这在世界文化史上也不能不说是一个奇迹。

中国游艺文化体现了中国人生哲学的发展历程和精神实质。春秋战国时代，"百家争鸣"，先秦诸子各自阐述着对快乐人生的理解，孟子关于"独乐"与"众乐"的论述，庄子与惠子游于濠梁之上，讨论"鱼乐"的故事，庄子和老子的本性自然、超脱无为的思想，等等，都对中国游艺文化的形成产生了深远的影响。随着儒家思想在中国文化体系中主导地位的确立，孔子的游艺思想成为中国游艺文化的核心。孔夫子《论语·述而》中说："志于道，据于德，依于仁，游于艺。"孔子最早从哲学层面对游艺做了诠释，认为游艺是拥有明道仁善之德的人所具备的一种精神状态和人生追求，是人的内在品格的修行磨砺过程。游艺的前提是修德依仁，所有游艺活动是在一种无拘无束、毫无滞碍的状态下进行的，是自由愉悦的，是人性的自然流露，是技巧展现与精神活动的无违融合，这才是中国游艺的真谛。

"游"字在甲骨文中已经出现，本义是古代旌旗上飘带之类的饰物，后引申为逍遥的遨游。"艺"字始见于商代，表示种植，引申为准则、才艺、艺术等含义，古人认为才能技巧达到极高的水平才可以称为"艺"。"游艺"一词意味着游戏娱乐技艺的高超，道德修为的核心价值，以及心旷神怡、悠然自适的精神状态。宋代思想家朱熹认为"游艺"的内涵就是"玩物适情"四字，主张在自由愉悦的状态下去追寻生命的价值。之后，南宋理学家赵顺孙在《四书纂疏》中进一步解释朱熹的观点，指出游艺的状态应是"从容潜玩"，潇洒自在，专心致志。朱熹的"游艺"理论奠定了中国古代游艺思想的基础。北宋司马光作《独乐园记》阐释君子的快乐观，认为无所牵挂、无所羁绊的自由状态是快乐的基础，人生张弛有度，志倦体疲，需要游戏休闲的滋养与调节，所谓"勤劳罢倦，必从容宴息以养志游神"。苏轼在《观棋》诗中提倡"胜固欣然，败亦可喜。优哉游哉，聊复尔耳"的游艺观，深刻影响了后世文人阶层的人生哲学和审美情趣。李清照精通各种游艺，认为"嬉戏之事"如同学习圣人之道，在于专心致志，精益求精。南宋理学教育家程端蒙在《程董二先生学则》中说："修业有余功，游艺以适性。弹琴、习射、投壶，各有仪矩，非时勿弄。博弈鄙事，不宜亲学。"游艺是课余的活动，目的是培养优良的性情，要遵循礼仪规矩，远离赌输赢、角胜负的博戏。元代《蹴鞠图谱》开篇即讲"仁义礼智信"，以及"要和气，要诚实，要志诚，要行止，要温良，要朋友，要尊重，要谦让，要礼法，要精神"的"十紧要"，显然做人比技艺更加重要。"依仁游艺"为核心的儒家游艺思想影响深远，寓教于乐、德艺双馨始终是中国游艺文化的民族特色。

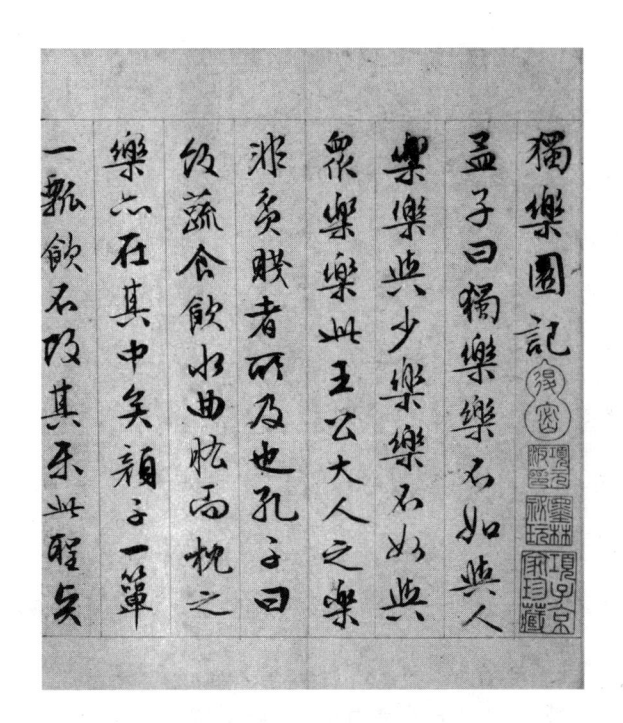

明代文徵明行书长卷《独乐园记》（局部），克利夫兰艺术博物馆藏

直到近代，人们不再简单地将游艺局限在道德层面，游艺真正成为人们闲暇娱乐活动的艺术。梁启超提出"趣味主义"，是对中国几千年游艺精神的新诠释，体现了融化在中国人血液中的人生信仰和生活美学。梁启超在《教育家的自家田地》中说："依孔子的观察，生命即是活动，活动即是生命，活动停止，便是生命停止，然而活动要有原动力——像机器里的蒸汽，人类活动的蒸汽在哪里呢？全在各人自己心理作用——对于自己所活动的环境感觉趣味。用积极的话语来表他，便是'乐'，用消极的话语来表他，便是不厌不倦。""趣味主义"是对中国古代游艺思想的发展。

中国游艺体系是在儒家游艺思想的主导下，经历几千年的涤荡和创新构建起来的。中国游艺思想的内涵主要有四条：一是依仁游艺，修身育德是游艺的前提和目的；二是逍遥自娱，游艺是精神与物质相融合的活动，必须在自由、超脱自然的状态下进行；三是遵循仪规，公平的游戏规则是所有游艺活动的基础；四是扬善除弊，远离赌博等有害游艺项目。

"游戏"一词同样起源很早，《韩非子》中就有"游戏饮食"的话。许慎《说文解字》说："戏，三军之偏也，一曰兵也。"意思是说"戏"字与军事活动有关，本义是角力，就是徒手相搏，较量武力，之后引申为戏剧、游戏等。在先秦时期，游艺与游戏的内涵是不同的，大约在唐宋以后，两个词汇逐渐融合，更多指向闲情娱乐的各种游戏活动。游艺以个人的娱乐为目的，所以与戏曲、歌舞等纯观赏性的艺术表演不同。游艺与体育不同，游艺重在自我身心的休闲愉悦，不以体育竞技为目的。

中国人善于创造，精于游艺，自先秦之后，各种游艺种类被发明出来，形成独特的中国游艺体系和鲜活的中国游艺文化，千百年来不断传承、演变，生生不息。历史上，"游艺"一词的范围曾经非常广泛，几乎包括艺术和体育的许多种类，从中国游艺史研究视角来看，应该将属于艺术、体育、百戏等的内容从游艺体系中剥离，更多地关注普通民众都可以从事的闲暇娱乐活动，人民的娱乐生活才是中国游艺文化的主体。正如近代学者林语堂在《吾国吾民》一书中记述了民国时期民众的日常娱乐，他说："有了极度闲暇，中国人还有什么事情未曾干过呢？他们会嚼蟹，啜茗，尝醇泉，哼京调，放风筝，踢毽子，斗鸡，斗草，斗促织，搓麻将，猜谜语，浇花，种蔬菜，接果枝,下棋,养鸟,煨人参,沐浴,午睡,玩嬉小孩,饱餐,猜拳,变戏法,看戏,打锣鼓,吹笛,讲狐狸精,练书法,咀嚼鸭肾肝,捏胡桃,放鹰,喂鸽子,拈香,游庙,爬山,看赛船,斗牛,服春药,抽鸦片,街头闲荡,聚观飞机,评论政治,读佛经,练深呼吸,习静坐,相面,嗑西瓜子,赌月饼,赛灯,焚香,吃馄饨,射文虎,装盆景,送寿礼,磕头作揖,生儿子,睡觉。"显然林语堂对休闲娱乐的界定过于宽泛,从现今中国游艺史的研究来看,游艺的核心内容包括技艺游戏、节令娱乐、宠物畜养、棋类博戏和儿童游戏。

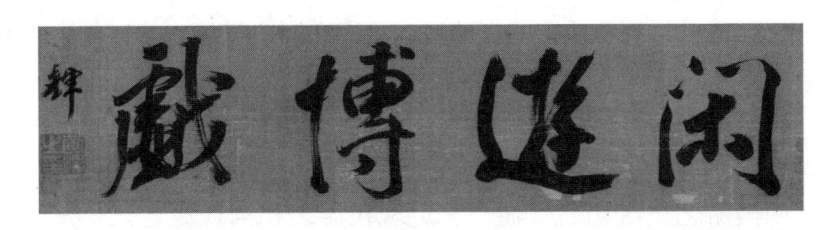

明代黄辉"闲游博戏",南宋颜庚《钟馗嫁妹图卷》题跋,纽约大都会博物馆藏

中国人豁达怡然,韵味无穷,充满着乐观主义精神。这种乐观主义精神成为追求社会进步与人生至善至美的动力,演变成了有目的、有意识的一种社会活动,精彩纷呈,活力迸发。无论是宫廷的围棋、六博、蹴鞠、投壶、捶丸、百戏,还是民间的击壤、风筝、秋千、斗草和各种童戏,无不蕴含着深刻的哲学思想和礼仪民俗,不论是四季节令的全民狂欢,还是凝思静虑的博弈手谈,或者是孩童们的天真嬉戏,以及佳人闺阁里的鸟语花香,所有游艺活动都成为中国人熏陶性情、享受闲暇、强健身体、养生益智的方式。宋代围棋古谱名为《忘忧清乐集》,明代象棋谱则叫《适情雅趣》,明代书法家黄辉"闲游博

戏"四字，都是中国人对游艺本质和功能的经典诠释。

中国人的游艺精神固化成历史悠久、内涵丰富、绚丽多彩的中国游艺史。中国游艺具有自身的发展轨迹，同时又是了解各个历史时代社会面貌的窗口。中国游艺具有社会性、规则性和兼容性等诸多特性，融入中国人的精神世界，影响着中国人的日常生活。中国游戏文化是华夏大地上休戚与共的多民族共同创造的，相互融合，促进了中国人游艺精神与文化的形成和发展，构建了丰富多彩的中国游艺体系。中国游艺文化对世界其他国家的休闲娱乐产生多方面的影响，不仅是游戏种类的对外传播，如围棋、投壶、斗鸡、龙舟、七巧板、金鱼等，而且也影响着这些国家的民间习俗和时尚潮流。中国人自古秉承开放包容的态度，学习吸纳了许多其他国家或民族的游戏种类，充实丰富了中国游艺文化。

中国游艺史经历古代游艺、近现代游艺和当代游艺三个发展阶段，其中古代游艺大体分为先秦、秦汉、两晋南北朝、隋唐、宋元和明清六个时期。先秦、秦汉是中国游艺体系的奠定时期，形成了主要的游艺种类和游艺思想，仅《全上古三代秦汉三国六朝文》就收录三十几篇游艺赋，如《围棋赋》《樗蒲赋》《弹棋赋》《斗鸡诗》《投壶赋》等。两晋南北朝时期的游艺呈现独具特色的繁盛局面，各民族和中外游艺交流达到高潮。隋唐时期是中国游艺发展史上的鼎盛时期，各种游艺得到充分发展，并逐步定型，出现了专门的游艺著作，如《击壤经》《蹴鞠谱》《丸经》《樗（chū）蒲经》《弹棋经》《五木经》等。宋元明清时期游艺的发展主要体现在对原有游艺的完善和普及上，节令娱乐活动的繁盛和文人游戏的艺术化成为显著的时代特色，出现了宠物畜养、纸牌、麻将、冰嬉等新的游艺项目。中国游艺精神贯穿于中国古代游艺发展史，不同历史时期呈现绚丽多彩的特色，与文学、艺术、民俗、体育有着天然的密切联系，阳春嘉日，讲肆余暇，寄情游艺，乐心不倦，成为中国古代人们社会生活的重要组成部分。文人墨客的诗文和绘画中吟咏和描绘游艺的诗画浩如烟海，极大地丰富了中国古代游艺思想与艺术的宝库。近代以来，社会制度的变迁、新的思想及文化的发展，促使古代游艺中许多种类逐渐退出历史舞台，现代娱乐方式取代了古代游艺的许多内容，中国人的游艺精神在继承中华传统文化的同时，融入了更多的近现代元素，中国游艺发展史开启了崭新的篇章。

游艺小则关系一个人的性格与趣向，大则涉及了解一个民族，所以林语堂说："倘不知道人民日常的娱乐方法，便不能认识一个民族。"《中国游艺史话》以中国古代游艺为主体，拾取了中国游艺宝库中最为耀眼的几颗明珠，如耄耋老者回忆孩童时光一般，娓娓道来，讲述中国游艺历史上那些可爱而动人的故事，虽然只是沧海一粟、一鳞半爪，但是能够以小见大，抛砖引玉，帮助读者们叩开中国游艺文化历史的大门，了解中国人的游艺生活，感悟我们祖先曾经陶醉其中的快乐和追求，继往开来，充实如今美好生活的文化内涵，传承发展博大精深的古代文明，为中华民族的伟大复兴增添修身适情、健康快乐的内在动力。

目 录

第一章　中国游艺的起源　001
　　一、帝尧之世，击壤而歌　004
　　二、石球、陶球之谜　007
　　三、河图洛书、九宫图和围棋　010
　　四、黄帝作蹴鞠与尧舜造棋　013

第二章　春秋战国游艺　018
　　一、弈与博　020
　　二、六博的历史故事　023
　　三、对酒设乐，雅歌投壶　029
　　四、龙舟竞渡溯源　033
　　五、秋千的传入　037
　　六、鲁班、墨子造木鸢　040
　　七、孔子的游艺思想　044

第三章　秦汉三国游艺　050
　　一、神仙棋话　052
　　二、汉代古围棋盘　058
　　三、仙人六博　061

四、古代的跳棋游戏　　066
　　五、陈思王创骰子的误说　　068
　　六、刘太公的爱好　　072
　　七、"舍蹴鞠而好弹棋"　　076
　　八、曹植的《斗鸡赋》　　078
　　九、藏钩、射覆和投壶　　082

第四章　两晋南北朝游艺　　088
　　一、"忘忧清乐在枰棋"　　091
　　二、"盘龙癖"之樗蒲　　098
　　三、弹棋名家谱　　104
　　四、六面体骰子的传入　　109
　　五、周武帝制象戏　　115
　　六、投壶的新气象　　118
　　七、"海陵斗鹅"的传说　　121
　　八、庐山赤鳞鱼　　125
　　九、《璇玑图》、高末和踢毽子　　129

第五章　隋唐五代游艺　　133
　　一、"酒食罢无事，棋槊以自娱"　　135
　　二、唐诗与围棋　　141
　　三、中国围棋传朝鲜、日本　　145
　　四、宝应象戏　　150

目 录

  五、博戏的盛行   152

  六、龟背戏与宫棋   163

  七、打马球壁画与击鞠   167

  八、气球与白打   172

  九、拔河兆丰年   177

  十、"斗鸡走马胜读书"   180

  十一、繁富多彩的酒令   185

第六章 宋辽金元游艺   190

  一、宋元文人弈趣   193

  二、《七国象棋》和《投壶新格》 200

  三、中国象棋的定型   207

  四、蒙古草原上的棋戏   211

  五、李清照与《打马图经》 215

  六、宋徽宗的马球诗   218

  七、中国古代的"高尔夫球" 221

  八、婴戏图中的童戏   225

  九、闲时节打髀（bì）殖   233

  十、"我识南屏金鲫鱼"   238

  十一、贾似道与《促织经》 241

  十二、分茶游戏   247

  十三、狮猫的故事   250

第七章　明清游艺　　　259

一、《明宣宗宫中行乐图卷》赏析　　261
二、宣德蟋蟀罐的前世今生　　265
三、由盛至衰的蹴鞠活动　　271
四、珍贵的明清游艺文物　　275
五、从马吊牌到扑克牌　　282
六、天花喷磚的奇妙烟火　　287
七、从《群婴斗草图》说起　　294
八、丰富多彩的儿童游戏　　300
九、嘎拉哈和抓子儿　　308
十、风靡世界的"唐图"（Tangram）　　310
十一、消寒迎春的"九九消寒图"　　317
十二、隆冬时节话冰嬉　　322
十三、"东方圣鱼"传四方　　325
十四、嘉靖帝与"霜眉"的故事　　331

后　记　　337
主要参考文献　　342

第一章 中国游艺的起源

游戏是人类与其他动物都具有的一种本能活动，游艺则是人类独有的文化现象和精神活动，融入了人类的思想智慧和创造能力，是其他动物的本能游戏无法比拟的。中华民族的游艺活动有着五千多年的悠久历史，170万年前，我国大地上出现了最早的人类，那时"人民少而禽兽众"，人们"食草木之实，鸟兽之肉"，"未有麻丝，衣其羽毛"。人类的生存环境十分艰苦，但生活并不单调。在食可果腹、风和日暖的时候，他们会进行各种有意识的嬉戏，学术界称之为超越动物生理机制驱动下的"娱乐原欲"。所以，中国古代典籍《毛诗·序》中说："情动于中而形于言，言之不足，故嗟叹之；嗟叹之不足，故咏歌之；咏歌之不足，不知手之舞之，足之蹈之也。"意思是说，人的内心情感是通过语言、表情、歌唱、舞蹈来充分表达的，这段话说明艺术起源于人类传达情感的需要，而游艺的产生同样是因为人类精神世界的需求。动物的游戏是捕猎能力的模拟与练习，而人类的游戏是情感和思想的表达，是对物质生活的艺术升华，所以古代哲人将人类的游戏称为"游艺"，也就是游戏的艺术。

远古时代，随着生产力的发展和人类自身的进化，人类的各种感觉和意识变得丰富深刻起来，那种受生理机制驱使、无意识的游戏演变成了有意识的精神活动。人类的劳动与休闲、部落纷争和神灵崇拜等对游艺的产生都发挥了重要的作用。休闲时间的出现是游艺活动产生的前提。《诗经·民劳》中说："民亦劳止，汔可小休。"劳动之后的休息时间，人类需要游戏或歌舞等消除疲劳，获得精神的愉悦。在人类历史的早期阶段，游艺与祭祀和巫术活动混杂在一起，娱神与娱己的功能同时存在。朱光潜在论述艺术与游戏的起源时说："艺术和游戏都是要在实际生活的紧迫中发生自由活动，都是为着享受幻想世界的情趣和创造幻想世界的快慰，于是把意象加以客观化，成为具体的情境。"朱光潜明确指出游戏的产生是在原始社会物质生产丰富之后，人类有了闲暇时间后产生的，从而由精神的愉悦快乐转化成客观的玩具和游戏情境。

早期游艺活动的产生和演变过程可以从击壤、球戏、围棋等游戏种类的产生上反映出来，而后期众多游艺活动的起源则变得更为多样化，与社会文化、风俗、宗教、军事以及人们对自然界的认识和各种科学知识都有着密切的关系。我们在探索中国游艺起源的问题时，既要注重早期游艺活动产生的自发性，也不能忽视游艺活动产生的社会性。在世界游艺发展史上，中国游艺史具有历史悠久、内涵丰富、传承连续、兼容创新等鲜明特色。

一、帝尧之世，击壤而歌

击壤是一种古老的民间游戏，起源于传说中的帝尧时代。东汉王充《论衡·艺增篇》引《尚书》记载：帝尧时，"有年五十击壤于路者，观者曰：'大哉！尧德乎！'击壤者曰：'吾日出而作，日入而息，凿井而饮，耕田而食，尧何等力？'"意思是说：尧的时候，有老者在田间的路上击壤。看热闹的人说："真好哇！如果没有尧的恩德，老人家哪有闲暇玩击壤呢？"老者听了这番议论，很不高兴，冲着他大声说："我太阳出来去耕作，直干到很晚才休息，吃水靠自己凿井，吃粮靠自己耕种，尧与我们有什么相干？"这首《击壤歌》是我国古代民谣的代表作，歌颂了尧时代的太平盛世，展现了远古先民原始简朴的安闲与快乐。尧是我国原始社会晚期黄河流域部落的首领，他鼓励人们开垦农田，发展历法，人民丰衣足食，被后世誉为圣贤。击壤源于古代农业生产，是农民在田间闲暇时利用身边的土块发明的游戏。《说文解字》上说："壤，柔土也。"所以东汉刘熙《释名》曰："击壤，野老之戏，盖击块壤之具，因此为戏也。"击壤是中国早期投掷类游艺的典型代表，游戏的方式非常简单，就是将土块置于远处，人们手拿另一块土块去击打远方的土块，以击中为胜。这种击壤游戏一直流传至今，现今许多地区都有类似"打瓦""拽包"之类的儿童游戏，其起源便是击壤。

击壤的起源说明游艺是在人们衣食丰足，出现闲暇时间以后产生的，是人类社会发展到一定阶段的产物，与人们的生产活动有着密切的联系。远古时代，我们的祖先为了生存，凭借自己创造的简陋生产工具，向大自然索取生活资料。当人们处在茹毛饮血的时代，衣不蔽体，食不果腹，根本无暇于娱乐游艺。随着人类生活资料逐步丰富，人们在得到温饱之后，才有了闲暇时间，有了获得精神享受的要求。于是，那些曾是训练生产技能的活动便以娱乐游艺的形式再现出来，追逐演变成赛跑，攀登转变为秋千、爬绳，投射发展成为击壤、投壶等游戏活动，人们生产劳动中的工具和自然界的动植物便成为最早的玩具。尧时代的击壤游戏最初采用的用具不过是最普通的土块，随着历史的发展，击壤的用具演变成木制或石制等材质，规则也更加完备。

《击壤图》，明代王圻、王思义辑《三才图会》插图

击壤不仅是最早的投掷技能类游戏，也是最早的节令游戏。节令游戏的出现源于历法的完善，农耕时代，历法节令保障了农业生产和日常生活的正常运作，人们才有了真正意义的闲暇时间。《庄子·让王》中说："春耕种，形足以劳动；秋收敛，身足以休食。"反映的正是古代农民依节令进行耕种和休息。《尚书·尧典》说，帝尧时创制完善了历法，划分出春分、秋分、夏至、冬至，为民众提供了时间秩序的法则。击壤游戏流传到后世，依旧多在冬春的农闲时间进行。明代文献中记载，江南地区流行的打棒壤游戏"即古之击壤"，是冬天儿童们玩的游戏。童谣唱道："杨柳青，放风筝；杨柳黄，击棒壤。"

清代焦秉贞《春园游戏图册》打瓦，费城艺术博物馆藏

社会生产的发展带来两个积极的结果，一是社会财富的增加，二是闲暇时间的增加。人们有了比过去多得多的闲暇时间，充实人们闲

暇生活的游艺活动便迅速地发展起来。原来简单的游艺逐渐发展成为复杂的娱乐形式，或演变成新的游艺种类。击壤在三国和两晋时已相当流行。晋朝的盛彦写了一篇《击壤赋》，认为击壤是众多游戏中最有趣味的游戏，"论众戏之为乐，独击壤之可娱"。这时的"壤"演变为专门的用具，一种长一尺四寸、宽三寸、前宽后窄、形状如屐（古代的一种木鞋）的木制品。宋代以后，击壤进一步演变为多种游戏形式，称作抛堶、飞石、掷砖、打板板、打瓦等。

中国游艺的产生源于人们追求内心愉悦的精神需求，从产生的那一刻起便具有文化属性。击壤是上古原生态的田间娱乐活动，后人将其演绎为对太平盛世的赞扬，对闲适农耕社会生活的向往。南朝诗人谢灵运《初去郡》诗中说："即是羲唐化，获我击壤声。""羲唐"是伏羲氏和尧的并称，击壤是上古羲唐太平盛世的象征物。唐代诗人薛存诚《闻击壤》诗云："尧年听野老，击壤复何云。自谓欢由己，宁知德在君。"赞美了太平盛世人们发自内心的欢乐，人与社会、人与自然的和谐状态。击壤游戏对中国文化的发展也产生了深刻影响。宋代著名理学家邵雍将自己的诗集命名为《伊川击壤集》，唐代画家韩滉，宋代李嵩、勾龙爽，元代赵孟頫，明代崔子忠等都画过《尧民击壤图卷》。

二、石球、陶球之谜

文物是一定历史时期人类社会活动的产物，保存着人类的具有历史、艺术、科学价值的遗物和遗存，古代游艺文物提供了中国古代游艺发展过程中重要的实物或文献信息,真实地反映了古代游艺的面貌,成为研究中国游艺的重要史料。

石球是指经过人类加工的圆形石料,作为原始人狩猎和敲砸食物的用具,最早出现在距今170万—50万年的云南元谋猿人、陕西蓝田人、北京周口店猿人遗址中。到了距今7000—5000年的新石器时代,石球开始小型化,直径多在2—6厘米,磨制精细,其用途引起学术界的兴趣。西安半坡遗址152号墓是一个三四岁女孩的墓葬,出土了三个磨制非常精细的石球和一个陀螺玩具。石球与陀螺玩具两件随葬品同时出现在女孩的墓葬中,意味着石球所具有的玩具性质。目前,学术界普遍认为半坡遗址出土的石球是一种球形玩具,寄托着家人希望女孩在另一个世界依然能够玩这些玩具的愿望。

新石器时代石球,弗利尔美术馆藏

除石球外，考古学家在山东、安徽、湖北、四川、浙江等地龙山文化、薛家岗文化、大溪文化、屈家岭文化、良渚文化等新石器时代的文化遗存中，发现距今7000—5000年的陶球。山东淄博在董褚遗址中出土一件陶球，白褐色泥陶质，表面润泽光滑，古朴自然，属于距今4600年的龙山文化。安徽省潜山市王河镇薛家岗文化遗存的陶球用红沙泥土烧制，直径为2—9厘米，空心，薄壳，内心装有陶丸，摇之有声，球面有红彩、黑彩不同颜色，有斜刺花纹，有的镂孔，镂孔数量不一，其中一件陶球镂孔有136个。这些陶球形态对称均衡，具有古拙朴实之美。考古研究者认为许多陶球已超越了生产工具的范畴，成为当时人们精神文化生活的娱乐品，是一种精致的儿童玩具。

在玩具的起源问题上，不同形态玩具产生的时间是不同的。球形具有其他形状所不具备的特点，有亲切感和趣味性，不停地滚动最容易引起儿童的游戏兴趣，形态也便于掌握把玩，所以球形儿童玩具可能是最早出现的玩具。从半坡遗址石球和众多新石器时代遗存中的陶球来分析，在中国游艺发展史上，新石器时代已经产生了原始儿童玩具，这既印证了学术界关于游戏起源于人类本能的观点，也说明儿童玩具是最早的游艺用具，儿童是人类游艺活动的最早参与者。儿童的游戏活动是一种幻想世界和寻求快乐的本能需求，尤其是人类社会的早期阶段，在"野老之戏"击壤产生之前，原始人类的孩童已经开始游戏活动，而游戏玩具或取材于大自然，或由身边的劳动或生活用具改制而成。

薛家岗文化红沙镂空线纹陶球，安徽省潜山市薛家岗遗址博物馆藏

人类儿童期的游戏不同于其他动物，因为人类儿童期的游戏除本能需求外，还有人类社会和文化的影响。儿童在游戏获得愉悦的同时，培养学习和传承的能力，可以模仿和创造新的游戏和玩具。韩非子在《韩非子·外储说左上》中说："夫婴儿相与戏也，以尘为饭，以涂为羹，以木为胾，然至日晚必归饷者，尘饭涂羹，可以戏而不可食也。"意思是说，孩童做游戏，用尘土当饭，用稀泥充当汤羹，用木块当大肉，到了晚饭的时候，这些尘土、稀泥的饭羹只可以游戏，却不能吃。韩非子的观点说明早期儿童游戏用的玩具就来自大自然，如同石球和陶球，这种"过家家"的游戏是儿童对成人社会生产生活的模仿，同时也是一种创造儿童幻想中的世界。后世许多儿童游戏的产生和发展大都沿袭游戏需求及模仿和创造的过程，自然界和人类社会生活所有物品都有可能成为儿童游戏时使用的玩具，并演绎出如梦如幻、妙趣横生的童话故事。

三、河图洛书、九宫图和围棋

中国的游艺起源于远古时代人们的生产生活，除了直接来源于自然界或人类社会的具体事物外，还与人们对宇宙和自然的认识，以及与人们的天文、地理、气候等知识有关。

相传在远古伏羲氏统治天下的时候，洛阳东北孟津县境内的黄河里浮出龙马，背负"河图"。在夏禹治水的时候，洛河里出现一只神龟，背驮"洛书"。伏羲依河图而演成八卦，大禹靠洛书而治水成功。这两幅神秘而又奇妙的图形蕴含了远古先民对宇宙和自然界的认识与想象。一般认为河图为圆，象征天，洛书为方，象征地。河图上的符号代表着天上的星座，洛书上的符号则代表反映地域观念的九州。后来，在洛书的基础上，出现了一种"九宫图"。它在一个由若干个排列整齐的数组成的正方形中，任意一横行、一纵行及对角线的几个数之和都相等。这种排列的图表，就是数学里说的幻方或纵横图。

明木刻画《龙马负河洛图》，载明万历余象斗编《列国前编十二朝》

在唐宋时期，人们在九宫图的基础上发明了一种"重排九宫"的数学游戏，这就是移块玩具的"老祖宗"。"重排九宫"的玩法是制作一个带有 3×3 个方格的方盒，里面放 8 块正方形木块。木块上分别写有 1 至 8 这 8 个数字。玩时，先把 8 块木块随意地放在方盒内，然后利用一个空的方格，使随意排列的木块排出具有一定规律的顺序来。后来，人们在"重排九宫"玩具的基础上，创造出至今仍然风靡世界的益智游戏"华容道"。华容道是中国古老民间益智游戏的代表，数学原理深奥，变化多端，体现了中华民族的聪明才智，与魔方、钻石棋并称为"智力游戏界的三大不可思议"。从现有文献来看，华容道游戏大约发明于 19 世纪 30 年代，但它的渊源却非常古老，是一个名副其实的中国益智游戏。

河图与洛书相结合，并结合古代的八卦思想，又演变成了"太极图"。太极图中的黑白相对的对称结构暗示宇宙间阴阳的变化和自然界永无休止的运动。这种远古的思维方式在围棋这一游艺项目中得到充分的体现。围棋的圆形棋子代表天，方形棋盘代表地。黑白棋子则分别代表着阴、阳。阴阳最初的含义是指冷和热，后来便具有了抽象意义，即表示黑暗与光明，而且还表示女性和男性。古代人认为一切事物都是在阴阳的消长与融合中发展的。围棋棋盘上的"天元"代表着方位坐标的中心；分布在棋盘上的 8 个"星"，分别代表了东、南、西、北、东北、东南、西北、西南 8 个方位；四个角上的星和天元，代表了"五岳"；四个角星则体现春、夏、秋、冬四季中最有特征的那一天。这反映了古人对地域方位和季节的认识。如果把棋盘上的天元、星构成图形，不正与"洛书"的图形相近吗？难怪古代学者总是把围棋与天文、地理、阴阳、五行等联系起来。《敦煌棋经》中说："碁子圆以法天，碁局方以类地。碁有三百一十六道，放周天之度数。"元代虞集在《玄玄棋经》序中说："夫棋之制也，有天地方圆之象，有阴阳动静之理，有星辰分布之序，有风雷变化之机，有春秋生杀之权，有山河表里之势。"在古人创造围棋等游艺活动的过程中，融入了他们对宇宙和自然界的认识。除围棋外，古人的科学智慧体现在诸如象棋、六博、叶子戏、风筝、七巧板等游艺中。

四、黄帝作蹴鞠与尧舜造棋

古代神话是原始人类口头传承的文化结晶，在万物有灵的观念支配下，原始人类建构了瑰丽神奇的神话世界。在中国游艺的创造中融入了原始人类对宇宙万物的看法，神话世界成为游艺产生的土壤。朱光潜在《文艺心理学》中认为，游戏的特点之一是"它们都是意象的客观化，都是在现实世界之外另创意造世界"。中国的游艺起源于远古时代，因为那时没有文字记载，游艺产生的情形是靠世代口头相传下来的，黄帝作蹴鞠和尧舜造棋的神话和传说正是远古游艺产生的曲折反映。

蹴鞠，亦称蹙鞠、踢鞠。"蹴"，意思是脚踢；"鞠"即皮球，早期的鞠是用毛充填皮囊而成，宋代以后出现了充气的皮球。蹴鞠与现在的足球很相似，是我国古代人们非常喜爱的一种娱乐游戏。史籍中记载，蹴鞠是黄帝发明的。西汉学者刘向在《别录》中写道："蹴鞠，传言黄帝所作，所以练武士知有材也。"1973年湖南长沙马王堆汉墓出土先秦佚书《十六经》，其中《正乱篇》记载了黄帝战胜蚩尤的经过和对蚩尤的惩处，可补上古文献的不足。黄帝俘获蚩尤后，下令将蚩尤的皮作箭靶，剪蚩尤的头发作旌旗的饰物，把蚩尤的骨肉剁成肉酱，而且"充其胃以为鞠，使人执之，多中者赏"。意思是说：用蚩尤的胃填充做成球，让人们踢，踢中数量多的人可以获得赏赐。这段记载不仅反映了古代部落战争的野蛮性和原始巫术的盛行，而且佐证了黄帝始作蹴鞠的可能性。《十六经》成书于战国后期，多采纳传说中黄帝和臣下的问答。传说黄帝有许多发明创造，制作衣裳，挖掘水井，发明弓箭，创造文字、音律等，蹴鞠的发明归于黄帝，符合古人崇拜圣贤而把许多发明创造归为远古圣君的思维模式。古人云："圣人作之，而天下不以为疑。"陕西、山西等地的新石器时代遗址中发现有大量精致的石球，说明球戏已经产生，从石球演变成填充动物的皮毛而制作皮球并不困难，皮球的产生意味着蹴鞠游戏的出现。从《十六经》等文献记载来看，蹴鞠起源于原始社会末期，早期的蹴鞠与战争有关，是由某种武士技能演变成为娱乐性的游戏。

明代木刻画《黄帝战蚩尤》，载明万历余象斗编《列国前编十二朝》

古代神话传说中有不少讲到棋类游戏的起源。战国末年的著作《世本·作篇》记载："尧造围棋，丹朱善之。"丹朱是尧的长子，顽劣不堪，喜欢带着随从臣仆，到各地游历。那时洪水泛滥，丹朱不顾百姓疾苦，总是乘船到处游荡，稍不遂意，就大发脾气。尧见丹朱骄傲乖戾，教育无效，便制作了围棋来教丹朱玩，希望用弈棋来潜移默化地改造丹朱的性情，结果丹朱从此真的改邪归正。据说尧给丹朱制作的围棋是用文桑木做棋盘，拿犀角和象牙做棋子的。唐代诗人皮日休不同意尧造围棋之说。他写了一篇《原弈》的文章，认为围棋是斗智的游戏，诈谋奇计是常理，尧是仁义礼智的圣君，"岂能以害诈之心，争伪之道教其子哉"！他认为围棋是战国时谋士们发明的。

在象棋的起源上也有类似的传说。如，北宋晁补之《广象戏格序》说："象戏，兵戏也。黄帝之战，驱猛兽以为阵，象，兽之雄也，故戏兵以象戏名之。"此外，还有舜造象棋教育商均和象的传说。商均是舜的儿子，他少年时，骄横不驯，愚笨无知。为此，舜也用象棋来教育商均，培养他的智力。另一个传说是，象是舜的异母弟，性格傲慢狠毒，多次想谋杀舜。为此，舜把他禁居起来，又恐他寂寞，所以为他发明了象棋，使他有所娱乐。因他名叫象，所以称作象棋。尧、舜造围棋、象棋的神话传说虽然难以考证，但它们反映了围棋、象棋的起源很早。考古发掘的材料可以推测尧造围棋、舜造象棋的传说，在甘肃永昌县鸳鸯池新石器文化遗址、仰韶文化遗址中都曾发现一种"棋盘纹图案"，这种图案线条均匀，格子整齐，类似围棋盘。甘肃永昌县鸳鸯池遗址出土一个彩陶罐，上绘有纵横各十至十三道类似围棋盘的图案。当然，这还不是围棋棋盘本身，但是说明当时具有萌发围棋的可能性。

围棋的起源始终充满着神仙洞府的色彩。历代围棋绘画中有儒佛道三教共同弈棋的绘画题材，名为三教会棋。美国费城艺术博物馆收藏一件金大定元年（1161）豆形瓷枕，上绘《三教会棋图》。河北宣化辽代张文藻墓也发现一幅表现仙弈神话的《三教会棋图》。辽宁法库叶茂台辽代墓葬出土了一件《深山会棋图》，描绘了山路上数位隐士前往会棋的场景，是另外一种意境下的神仙会棋。三教合一题材的绘画虽然出现的年代较晚，但与尧舜造围棋的古代神话一脉相承，寓意着围棋起源的悠久和神奇，反映出古人"天人合一，君子比德"的神仙思想。

金代《三教会棋图》瓷枕，费城艺术博物馆藏

有趣的是，在一些国家的百科全书中，明确写着中国围棋的发明时间。例如，《大不列颠全书》中说："围棋，公元前2306年起源于

中国。"《美国百科全书》说："围棋于公元前2300年由中国发明。"根据中国夏商周断代工程的研究，公元前2306年是尧的时代，国外各百科全书的说法显然也是依据了中国古书中"尧造围棋"的传说，承认围棋源于中国，距今已经有四千多年历史。

神话传说作为上古流传下来的超现实的历史记录，与巫书、图腾崇拜和原始宗教混杂在一起，口头传承经过后人的文字记载，可能部分失去原始的状态。尽管如此，神话传说如同历史现实的梦境，无论内容是否荒诞神奇，都是历史客观存在的曲折反映。研究古代游艺的起源要结合人类学、考古学的研究成果，透过神话传说可以还原历史的真实。

中国游艺史话

第二章
春秋战国游艺

春秋战国（公元前770年—前221年）是中国古代史上的重要变革时代。诸侯国的分立、社会经济的发展、思想学术的空前活跃，打破了夏商周以来奴隶制文化的旧体制，对当时的社会风尚产生了巨大的影响。这种影响同样体现在游艺活动方面。当时各诸侯国的社会经济都有迅速发展，城市不断扩大和繁荣，逐渐成为商业和文化的中心。在通都大邑中，出现了一些适应城市民众生活的游乐活动，诸如木鸢、六博、斗鸡、投壶、秋千、龙舟竞渡等，围棋、蹴鞠等游艺也有很大发展。《史记·苏秦列传》记载：齐国"临淄甚富而实，其民无不吹竽、鼓瑟、弹琴、击筑、斗鸡、走狗、六博、蹋鞠者"。当时与临淄相当的都市还有不少，如魏国的大梁，韩国的新郑，燕国的蓟城，赵国的邯郸，楚国的郢都、宛城等。这些城市都很繁荣，因此，临淄兴盛的游艺是当时城市游艺娱乐活动的缩影。

一、弈与博

博弈是中国游艺体系中的核心内容,蕴含中国文化的精华,体现中华民族的智慧。博弈由博和弈两种不同形态的游戏组成。弈指围棋、象棋等棋类游戏,博泛指以掷采为核心的博戏,以六博为始祖。春秋战国时期,博弈游艺得到迅速发展的机会,围棋更加普及,深入人民日常生活中,所以当时人们在讲其他事物时常用围棋作比喻,出现诸如"举棋不定""专心致志"等成语。

围棋,又叫弈。汉代扬雄在《方言》中说:"围棋谓之弈。自关而东,齐鲁之间,皆谓之弈。"汉许慎《说文》解释道:"弈,围棋也。""弈"字最早出现在《论语》和《左传》中。孔子在《论语·阳货》中说:"饱食终日,无所用心,难矣哉!不有博弈者乎?为之,犹贤乎已!"意思是说:与其饱食终日,无所用心,还不如玩玩六博,下下围棋。因为这些活动可以锻炼人的思维。西汉刘安《淮南子》中也说:"以弋猎博弈之日,诵诗、读书,闻识必博矣。"他不赞成玩"博弈",认为用打猎下棋的时间来读书,可以增长见闻和知识。由此可见,春秋战国时代,"博弈"并称,"弈"是围棋的专用书面语。

战国时出现了中国历史上有文字记载的第一位围棋高手,名叫秋,因为围棋下得好,被人称为"弈秋"。《孟子·告子上》说:"弈秋,通国之善弈者也。使弈秋诲二人弈,其一人专心致志,唯弈秋之为听;一人虽听之,一心以为有鸿鹄将至,思援弓缴而射之,虽与之俱学,弗若之矣。"当时已经有围棋的教学活动。早期的围棋理论也产生于这一时期,战国稷下学派尹文在《尹文子》中说,围棋是一种锻炼智力的游戏，规则是"进退取与，攻劫放舍"，包含了后世围棋通用的术语。这说明围棋已经达到较高的游艺水平。

春秋战国时期还非常盛行一种游戏，名叫"六博"，简称"博"，是后世博戏的鼻祖。博戏是指各种借助骰子以赌输赢的游戏，博戏的不确定性和偶然性给人们带来刺激和惊奇，人们无法预料骰子投掷的结果，这种刺激可以带来愉悦感。在中国古代，博戏繁衍生息，蔚为大观，产生出六博、塞戏、樗蒲、双陆、打马、彩选、宣和牌、叶子戏、纸牌、麻将等十几种游艺种类，在古代游艺活动中占据重要的地位。六博至迟在商朝末年已经出现。《史记·殷本纪》中讲了这样一个故事：殷王武乙曾做木偶人，称它是"天神"，与它玩六博。"帝武乙无道，为偶人，谓之天神。与之博，令人为行。"中国古代神话小说《穆天子传》中说：周穆王满是个六博迷，他与神仙井公下了三天的六博，结果都输了。到春秋战国时期，六博已成为宫廷和民间热衷从事的游艺活动之一。孟子认为，当时有五种不孝的行为，其中之一就是"博弈好饮酒"。

东汉六博俑，哈佛大学艺术博物馆藏

六博的"博"字，也可写作"簙"。《说文解字》说："簙，局戏也，六箸十二棋也。从竹，博声。"意思是说，六博是一种在棋盘上玩的游戏，六博的棋盘叫"局"，有六枚箸和十二枚棋子，"箸"的本义是筷子，博戏中"箸"与后世骰子的作用相同。六博行棋需要先投箸，六枚箸投掷，按箸上的点数决定下棋步数。因为双方各有六枚棋子，所以名叫"六博"。

汉代彩绘陶六博棋盘和骨质棋子，纽约大都会博物馆藏

六博的产生对中国历史的发展进展影响深远，开启了中国几千年博戏的先河。博戏是一种特殊的游艺活动，种类繁多，内涵丰富，呈现正反两方面的面貌，既是雅致的游戏，又是赢人钱财的赌博。博戏与赌博紧密相关，赌博一词虽然到隋唐时才出现，但却起源于六博。《说文解字》说："赌，博簺也。从贝，者声。"在东汉文字学家许慎眼中，博簺就等同于赌博。"博"即六博，"簺"则是一种简化的六博游戏，也称塞或格五。博与簺的区别在于，"博"使用箸，"簺"不使用箸，其他游戏规则相同。

六博和围棋同时盛行秦汉，之后六博开始衰落，而围棋一直流传至今，其原因在于六博主要靠掷箸来行棋，靠运气侥幸取胜，六博的赌博化遭到许多哲人的抨击，认为博戏远不及围棋蕴含哲理与智慧，充满魅力。魏晋南北朝以后，六博逐渐退出了历史舞台。

二、六博的历史故事

在先秦及两汉的史书中，有许多关于六博的故事，不仅说明了六博的风靡程度，而且影响了历史发展的进程。春秋鲁庄王十二年发生了宋闵公被杀的大事。《左传·庄公十二年》记载："宋南宫长万杀闵公于蒙泽。"原来，南宫长万，又名南宫万，是宋国的大将军，因为他身材高大，力大无比，所以在名字中加上"长"字。公元前684年，宋国、齐国两军联合攻打鲁国，鲁庄公选择攻打较弱的宋军，结果用箭射中南宫长万，将其活捉，宋军大败，史称乘丘之战。不久南宫长万被鲁国送还宋国。从此宋闵公时常侮辱南宫长万，说他是"败军之将""鲁国俘囚"，南宫长万敢怒不敢言。公元前682年八月，宋闵公游历蒙泽（今河南省商丘市东北），令南宫长万与他玩六博，以罚酒为赌。闵公擅长玩六博，连胜五局，南宫长万被罚酒五斗，醉意朦胧，不肯服输，请求再战。闵公讽刺说："你是常败将军，怎么还敢和寡人争胜？"长万被羞得哑口无言。恰在这时，听说周庄王死了，周僖王即位。南宫长万请求充当使臣，前去吊丧和送贺礼。闵公讥笑道："就算我宋国无人了，也不至于让一个俘囚任使臣。"宫人听了都大笑起来。南宫长万面颊红赤，恼羞成怒，酒醉性起，不顾君臣之礼，大骂道："无道昏君，你知道俘囚也能杀人吗？"随手拿起身边的六博棋盘击倒闵公，竟然打死了闵公。最后南宫长万逃到陈国，宋人贿赂陈国国君，陈国人将南宫长万灌醉送回宋国，宋国人把南宫长万剁成了肉酱。

战国时，在魏国的宫廷里，玩六博也十分盛行。一次，魏安釐王与其弟玩六博，忽然快马来报，说赵国举兵欲侵入北方的边境。魏王大惊，把棋局一推，马上就要召集文武大臣商议御敌之计。其弟却不慌不忙地说："赵王不过是狩猎，不会进攻魏国，请大王安心下棋好了。"两人继续对博，但魏王心不在焉，连走错棋，而其弟却镇定自如。过了一会儿，快马又来报，证实赵王确实在打猎。从此，魏王十分器重其弟，让他任大将军，参与执掌魏国的大权。魏王的弟弟就是战国时著名的四公子之一的信陵君魏无忌。这段故事记载在《史记·魏公子列传》中。

汉代刘向的《说苑》记载：春秋时晋灵公骄奢无道，大兴宫殿，要建造九层的高台，并下令敢劝谏者斩。大臣孙息借六博来劝说晋灵公。孙息对晋灵公说：我能够把九个六博棋子垒起来，上面再放九个鸡蛋。灵公很感兴趣，说从未见过，让孙息摆给他看。孙息"即正颜色定志意，将棋子置下，而加雉子于其上，左右慭息"。晋灵公也俯伏气息，见摇摇欲坠，大呼危险。孙息借机劝谏道：九层之台，三年都建不成，劳民伤财，危及国运，比垒棋子鸡蛋危险更大。晋灵公只好放弃建造高台的想法。

从现有资料来看，六博不仅在东方的齐、魏、燕、赵、韩等国，而且在西方的秦国和南方的楚国也同样盛行。近年来，在湖北云梦等地的楚国和秦国的墓葬中发掘出多件六博棋具。《韩非子·外储说》中讲了一个秦昭襄王玩六博的故事：秦昭襄王酷好六博，为了做玩六博用的博箭（类似箸的用具），下令工匠爬上险峻的华山，伐取千年松柏，只选用松柏的木心做博箭。据说，博箭长八尺，棋长八寸，上勒刻着"王与天神博于此"的文字。至今在华山东南的一座孤峰上还有"博台"的遗址。

六博棋是什么样子？它是怎样行棋的？根据史书记载和出土文物可以知道一个大概。战国时期楚国诗人屈原《楚辞·招魂》描述了楚国宫廷里六博的玩法。诗中写道：

蓖蔽象棋，有六簿些。
分曹并进，道相迫些。
成枭而牟，呼五白些。

第一句，"蓖蔽象棋，有六簿些"。这是讲六博的用具。一套完整的六博棋，包括箸、棋、局。箸又称"蔽""箭"，作用相当于骰子，通常是用一种叫箘簬的竹子制成的。半边竹管，中间填金属粉，外涂髹漆。由于它一面是平的，另一面为圆弧形，所以投掷时有正反两面之分。在行棋前先要投箸，按投箸出现的结果行棋。棋子一般多为象牙或兽骨所制，所以又叫象棋。棋子六黑六红，共12枚，大小在2—5厘米。可分为两种不同的种类，一种是12枚棋子都是正方形；另一种则是每方6枚棋子中有一枚棋子较大，称"枭棋"，其他5枚棋子较小，称"散棋"。两种不同的棋子用于两种不同的玩法。六博棋盘称"局",呈方形或长方形,用青铜、石材或木材制作,正面涂白或黑漆作底色,上绘或阴刻规矩形纹槽及圆点,有的将象牙嵌入槽内。局的四个侧面多用红漆勾画各种花纹图案。

明代木刻画《离骚图谱》

第二句,"分曹并进,遒相迫些"。这是讲行棋对博的方法。"分曹"就是分组的意思。六博本是两个人玩的,如果加入博戏的人多,就采用分曹的方法。以六博的两人为主,其他人将赌注分别加入一方,这样就成了分曹的局面了。"并进"表示双方运子进攻。"遒相迫些"即双方相互逼迫。这是因为六博棋盘上刻有T形的棋道,谁先争占有利的棋道,谁就有取胜的可能。《史记·刺客列传》记载:"荆轲游于邯郸,鲁勾践与荆轲博,争道,鲁勾践怒而叱之,荆轲嘿而逃去,遂不复会。"战国末年,以刺杀秦王政闻名天下的勇士荆轲,曾游历赵国邯郸,与鲁勾践玩六博,因抢占棋道,惹得鲁勾践大怒,叱骂了荆轲。荆轲斗不过鲁勾践,只好默默逃走。可见争道对胜败有影响。

第三句,"成枭而牟,呼五白些",是讲取胜的方法。"枭"是贵、骁、勇、健之义。枭棋不同于一般的散棋,如同现在象棋中的将、帅。六博的胜负,取决于枭棋是否被吃。《韩非子》中说:"博者贵枭,胜者必杀枭。"就是说:枭棋被吃,全盘棋就输了。在12枚棋子都是正方形的情况下,按六博的规则,成枭的棋,要竖起来以示区别。"成枭而牟"就是指当自己的棋子变成枭棋时,就高兴地叫喊起来。而散棋是否成为枭棋,关键要看掷箸的结果,"五""白"是最高的采,如果掷箸能成"五白",就可获得最后胜利。所以,博者在掷箸时往往大声喝彩,希望掷出"五白"来。唐代杜甫《今夕行》诗云:"咸阳客舍一事无,相与博塞为欢娱。冯陵大叫呼五白,袒跣不肯为枭卢。"描写的正是六博相戏的热闹场面。

汉代六博陶俑，芝加哥艺术博物馆藏

目前考古发掘出的六博实物主要是春秋战国和秦汉时期的。1974年河北平山战国墓葬中出土一件六博博局，长45厘米、宽40厘米。博局用浅褐色石头制成，中央画一正方形，局四边和四角画有T形图案，这是局上的棋道，称作"曲""曲道"，简称"道"。在棋道之间的空白处，雕刻着繁复的花纹。整个六博棋局十分精巧，应当是贵族使用的棋具。此外，1987年在山东曲阜鲁国故城遗址中还发现了六博棋子和博筹，棋子用象牙或玉料制成，立体，正方形，边长2厘米左右。博筹呈筷子形，用来计算输赢，类似后世的筹码。考古资料可以与《楚辞·招魂》互为补充，有助于对春秋战国时期六博有更为完整准确的认识。

三、对酒设乐，雅歌投壶

秦昭王采用"博箭"来下六博。这种长达八尺的"博箭"不同于一般的"箸"，而是采用投壶的箭。伦敦大英博物馆藏有一组汉代六博陶俑像，在六博的旁边就摆着一个投壶。早期的投壶还没有固定的形制，最早的投壶就是借用饮酒的酒壶。《史记·滑稽列传》记载：当时城镇酒肆中，"男女杂坐，行酒稽留，六博投壶"。在这里"六博"和"投壶"并列，可见两者有一定的联系。

汉代六博俑和投壶，伦敦大英博物馆藏

有的学者认为，在采用"博箭"玩六博时，投壶是玩六博的一个环节。玩六博不用箸来定采，而是以投壶的方法来决定采点，再按点数行棋。

那么，投壶是一种什么样的游戏呢？原来，在古代，人们非常重视弓箭的作用，并把射箭纳入国家的礼仪之中。周代的"射礼"包括"大射""飨射""燕射""乡射"，其中，燕（通"宴"字）射是诸侯招待国宾一起在宴会上举行的射箭仪式。到了春秋战国时，一些诸侯士大夫并不善于射箭，但在宴会上又不能违反礼制，于是人们就用宴席上的酒壶作为箭靶，改用特制的短箭来投。这样，投壶便代替射礼成为诸侯士大夫们应习的一种礼。后来逐渐成为一种娱乐宾客的宴饮游戏。《礼记》是记载秦汉以前礼仪制度的重要著作，书中有"投壶"一章，专记投壶的方法礼节。蓝田吕氏在注释《礼记》的"投壶"一章说："投壶，射礼之细也。……原其始也，必以燕饮之间谋以乐宾或病于不能为射也，举席间之器以寄射礼焉，此投壶所由兴也。""细"是微小的意思，与大相对。表示投壶被人视为"小道"的游戏，是属于"大道"的射礼的一部分。投壶代替了射礼。

汉画像石《投壶图》，河南南阳沙岗店出土，南阳市汉画馆藏

春秋战国时期，投壶受到人们的喜爱，在宫廷和民间都迅速盛行起来。在各国交往的国宴上也举行投壶游戏。《左传·昭公十二年》记载了一段诸侯间投壶的史事。公元前530年，各国君主来到晋国祝

贺新继位的晋昭公，晋昭公设宴招待，并与齐景公等人一起投壶。晋昭公先投，齐景公后投。晋国的大臣中行穆子起身致辞说："我国的酒多如淮水，我国的肉高如山岗，我们的国君投中了这一箭，当为诸侯的盟主。"那时各国都想称霸，晋国也不例外，似乎投中投壶便是能称霸的一个吉兆。结果晋昭公真的投中了。齐景公也不甘示弱，亲自祝祷道："我国的酒多如渑水，我国的肉高如陵阜，寡人投中了这一箭，代替你们的国君为诸侯的盟主。"结果也投中了。晋昭公和齐景公的对话使这一场投壶游戏带上了政治斗争的色彩。他们两位每投必中，说明水平不低，是投壶游戏的高手。

关于投壶的方法，《礼记》中的《投壶》和《少仪》篇都有详细记载。投壶所用的壶，广口大腹，颈部细长，壶的腹内装满了又小又滑的豆子，防止投的箭跃出。所用的"矢"是用柘木制成，一头削尖如刺。矢的长度有二尺、二尺八、三尺六三种，用于不同的投壶场合。一般每次投壶只准投四根矢。

投壶之前，主人捧矢盛情地邀请客人道："某有枉（不直的）矢、哨（口不正的）壶，请以乐（娱乐）宾。"客人推辞说："子有旨酒（美酒）、嘉肴（好菜），某既赐矣，又重以乐，敢辞。"彼此反复谦让三次，客人才敢拜受，从主人手中接过投壶用的矢，走到宴席前投壶。客人先投，主人后投。这时，专门负责裁判的"司射"宣布投壶的规则：箭头一端投入壶才算投进，胜者让输者喝酒，输者要为胜者放上得胜的筹码。投壶进程中要奏《狸首》乐曲。《狸首》是周代射礼的乐诗，后来配上乐曲成了投壶游戏的伴奏乐。一般要反复奏五遍，第一遍乐曲是投壶前的序曲，待第二遍乐曲终了，鼓声起时，投掷正式开始，宾主更替各投一矢，然后是奏第三遍乐曲，再击鼓投矢……到第五遍乐曲和鼓声都停了，四矢也就全部投完。

每投进一矢，由司射给投中者一边放上一"算"，即用来计算投中数目的用具。假如投中者高兴得忘乎所以，不等对方投掷就抢先又投一矢，即使投中了，司射也不给"算"。大概"不算"一词即由此而来。四矢投完算一局，司射为胜者"立一马"。共要进行三局，谁立三马，就算取得最后胜利。输的一方就要喝酒。这种游戏一来可使嘉宾多饮酒，以示主人盛情款客，二来可增添宴会欢乐气氛，一举两得，备受古人欢迎，所以一直流传到近代。

1975年山东临沂莒南县莒国殉人墓出土春秋中期陶投壶一件，长颈矮腹，颈肩部有四道凸起来的弦纹，通体饰雷纹，是目前我国考古发现最早的投壶。河北战国时期中山王墓出土一件铜投壶，壶为圆筒状，下有三个犀牛形态的足，高59厘米，口径20.5厘米。圆壶两侧各有一铺首衔环，壶身通身饰以山形花纹，线条生动流畅，整个器形古雅厚重，代表了战国时期铜投壶的高超制作工艺。此外，在山东青州战国齐墓出土陶壶状的竹编投壶和投矢。汉代到南北朝时期，投壶游戏发展到高峰，不仅盛行于宫廷和民间，而且赋予了儒家治国修身的内涵，宋代司马光专门写有一部《投壶新格》，认为："投壶细事游戏之类，而圣人取之以为礼。"投壶符合儒家不偏不倚、张弛有度的中庸思想，"故投壶可以治心，可以修身，可以为国，可以观人"。从北宋到明清时期，投壶始终是历代封建礼仪制度的重要内容。

四、龙舟竞渡溯源

在中国游艺习俗体系中，节令游艺占有非常重要的地位，它从时间上决定了人们在一年中所进行游艺活动的主要内容，各种游艺活动大都是围绕着节令节日展开的，诸如元旦放爆竹，元宵观灯，清明斗草、拔河，端午赛龙舟，冬至冰嬉等。龙舟竞渡起源于春秋战国时期，是出现较早的节令游戏。千百年来，龙舟竞渡作为我国人民喜闻乐见的一项传统游艺活动，以其丰富的内涵受到人民的喜爱，历久而不衰。

中国古代关于龙舟竞渡的起源有各种各样的美妙传说，其中流传最广、影响最大的说法是为了拯救伟大诗人屈原。南朝人宗懔在《荆楚岁时记》中最早讲龙舟竞渡起源于纪念屈原。书中说："按五月五日竞渡，俗为屈原投汨罗日，伤其死所，故并命舟楫以拯之。至今竞渡，是其遗俗。"后世大都沿袭这种说法。唐代诗人刘禹锡作《竞渡曲》，有"沅江五月平堤流，邑人相将浮彩舟。灵均何年歌已矣，哀谣振楫从此起"之句。"灵均"就是屈原，因为屈原字灵均。"振楫"是挥动船桨的意思。这两句诗的意思是说，五月的沅江之上，人们划起彩舟去救屈原，屈原投江之日就是竞渡习俗兴起之时。《隋书·地理志》记载："屈原以五月望日赴汨罗，土人追至洞庭不见，……习以相传，为竞渡之戏。"清朝学者赵翼曾作一首《连日竞渡再赋》诗，也认为竞渡源于屈原投江。诗曰："竞渡传从楚岁时，为投角黍吊湘累。谁知千载沉渊痛，翻与人间作水嬉。"意思是说：竞渡起源于春秋战国时的楚国，是为了把角黍（粽子）投给怀抱沙石投江而死的屈原。谁知道这件令人悲痛的事，千百年后变成了人间的竞渡游戏。

除纪念屈原的说法之外，还有纪念伍子胥、勾践、马援、白洁夫人等说法。伍子胥是春秋时吴国大夫，曾为振兴吴国出了大力。到吴王夫差时，吴越争霸，吴国攻破越国，伍子胥劝吴王拒绝越王勾践求和，未被采纳，反而遭到疏远，后被迫自杀。所以吴地人说龙舟竞渡"事在子胥"。越王勾践卧薪尝胆，最后灭吴雪耻，称霸中原，所以越地人说："竞渡起于越王勾践。"马援为东汉著名将领，曾任伏波将军，经营陇西，功绩卓著，受到我国西南地区人民的爱戴。所以有人说："竞渡龙舟，始于马伏波。"此外，云南大理白族说竞渡是纪念自己民族的白洁夫人，西双版纳傣族纪念的是自己贤明的国王岩洪鳖。这些传说都表达了人们一种共同的心理，即对英雄人物的崇敬与怀念。龙舟竞渡所纪念的历史人物是因地而异的，随着时间的推移，伍子胥、勾践、马援的故事逐渐淡化，而伟大的爱国主义者屈原以悲壮的事迹和《离骚》等宏伟诗篇，受到人们的敬仰。所以，一般人们都认为龙舟竞渡起源于纪念屈原。

龙舟竞渡同其他游艺活动一样，也起源于人们的生产劳动和日常生活。在古代，中国南方水网密布，人们以舟代步。捕鱼和出行都需要有高超的划船技能。人们相互比试划舟就成为最初的竞渡游戏。后来受图腾崇拜和"龙神"观念的影响，将舟船做成龙形，形成龙舟竞渡的新形态。闻一多先生在《端午节的历史教育》一文中认为：龙舟竞渡是史前图腾社会的遗俗。"在急鼓声中，划着那刻画成龙形的独木舟，在水上作竞渡的游戏，给图腾神，也给自己取乐。"

宋人绘《汉宫竞渡图》，选自 ArtBase 中国艺术品图片库

从目前一些考古资料来看，龙舟竞渡在屈原之前就已存在。1976年在浙江鄞县（今宁波鄞州区）出土了一件春秋时期的青铜钺。春秋时鄞县属越国，铜钺也具有明显的越族风格。铜钺一面为素面，另一面在边框线内，上方有两条相向的龙，下部以边框线表示狭长的轻舟，上坐四人，头戴羽冠，双手持桨划舟。这种纹饰被称为"羽人划舟纹"。这种纹饰在中国西南地区发现的铜鼓上也普遍存在。从各种划舟纹的内容来看，这些舟皆狭窄轻便，道尾两端高翘，装饰着"鹢（yì）鸟"纹，无桅、无篷，都用短桨。船上的人物大都戴羽冠，基本上是两人并排划水，大多为坐姿。船头有执羽杖指挥的人。这些划舟纹是春秋战国时期南方舟船生活的真实反映，是后来竞渡习俗的源头。

035

春秋铜钺羽人划舟纹拓本，浙江宁波博物馆藏

  大约在隋唐时，龙舟竞渡从不固定时间改为五月端午节举行，并完成了从南方传到北方，从中国传至朝鲜半岛和日本等国的传播过程，最终形成了一种既是中国的又是世界的节令游艺风俗。古代朝鲜的节令习俗深受中国的影响，同样认为端午竞渡起源于屈原。朝鲜李朝时期的女诗人姜澹云《江头端午》诗云："屈子无穷怨，汨罗日夜流。年年端午日，竞渡此江头。"日本古籍有许多龙舟竞渡传入日本的记载，《日本略记》记载，天德五年（961年，相当于北宋初年），天皇在冷泉院的湖中举行大型龙舟竞渡。《源氏物语》等文学作品中生动地描写了龙舟竞渡的场景："春光明媚，仿制大唐朝的龙舟得以完成，积极召集雅乐寮的人们，乘船出游，享受春日之美妙。"从一个侧面反映了中国文化对日本的影响。

五、秋千的传入

秋千是我国传统的游艺活动，古往今来，从南到北，我国各地区、各民族都盛行这种娱乐游戏，所以，唐代大诗人杜甫有"十年蹴鞠将雏远，万里秋千习俗同"的诗句。

秋千的名称有许多，如荡秋、磨秋、观音秋、纺车秋、转轮秋、二人秋、担子秋，等等。归纳起来，秋千的种类不外乎三种：一是传统的荡秋千，即"植木为架，上系两绳，下拴横板，人立于板上"，做钟摆一样的来回摆荡；一种是车轮秋，"磨秋""观音秋""纺车秋"等都属于车轮秋。它是"植大木于地，上安车轮状圆轮，在呈辐射状横木上，系绳于下，以架坐板"。游戏时，坐秋千的人用脚蹬地使车轮旋转，然后悬空转动；一种是担子秋，也叫二人秋，"竖长柱，设横木于上，左右各坐一个，以互落互起而飞旋不停"，类似跷跷板的游戏。

秋千游戏起源很早。相传汉武帝时，为祈祷武帝的千秋之寿，宫女们乘绳悠荡助兴，"千秋"是祝寿之词，于是将二字一颠倒，将这种游戏称作"秋千"。唐代高无际作有一篇《汉武帝后庭秋千赋》，序中说："秋千者，千秋也。汉武祈千秋之寿，故后宫多秋千之乐。"后人也有称秋千为"千秋"的，宋代黄庭坚《春怀十首》诗有："穿花蹴踏千秋索，挑菜嬉游二月晴。"这里的"千秋索"指的就是秋千。实际上，汉代时候民间已有秋千之戏，汉武帝时才传入宫廷中。

从历史文献上看，秋千的产生是在春秋战国时期。南朝宗懔《荆楚岁时记》一书记载："秋千，本北方山戎之戏，以习轻矫者，后中国女子学之，乃以彩绳悬木立架，士女炫服，坐立其上推引之，名曰秋千。"山戎也叫北戎，是后来匈奴族的前身，春秋时代居住在今河北东部，与齐、郑、燕等国境界相接，曾经一度非常强盛，出兵征伐齐国和燕国。山戎人以射猎禽兽为生，大都勇猛强悍，善于攀登。荡秋千便是山戎人训练攀跃山崖和溪流的一种活动。宋代高承编撰的《事物纪原》认为：秋千"本山戎之戏也，自齐桓公伐山戎，此戏始传中国。"《史记·齐太公世家》记载，公元前663年春，齐桓公为救燕国，发兵进伐山戎，一直打到孤竹（今河北卢龙一带）才撤兵。很可能在北伐山戎的过程中，齐桓公看到当地人荡秋千的游戏，觉得很有趣，便把它的玩法带回了中原。

近年来，有的学者认为"秋千"起源于云南。1971年，云南博物馆在云南江川县李家山的西汉时期古墓群里，发掘出土了一面青铜鼓，编号42a。在这面西汉早期的铜鼓腰部，有一组由四人同玩一个磨秋的图案。图案中心竖立木杆，杆顶部安装转轴，轴上有四根横梁向外伸出，梁端安有圆环，4名头戴羽冠、上身赤裸、下身有尾饰的人，双手各持一环，在立杆上飞快地绕柱旋转，动态飘逸。这幅磨秋图案证明，云南最迟在两千多年前就开展了秋千活动。如今云南是开展秋千活动最普及的地区，不仅参加的民族众多、地域广阔，而且秋千的种类齐全。

考古发现可以与古代文献相印证。元代李京撰《云南志略》说：乌蛮（古代西南诸族的泛称）"每岁以腊月春节，竖长竿横设一木，左右各座一人，以互相起落为戏。"此种秋千名"磨秋"。清代光绪

《广南府志》中描写磨秋说："又竖一直木于地，以一横木凿其中，合于直木头上，二人一左一右，扑于横木两梢头为戏，此落彼起，此起彼落，腾于半空，名曰磨秋。"在云南壮、彝、苗、羌、黎等民族中，都流传着许多关于秋千起源的美丽动人的传说。

清代任熊《大梅诗意》册《内家汉戏秘秋千》，北京故宫博物院藏

综上所述，秋千究竟起源于何时？可谓众说纷纭。孰是孰非，还难下结论。但有两点是明确的：一是秋千源于劳动生产和生活的实践活动。古代人在攀越山崖溪流时，利用盘在树上的藤，依据自己的意志向某一方向荡去，如此便产生了秋千。宗懔在《荆楚岁时记》记载秋千游戏时，还讲到一种楚国游戏"钩强"，认为秋千、钩强都是古

代绳戏,均源自人们的生活。二是秋千首先产生于边疆的少数民族中,像山戎或西南彝,其中以最先出现在云南各少数民族中的可能性最大。大约在春秋战国时代,秋千由边疆传入中原,逐渐成为全国性的传统游艺活动,尤其受到妇女儿童们的喜爱。

六、鲁班、墨子造木鸢

风筝也是在春秋战国时代开始产生的。风筝又称"纸鸢"和"鹞子",唐代诗人元稹《有鸟二十章》其七诗云:

> 有鸟有鸟群纸鸢,因风假势童子牵。
> 去地渐高人眼乱,世人为尔羽毛全。
> 风吹绳断童子走,余势尚存犹在天。
> 愁尔一朝还到地,落在深泥谁复怜。

诗歌生动地描写唐代儿童放风筝的场景,风筝是鸟的形状,风筝飞得很高,人们以为是真的鸟儿,可惜风吹断了风筝线,落到泥地上招人怜惜。风筝为什么又叫"鹞子",明代郎瑛《七修类稿》说:"纸鸢,俗曰鹞子者,鹞乃击鸟,飞不太高,拟今纸鸢之不起者。"在我国古代,南方称风筝为"鹞",北方管风筝叫"鸢"。鸢和鹞同是一种飞禽,即鹞鹰,由于这种鸟能长时间在空中平伸翅膀滑翔,看上去好像一动不动地在空中盘旋。古时风筝多为鸟形,凌空放飞时,双翼也是不动的,形状酷似鹞鹰,所以古人把风筝称为"纸鸢"或"鹞子"。

明代嘉靖青花婴戏图罐，纽约大都会博物馆藏

　　风筝的起源，从目前的历史记载和发现的古代风筝看，最初的风筝问世是受到飞鸟的启发，因而模仿飞鸟的形状制作并以飞鸟命名。同时，风筝的产生也建立在人们对风能的认识和利用的基础上。

　　鸟是人类的朋友，人类希望自己能像飞鸟一样在空中翱翔。原始社会时，鸟作为一种图腾受到人们的崇拜。进入阶级社会后，鸟的图案被用于礼仪制度和社会习俗之中。周武王伐纣"以鸟画其旗"，表示正义之师，所向无敌。《诗经》中说："织文鸟章，白旆央央。"意思是说，旆上织有鸟纹图样，白色的燕尾状飘带多么鲜亮。古代军队中使用绘有鸣鸢的旗子。鸣鸢，就是张口鸣叫的鸢。古代越人以鸢为风伯，作为风神。后来，人们发明了风筝，其形状就是鸢形的。可以说，风筝寄托着人们希望翱翔蓝天的美好理想。

　　要想把风筝放到天空上去，就必须懂得如何借助风力。秦汉以前，中国人已经懂得了风能的作用，这表现在风帆、风车和风筝的发明上。在商代遗留下来的甲骨文中，就已有多种"帆"字。这说明我国人民使用风帆的历史至少有三千多年。在汉代的壁画和画像石中常可以见到"风轮"的形象，造型与现代玩具风车相似，迎风即可自转。风帆利用风能做水平运动，风车利用风能做旋转运动，而风筝则利用风能做垂直和水平运动。应当说风筝比风帆和风车在风能的利用上又前进了一大步。如果从使用技术的简繁来判定它们产生的时间顺序的话，应该是发明风帆在前、风筝在后。古代中国人不仅能利用风进行交通运输和劳动生产，而且发明了风筝，用于人们的娱乐生活，充分体现了中华民族伟大的智慧和创造力。

风筝起源于何时？这一直是个悬而未决的问题。自宋代以来，有许多学者对这个问题进行探讨，提出了多种观点。然而到目前为止，还没有哪一种观点被视为定论。

第一种观点认为风筝产生于春秋战国时期，距今已有两千多年的历史。此说所依据的资料是先秦古籍中关于公输般（鲁班）、墨子制"木鸢"的记载。《墨子·鲁问篇》载："公输子削竹木为鹊，成而飞之，三日不下。"唐代段成式《酉阳杂俎》引《朝野佥载》："公输般亦为木鸢以窥宋城。"《韩非子·外储说》："墨子为木鸢，三年而成，飞一日而败。弟子曰：先生之巧，至能使木鸢飞。"

春秋战国时代，造纸术还没有发明，风筝是用竹子或薄木制成的，所以风筝又叫"木鸢"。这些资料是关于风筝起源的最早记载，后人大都赞同这一观点。汉代王充曾说："儒书称鲁般、墨子之巧，刻木为鸢。"唐代李石在《续博物志》中也说："墨子作木鸢，飞三日不集。"这里的"集"就是停顿、落下的意思。

近年来，有些学者对此提出异议，认为木鸢和风筝虽然都属于飞行器，但二者的性质不同：木鸢属于"扑翼飞行器"，即靠扇动翅膀，拍打空气飞行；而风筝则属于"定翼飞行器"，依靠自身与空气相对运动所产生的动力飞升。因此，不能把木鸢视为风筝的前身。但是，这种观点忽略了一点，那就是木鸢不一定是"扑翼"的，因为像现代定翼的滑翔机，同样可以在空中翱翔。因此，不能简单否定木鸢是风筝前身的论点。

第二种观点认为风筝起源于秦末汉初。这种观点的依据是有关韩信制作风筝的传说。最早记述这一传说的古籍见于宋代高承的《事物纪原》。书中写道："俗谓之风筝，古今相传，云是韩信所作。高祖之征陈豨也，信谋从中起，故作纸鸢放之，以量未央宫远近，欲以穿地隧入宫中也。盖昔传如此，理或然矣。"《事物纪原》是类书，采集前人文献按类编纂，其中多为古代传说。高承自己也说韩信作风筝是"古今相传"。

第三种观点认为风筝始于五代。清代魏崧在《壹是纪始》中指出："纸鸢始于五代。"近人徐珂《清稗类钞》也持此说："风筝，纸鸢也，五代时，李邺于宫中作纸鸢。"其实，早在唐代以前已经有关于纸鸢的确切记载。

第四种观点认为风筝起源于南北朝。《资治通鉴》卷六十二："梁武帝太清三年，有羊车儿献策作纸鸱。"胡三省注："纸鸱即纸鸢，今俗谓之纸鹞。"《南史·侯景传》中也有类似记载。这种观点所依据的史料都来自正史，较之墨子、公输子造木鸢和韩信造风筝的传说，可靠程度要大。但这些资料只是说羊车儿使用过风筝，这不等于风筝就是他发明的。

清代石涛《二童戏纸鸢图》，普林斯顿大学艺术博物馆藏

在这四种观点中，从史料记载和风筝产生的客观条件两方面来分析，应该说，在我国春秋战国时代，风筝便已经产生，它的创造者是公输般和墨子。这时出现的"木鸢"是用竹木制成的，是后世风筝的雏形；南北朝时才出现用纸糊的"纸鸢"；五代以后因为纸鸢上系上竹哨，风吹哨响，声如筝鸣，所以叫风筝。从木鸢发展到纸鸢，再演变到风筝是中国风筝发展的三个阶段。

七、孔子的游艺思想

古代游艺思想是中国游艺发展历史的重要内容，伴随着游艺的产生和发展，融汇其中的游艺思想也不断丰富起来。春秋战国是古代游艺思想的形成时期,"百家争鸣"为各学派对娱乐本性和游艺精神的讨论提供了自由的空间,孔子、老子、墨子等都提出了自己的游艺观,最终由于儒家思想迎合历代封建统治阶级的政治需求和审美需要,成为中国古代游艺思想的主流。孔子是我国古代著名的思想家和教育家、儒家的创始人。由于历代统治者尊孔读经、重文轻武的影响,在人们的心目中,孔子是一个手无缚鸡之力的文弱书生,开口仁义道德、斯斯文文的老夫子。其实不然,从《论语》等有关史料中可以看出,孔子是位很重视身体锻炼,懂得娱乐,善于游艺的人。他的游艺思想对后世产生了很大影响。

明代木刻画《孔子圣迹图》

孩童时代的孔子同样喜欢游戏。《史记·孔子世家》记载："孔子为儿嬉戏，常设俎豆，设礼容。"与别的孩子"过家家"游戏不同，孔子则是模仿成人祭祀的礼仪。孔子思想中常常讲到"艺"，泛指所有的培养礼乐人文之道的学问和技艺。宋代朱熹在《四书集注》中说："艺，则礼乐之文，射、御、书、数之法，皆至理所寓，而日用之不可阙者也。"意思是说，孔子所讲的"艺"包括古代培养人才的礼、乐、射、御、书、数，即"六艺"，其中蕴含着深奥的不可缺少的哲理。"六艺"要在什么状态下进行呢？孔子提出了"游于艺"的观点，"游"字的含义，朱熹认为是"玩物适情之谓"。由此构建了孔子游艺思想的核心。"游艺"一词便成了中国各种娱乐消遣活动的总称，并衍生出游戏、游娱、游冶、游侠、游嬉、游息等许多词汇。

孔子认为娱乐是人们生活中不可缺少的部分。据《礼记·杂记下》记载，孔子有一次给学生子贡讲解民间年终祭祀游乐的意义，说了两句著名的话："张而不弛，文武弗能也；弛而不张，文武弗为也。一张一弛，文武之道也。"意思是：只是紧张而不得轻松，即使是文王、武王亦做不到；只管轻松而不紧张，那又是文王、武王所不愿意的；所以只有时而紧张时而轻松，才是文王、武王的办法。孔子用弓弩的张弛来比喻生活的劳逸，并以此说明娱乐对修身治国的重要作用。他认为"逸"并非什么都不干，而是开展一些游戏娱乐活动。比如，孔子认为六博、围棋是人们度过闲暇时间的一项良好活动。《论语·阳货》说："子曰：饱食终日，无所用心，难矣哉！不有博弈者乎？为之，犹贤乎已。"孔子认为，空闲时间玩玩六博、围棋，总比无聊得什么都不干要好些，可以推想，孔子及其弟子们可能经常玩六博和围棋。

孔子重视游艺的思想,还表现在他提倡游山登高,从大自然中陶冶性情,得到快乐。《论语·雍也》说:"子曰:知者乐水,仁者乐山。知者动,仁者静。知者乐,仁者寿。"他的意思是说:有知识有道德的人,喜爱山水,动静自若,从中陶冶性情,得到娱乐与长寿。《论语·先进》中记载了一个故事。一天,孔子向弟子曾皙问道:"你的志向是什么呢?"曾皙回答说:"暮春三月,我穿上轻便的衣服,邀请五六位好友,到沂水(**今山东境内**)河边洗个澡,在树木成荫的祭台上吹一吹风,然后大家唱着歌,一路游玩而归。"说罢,曾皙以为老师会训斥他胸无大志。不料,孔子听了长叹一声说:"我十分赞同曾皙的志趣呀!"这个故事表明孔子是很赞同闲暇时间里从事有益的娱乐消遣活动的。

孔子不仅要求学生参加各种有益于身心的游艺活动,而且身体力行,参加钓鱼、登山、弋射和田猎等活动。《论语》说:"子钓而不纲,弋不射宿。"孔子提倡钓鱼,不赞成用网打鱼;提倡射箭,不赞成用带绳索的矢射杀归巢的鸟禽。这段话虽在于宣扬孔子的"仁",但可知孔子是喜爱钓鱼射猎的。《孟子》记载:"孔子登东山而小鲁,登泰山而小天下。"史籍中记载,孔子曾多次登临泰山、蒙山、腊山等,曾写下《邱陵歌》《龟山操》等吟咏泰山的诗歌。《韩诗外传》记载:"孔子游于景山(**今山东境内**)之上,子路、子贡、颜渊从。"说明孔子多次登山游历,有时还带着他的学生一起活动。

孔子认为"六艺"中具有丰富的游艺娱乐的因素,"游于艺"就是提倡在自由舒畅的状态下进行的道德修养和技艺学习,消遣娱乐有助于以礼乐教化来熏陶人们,可以陶冶性情,强健身心。这是中国古代最早提出的关于娱乐活动本质的思想。孔子的游艺思想与西方早期思想家的娱乐思想相比较,在强调自由时间、身体与精神放松与愉快感受,满足发展需要等方面是相通的,不同之处在于孔子更加突出道德的作用、重视游艺的教化作用,游艺的目的不仅是寻求愉悦的快感,而且是修身治国的道德要求。后世儒家的思想家们不断完善丰富孔子的游艺思想,逐步完成了中国游艺思想体系的建构。

唐代三乐镜,克利夫兰艺术博物馆藏

孔子一生周游列国,"已而去鲁,斥乎齐,逐乎宋、卫,困于陈、蔡之间"。颠沛流离一世,但始终保持着乐观进取的精神,这与他的游艺思想和身体力行有着紧密的联系。在国内外的博物馆中收藏有一种罕见的唐代铜镜,名为"三乐镜"。镜中有两个人物,孔子和隐士荣启期,铭文为"荣启奇问曰答孔夫子",图案讲述了孔子与荣启期讨论人生快乐的故事。荣启期认为人生有三大乐事，孔子赞赏他的自在闲适和内心的洒脱自由，但是孔子认为人生在于治国济世，不肯逃避林泉做隐士（《列子·天瑞》）。孔子一生都在追寻如何才能实现快乐人生的目标，因此倡导游艺，善于游艺。孔子作为伟大的思想家和教育家，他的游艺思想对后世产生了深远的影响。

秦汉三国游艺

第三章

中国游艺史话

第三章　秦汉三国游艺

秦汉三国（公元前221年—280年）是我国历史上继往开来的重要发展时期。游艺作为社会生活的组成部分，也同样适应新时代的要求，在继承先秦游艺的基础上有所扬弃，形成了独具特色的秦汉游艺文化，为后世游艺发展奠定了基本格局。

秦汉三国，特别是汉代，政治上呈现大一统的局面，经济得以发展，人民生活相对安定，这一切为游艺的发展创造了条件。《史记》卷二十五记载："汉文帝时，会天下新去汤火，人民乐业，……自年六七十翁亦未尝至市井，游敖嬉戏如小儿状。"人民安居乐业，老翁竟如同孩儿一般沉醉于游玩嬉戏之中。另一方面，社会物质财富的丰富，也刺激了封建贵族追求享乐的欲望，促使宫廷游艺迅速发展起来。宫廷中大兴土木，修建游戏场所，像蹴鞠用的景福殿，斗兽用的射熊馆等，贵族富豪也竞相攀比。西晋陆机《鞠歌行》中说：汉朝宫廷中有含章鞠室、灵芝鞠室。东汉大臣马防宅第楼阁极尽奢华，蹴鞠场竟侵占街道，《汉书·食货志》记载：当时"第宅卜临道，连阁遍地,鞠城弥于街路"。贵族中游玩之风盛行,贵人之家无不爱好"蹴鞠、斗鸡"。"世家子弟、富人或斗鸡、走狗马、弋猎、博戏。"这种奢靡之风给游艺活动带来了某些消极影响,引起儒士们的不满,提出要将游艺娱乐活动纳入儒家学派的礼乐制度之中,由此引发了关于休闲娱乐方式的争论。这一时期出现了一种新的文学类型,即吟咏描写各种游艺活动的文章或辞赋。这种游艺文学表达了人们的思想和生活追求,开创了后世游艺文学的先河。

秦汉是我国古代节令的定型时期。节令风俗中浓厚的宗教色彩开始让位于游乐和欢庆的主题,从而形成多项重要的节令游艺活动,比如除夕放爆竹、元宵观灯、端午登高等。游艺项目进一步发展完善,产生出诸如格五、弹棋等新品种。由于匈奴的降服与丝绸之路的开辟,汉代与西域各国的文化交流频繁起来,在中国游艺史上,出现了第一次中外游艺交流的高潮。

一、神仙棋话

秦汉之世的神仙观念异常活跃,从宫廷到民间崇尚黄老之学,道家思想融合了阴阳五行学和民间巫术等,导致求仙和服食养生之风盛行。这种社会思潮反映到游艺活动之中,便产生出丰富多彩的神仙棋话。

自古人们就认为围棋是神仙玩的游戏,《梨轩曼衍》记载:"围棋初非人间之事","又见商山仙家,养性乐道之具也"。"商山四皓"是秦朝末年隐居商山的隐士,后人描绘商山四皓的绘画、诗文中都少不了围棋。汉刘歆的《西京杂记》卷三记述汉高祖刘邦的宠姬戚夫人在各月里的节令风俗活动，其中"八月四日出雕房北户，竹下围棋。胜者终年有福，负者终年疾病，取丝缕就北辰星求长命乃免"。戚夫人也许是古籍记载中最早的女棋手。"雕房"指华丽的房子，"北户"的意思是向北开的门。因为围棋蕴含着古人对宇宙自然界的观念，所以古代存在用围棋胜负占卜祸福的风俗。古代传说南斗星主管生，北斗星主管死，南斗星和北斗星最喜好下围棋。《全史宫词》中有诗写道："雕房北房仲秋时，一局消闲竹影欹。输于旁人忙忏悔，虔求长命系红丝。""红丝"又名长命缕，五色丝，是古老的风俗，具有祈福纳吉的寓意。围棋和五色丝都关乎人的命运。

　　《搜神记》记载了这样一段神话传说。三国时代有位懂得鸟语的算命先生，名叫管辂。一天，他见到农夫颜超的脸色发黑，便告诉颜超三日必死。颜超跪下请求救命。管辂说："明天你带酒一壶，鹿肉一斤，到麦地南大桑树下，如看见磐石上南北坐着两人对弈，可乘他们弈兴浓时奉献酒食，必能得救。"颜超依管辂之言前去，果然见二人在下围棋。颜超送上酒食，二人一边下棋，一边饮酒食肉。过了一会儿，坐在北边的人忽然叱问道："你为什么在此？"颜超只是跪拜并不说话。南边的人说道："吃了酒食，应该回报。"北边的人便查了生死簿，颜超只有19岁寿命，便将"十"一撇一勾改为"九"。这样颜超有了99岁寿命。回来后，管辂说："北边坐的人是北斗星，南边坐的人是南斗星。"《三国演义》第六十九回《卜周易管辂知机汉，讨汉贼五臣死节》也讲到了这个故事。管辂（210—256），字公明，平原郡平原县人，三国时期著名的术士，被尊为卜者的祖师。

清代丝绸挂毯《群仙图》(局部),印第安纳波利斯博物馆藏

三国人物中,关羽以勇猛忠义名震华夏,后人封关羽为"武圣",成为民众崇拜的神明。《三国演义》第七十五回,关羽攻打曹操的樊城,意外被一支毒箭射中。名医华佗前来医治,"公饮数杯酒毕,一面仍与马良弈棋,伸臂令佗割之。佗取尖刀在手,令小校捧一大盆于臂下接血。……佗用刀刮骨,悉悉有声。帐上帐下见者,皆掩面失色。公饮酒食肉,谈笑弈棋,全无痛苦之色"。这就是关公"刮骨疗毒"的故事。关公刮骨弈棋成为千古佳话,许多艺术家创作了小说、诗歌和绘画,韩国、日本都非常崇拜关公,江户时代日本女画家葛饰应为画有一幅《关公割臂图》,生动描绘了关公宛如天神般的英雄本色。

第三章 秦汉三国游艺

日本葛饰应为（江户时代）《关羽割臂图》，克利夫兰艺术博物馆藏

南朝宋刘义庆的《幽明录》讲道：汉武帝元封元年（公元前111年），武帝正在承华殿与东方朔下围棋，忽然有位身着青衣、美丽非常的仙女下界要与武帝对弈。武帝问她从何而来，仙女回答道："我乃墉宫玉女王子登，乃为王母所使，从昆仑山来。"过了几年，又有一位名叫卫叔卿的神仙，乘云车，驾白鹿，从天而降。汉武帝想让他在朝中任职，叔卿不言而去。武帝很后悔，命卫叔卿的儿子卫度世去找父亲。卫度世来到华山，在悬崖绝顶下，见父亲与几个人在绝顶上下棋，便问父亲："与你同弈的人是谁？"卫叔卿答道："有洪崖先生、许由、巢夫等人。"洪崖先生等人都是古代有名的仙人。

麻姑是民间传说中流传很广的一位仙女。相传，汉桓帝时，仙人王方平带着妹妹麻姑来到蔡经家，与蔡经对弈。这局棋十分精彩，最后麻姑胜了半子。在明朝朱常涝的《万汇仙机棋谱》中，有局棋谱叫《麻姑真迹》，据说就是麻姑和蔡经对弈的这局棋。

南朝刘义庆编撰的《幽明录》是一本志怪小说集，书中刘阮入天台的故事广为流传。东汉明帝永平五年（62），刘晨、阮肇入天台山采药，遇见两位仙姑，遂结为夫妇。1966年，在上海宝山顾村镇明朝朱守城墓葬中出土一件明代著名竹刻家朱缨的传神佳作——刘阮入天台竹刻香熏。香熏上刻画的图案正是刘阮入天台的故事。画面上，在古松盘曲的山石下，洞门半开，门前一女子手执蕉扇，呼唤着梅花鹿和仙鹤，若有所思。前面的石桌旁坐着三个人，男女二人正聚精会神地弈棋，中间的一个男子托着腮，袒腹露脐地在观战。整个竹刻以围棋为中心，清幽飘逸，一幅动人的仙境图画。元代《玄玄棋经》中收录有《刘阮入桃源》棋谱。

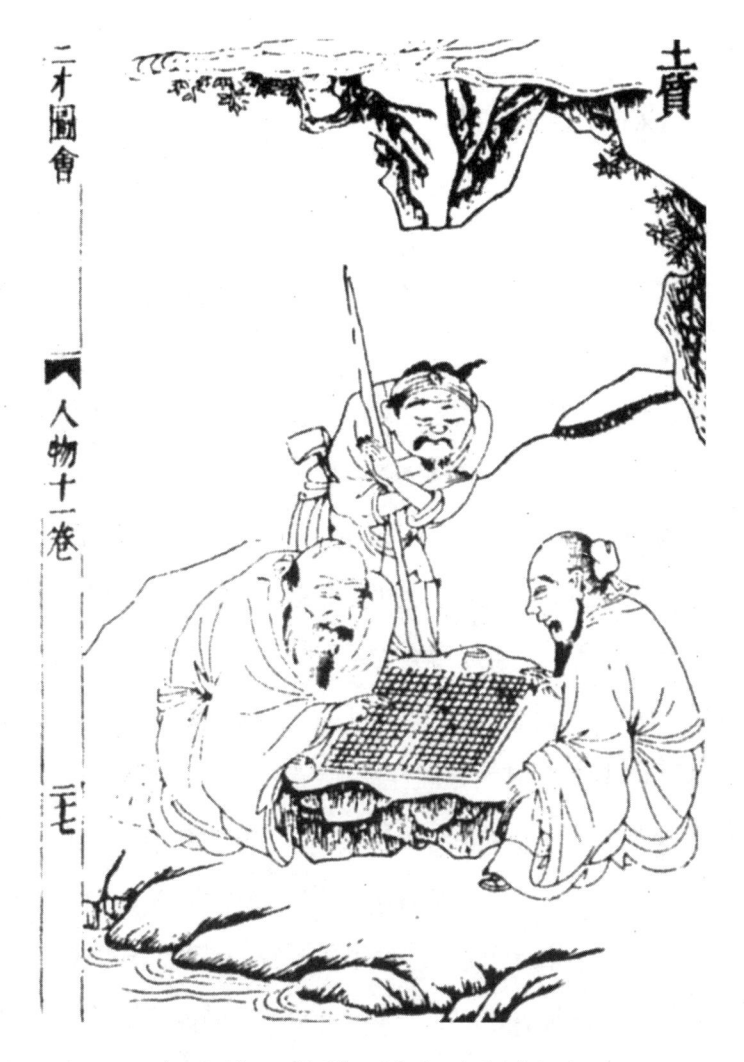

《王质烂柯山观棋图》，明代《三才图会》插图

在汉代人眼中，围棋是神仙的游戏，充满着无穷的神奇魅力，众多神仙棋话的产生反映了汉代神仙思想和围棋游戏的盛行，到两晋南北朝时期，神仙棋话依旧盛行，演绎出中国围棋史上最浪漫的烂柯山故事。

二、汉代古围棋盘

神仙棋话美妙生动，反映了人们对超现实生活的精神寄托，是人们的一种艺术创造。那么，秦汉三国时期，围棋发展的真实情况是怎样的呢？

秦朝的统治时间只有15年，有关围棋活动缺乏记载。西汉至东汉初年，六博等博戏盛行，围棋活动一度冷落，所以东汉初期班固在《弈旨》一文中感叹"今博行于世，而弈独绝。博义既弘，弈义不述"。到汉魏之际，围棋活动由衰转盛，百姓好尚，相习成俗。东汉王符说：当时富人"游敖博弈为事"。《汉书·食货志》记载：三国时，东吴一带"好玩博弈，废事弃业，忘寝与食，穷日尽明，继以脂烛"。博戏和围棋相提并论，同样受到当时人们的喜爱。

围棋作为一项智力与娱乐兼具的雅戏，在汉魏时期的文人士大夫阶层中最为流行。魏太祖曹操酷好下围棋，棋艺水平和当时的高手山子道、王九真等不相上下。汉魏间的一些名士都会下围棋，如班固、孔融、王粲、应玚等。建安十三年（208）孔融被曹操处死，株连全家。官府抄家时，他"二子，年八岁，时方弈棋，融被收，端坐不起"。相传王粲看别人下棋，可惜棋盘被碰翻，棋子散了一地，王粲帮忙拾起，棋竟归还原位，不差分毫。可见他有极强的复盘能力。曹植《王仲宣诔》称赞他"棋局逞巧，博弈唯贤"。

阮籍是"建安七子"之一阮瑀的儿子。一天，他与朋友下棋，有人奔来相告："老夫人已经过世。"对弈的人不下了，阮籍不肯，非要下完不可，终局后，他饮酒三斗，号啕大哭，吐血数升，由胖汉变成了瘦子。

汉代阳陵出土陶制围棋盘残件，汉阳陵博物馆藏

围棋的发展可以反映在棋盘的变化上，围棋盘从先秦到现代经历了从13道、15道、17道到现代19道的演变。汉代同时存在多种形式的围棋盘，15道、17道棋盘都有，棋道的变化表明围棋游戏难度的增加。三国魏邯郸淳《艺经》说："棋局纵横各十七道，合二百八十九道，白、黑棋子各一百五十枚。"明胡应麟《庄岳委谭》也说"汉制十七道"。1952年河北望都县汉代古墓中出土了一件围棋盘。该棋盘为石质，高14厘米，宽69厘米，呈正方形，盘下有四足，盘面上纵横17道，年代相当于东汉时期（25—220）。以前研究

认为现代使用的19道围棋盘到隋唐代才出现，直到《敦煌棋经》被发现才证明在魏晋南北朝时期已经出现19道围棋盘。《敦煌棋经》原称《碁经》，收藏于英国大英图书馆，卷首已残损，现存159行。《敦煌棋经》第四《像名篇》中明确记载："碁子圆以法天，碁局方以类地。碁有三百六十一道，放周天之度数。"《艺经》中所说二百八十九道和《敦煌棋经》中的三百六十一道的"道"字是指围棋盘上纵横道线所形成的交叉点数，19道围棋的交叉点正是361个。

《弈围棋局》，敦煌莫高窟，454窟壁画

迄今考古发现最早的围棋实物是1998年陕西省汉景帝阳陵陵园南门遗址出土的一块残损的砖质围棋盘，用方砖刻成，较为粗糙，学术界研究认为此棋盘应是守陵人闲暇时所刻。陕西咸阳6号西汉墓出土铁足石棋盘一件，棋盘表面磨制光滑，用墨线画出纵横直线各15道，四周装饰菱形方格纹带。2011年西汉海昏侯墓的发掘中也出土一件围棋盘图案的石板，十分引人注目。此件围棋石板是残件，现存20厘米见方，横线5道，纵线15道，出土于海昏侯专门殉葬的娱乐用具库。1975年山东邹县西晋刘宝墓出土一副围棋，棋子用天然海卵石子磨制而成，黑、白两色棋子共289枚，数量与17道围棋相符合。考古发现的围棋用具证明汉魏时期围棋在贵族和平民中都很流行。

三、仙人六博

六博发展到秦汉达到极盛，在全国各地出土的汉画像石中，常常可以见到"仙人六博"的图案。四川成都、彭州等地出土的"仙人六博"画像石上，两位仙人跪坐在地上，相对博戏。仙人头上有角，身上长带飘举。棋盘两边有食具，仙人身后有仙草，天空凤鸟飞翔。曹植《仙人篇》说："仙人揽六箸，对博太山隅。"六箸就是六博。南朝陈人张正见《神仙篇》有"已见玉女笑投壶，复睹仙童欣六博"的诗句。仙人六博与神仙围棋一样，都反映了汉代神仙思想对游艺活动的影响，汉朝人在黄老思想的影响下，向往羽翼九天、长生不老的仙境，博弈不仅是仙界的象征物，而且似乎成为人们从尘间进入仙界的桥梁。汉代人认为西王母是昆仑山的主神，而昆仑山上有不死之药，《汉书·五行志》记载：汉哀帝建平四年（公元前3年）夏天，京城人"聚会里巷仟佰，设张博具，歌舞祠西王母"。六博成为膜拜西王母的用具。河南、四川等地出土的汉画像石中，仙人六博与歌舞祠西王母的画像同时出现。汉代人沉迷于六博的惊喜刺激中，加之仙人六博的神秘色彩，两者相互融合，使六博在秦汉至魏晋时期达到发展史上的极盛。

汉画像石《仙人六博》，河南新野东汉墓出土

秦汉时期宗室贵族，达官显贵，喜好六博之戏，一时成为风尚。战国末年，秦国长信侯嫪毐（lào ǎi）依恃太后宠幸，专横跋扈，准备废秦王嬴政。他平日最喜好六博。秦王嬴政九年（**公元前238年**），嫪毐参加秦王冠礼，竟与左右官吏对博赌钱，酒醉狂言，结果被杀，夷三族。汉文帝时，太子刘启与吴王刘濞的太子玩六博，因为争占棋道，竟用博局杀死了吴王太子，重演南宫长万击杀宋闵公的故事。汉代的文帝、景帝、武帝、昭帝、宣帝都喜好博戏，在朝廷专门设立棋博士、博诏侍，专门陪皇帝玩六博。

在皇帝的带动下，群臣百姓中也盛行六博。《汉书·食货志》说："世家子弟、富人或斗鸡、走狗马、弋猎、博戏。"荀悦《汉纪》记载：汉宣帝刘询即位之前，生活在民间，与杜陵（今陕西西安东南）人陈遂是好朋友，经常玩六博，陈遂常败在宣帝手下，输了很多钱。宣帝即位后，将这位博场上的朋友提升为太原太守，并赐玺书说："太守的官尊禄厚，可作以前玩六博屡败的补偿。"汉代民间甚至出现擅长"六博"等博戏的"博徒",当时,一个叫恒发的博徒因此成为富翁,东汉崔骃专门写了一篇《博徒论》。六博的赌博化也遭到当时人的反对,被斥为"恶业",促使六博在魏晋南北朝以后逐渐衰落。

秦代六博漆棋盘和棋子,湖南省博物馆藏

近几十年来,随着文物考古工作的开展,不断有六博文物被发掘出来,使人们更深入地了解了秦汉时期六博的状况。

秦代的六博博具实物在湖北云梦睡虎地秦墓、甘肃天水放马滩秦墓都有发现。汉代考古中发现更多的六博博具,最为珍贵的是六博俑。1972年在甘肃武威磨嘴子西汉墓中发现六博模型,有棋盘和两个对博的木俑。木俑呈跪坐式,以白、黑二色彩绘面目须发,条纹长袍,头梳圆髻。右侧俑右臂向前伸,拇、食二指握着一长方形棋子。左侧俑左手举于胸前,五指伸直,形象生动逼真。1974年在甘肃灵台傅家沟西汉墓中出土"铜四人博戏俑"。这组跪坐博戏俑,神情姿态各异。掷彩的一方，放浪形骸，张口狂呼，袒右臂而身前扑，有的伸右臂准备掷骰子，有的扬左手以助威。另一方紧闭双唇，屏住气息，紧张地注视着对方手中的骰子，生动地展现了博戏的情景。

汉彩绘六博俑，纽约大都会博物馆藏

六博俑为了解汉代六博的玩法提供了宝贵资料。1972年河南灵宝市张家湾出土东汉陶六博俑。一张坐榻上置长方形盘，盘的半边放着六条长箸，另半边放方形六博局。方盘上两边各有六枚方形棋子，中间有两枚圆形棋子。方盘两旁跽坐两俑进行博戏。这组六博俑表明汉代六博的玩法较春秋战国时期有了变化。春秋战国时，六博的棋子只有12枚，都是方形的，汉代出现了新的玩法，即利用"牵鱼"来决定胜负。所谓"鱼"就是灵宝市张家湾出土六博俑中的圆形棋子。具体玩法从《列子》所引《古博经》得知：掷彩行棋，行到规定位置，可竖起，成为"骁棋"，便可以入"水"（博局中间称作"水"），"牵鱼"，即吃掉对方的鱼。每牵一次鱼，可得二筹，如先得

12筹，即算获胜。

六博究竟包括哪些用具，长期以来未搞清楚。马王堆3号西汉墓出土了一套迄今为止已发现的最完整的博具，装在方形漆盒里。盒内有一博局，6黑棋、6白棋，共12枚，短筹30枚，长筹12枚，以及环刀和削；在盒正中有一圆窝，内置博荧（qióng，**通琼字**），即类似骰子的用具。湖北江陵凤凰山西汉墓也出土了一套，包括博局、棋子、筹和木骰子。墓中的策简记录还应有"博席"和"博橐"。2011年南昌西汉海昏侯刘贺墓出土六博棋谱，抄写在竹简上，记录了六博的行棋口诀。在近年的西汉考古发掘中多次出土六博类古文献，包括江苏连云港尹湾汉墓发现《博局占》木牍，北京大学藏西汉竹书中的《六博篇》等。中国史书中曾记载有多部六博棋谱，如《隋书·经籍志》著录的《杂博戏》《太一博法》《博塞经》等，可惜都失传了。这些出土的六博棋具和简牍对研究六博的具体形制和玩法有重要意义。

西汉蟠螭纹博局式铜镜，克利夫兰艺术博物馆藏

六博游戏还影响到人们日常使用的铜镜纹饰。汉代流行一种图案与六博棋盘的曲道完全一样的铜镜。它的图案是仿六博棋盘设计的。考古界以前称这种铜镜为"规矩纹铜镜",现在改称为"博局纹铜镜"。六博对其他游戏种类也产生影响,比如长方形棋子,被麻将牌所沿袭。六博博局中间设置"水",后来其形式保存在象棋的"界河"里。中国象棋受到印度象棋的深刻影响,而印度象棋和西洋象棋都没有界河,界河为中国独创,是从六博借用过来的。

四、古代的跳棋游戏

在春秋战国之际,除六博、围棋以外,人们又创造出一种名叫"格五"的棋戏。格五与六博的区别在于六博是掷"箸"或"琼"行棋,而格五采用一种特殊的用具——簺(sài,通塞字),所以又称为"塞戏"。格五的行棋方式,类似如今的跳棋。

塞戏与六博相比,除行棋方式不同外,棋盘、棋子的形式与六博大致相同,可以说塞戏是在六博的基础上脱胎出来的,所以古书上常以"博塞"并称。塞戏大约起源于春秋战国时期。《庄子·骈拇》讲了这样一个"臧谷亡羊"故事:臧与谷两人一齐到郊外放羊,结果都把羊丢掉了。主人非常生气,问臧干什么事去了。臧回答挟着竹策去读书了。又问谷干什么事去了,谷说去玩博塞了。此外,在《管子》和《吕氏春秋》等书中也有关于塞戏的记载,可见早在两千多年以前,塞戏已经在社会上流行了。

到汉代,塞戏最为盛行,当时通称"格五"。西汉宫廷中专门设置"棋待诏",陪皇帝和后妃们玩格五。《汉书》卷六十四记载:侍中中郎吾丘寿王,"年少,以善格五召待诏"。他因擅长格五而召为"棋待诏"。后来升为光禄大夫。东汉的梁冀以好游戏著称于史,《后汉书·梁冀传》:"性嗜酒,能挽蒲、弹棋、格五、六博。"东汉文学家边韶,字孝先,官至尚书令,爱好格五,曾作一篇《塞赋》来记载塞戏。文章以象征的手法记述了塞戏的形制,说塞戏有四道,象征一年的四季,棋子有十二枚,象征着中国古代音乐中的十二律,棋子分红白两色,象征着阴阳,等等。边韶认为,塞戏是比博弈更好的棋戏,可以从游戏中使人明了天地万物、阴阳五行、四时吕律、仁义王霸等自然和社会的道理,使自己的品德得到提高。

汉代格五或塞戏具体玩法,如今已难尽其详,我们只能结合文献材料和考古发掘的文物加以推测。有的学者认为:塞戏与六博的根本区别是,六博是掷骰子(箸或琼)行棋,而塞戏不掷骰子行棋,摆脱了侥幸取胜的成分。这种观点的依据是清人郭庆藩疏《庄子·骈拇》所说:"投琼曰博,不投琼曰塞。"甘肃武威磨嘴子西汉墓出土六博木俑,两个木俑对局下棋,棋局与六博相同,但没有博箸或茕。从汉代的文献上分析,格五或塞戏还是采用一种类似骰子的东西——簺,掷簺,按采行棋。《后汉书·梁冀传》注引鲍宏《簺经》说:"簺有四采:塞、白、黑、五,是也。至五即不得行,谓之格五。"意思是说:格五采用的骰子叫簺,簺的上面有四种符号,即塞、白、黑、五,遇到"五"时,则阻碍不得行,所以叫"格五"。"格"字的意思是受阻碍,被阻隔。簺是一个六面体,除去两面各有一个尖头以外,还剩有四面。这四面之上是:第一面刻一画,叫塞;第二面刻二画,叫白；第三面刻三画，叫黑；第四面不刻，叫五。塞、白、黑代表赢，五代表输。这种四面刻采的"簺"，起着骰子的作用。明清时流行升官图游戏，使用一种骰子，也是四面，其中"德""才""功"三面表示赢，"赃"代表输。清代禁书《岂有此理》中有一首《升官图》诗，写的正是这种骰子。诗云："忠佞由来分两涂，德才岂与受脏符。一将名字传见口，莫把升官当画图。"清人郭庆藩讲塞戏不用琼，是指不用那种十四或十八面的"琼"（骰子的先身）。

玩格五时，先掷簺，掷出塞、白、黑可按数行棋，掷到五，则停止行棋。至于如何行棋方式，类似今天的跳棋。格五或塞戏到南北朝时有所变化，棋子变为黑白各五枚。《南齐书·沈文季传》中说：沈文季"尤善簺及弹棋，簺用五子"。到唐宋时，称"格五"为"蹙（cù）融"。这种游戏一直流传到明清。清朝人翟灏《通俗编》卷三十一《格五》条说："今儿童以黑白棋子各五，共行中道；一移一步，遇敌则跳越，以先抵敌境为胜，即此（**格五**）。"可见，格五的行棋方式与跳棋相似，所以说格五或塞戏是中国古代的跳棋游戏，对后世跳棋游戏的形成产生了很大影响。

五、陈思王创骰子的误说

骰子，实在是一件奇特的游戏用具，几千年来，这个小东西不知给人们带来多少欢乐与苦恼、喜悦与悲伤。有趣的是，中国古代的许多游戏种类，如六博、格五、樗蒲、打马、升官图、麻将牌等都与骰子密不可分，有些游艺本身早已失传，唯独骰子源远流长，存在了两千多年，至今不衰，这是中国古代游艺史上一个有趣的现象。

骰子，本名投子，是中国传统的游戏用具，用来投掷，以决胜负。东汉史学家班固在《弈旨》中说"夫博悬于投"。注："投，今作骰。"清朝人顾张思的《土风录》云："骰亦作投，以其可投掷也。"骰子的演变经历了三个阶段，汉代以前博戏兴旺，投采用竹制筷子形状的"箸"，汉代时出现球形骰子，多为十八面体，称为茕或琼，南北朝以后出现六面体的骰子。《列子·说符》注引《古博经》云："其掷采以琼为之。"后来，投子改以骨制，便称为"骰子"。

骰子源于何时，确切年代尚不可考。古书上曾记载，骰子是三国时曹操的儿子曹植所创。明朝人郎瑛《七修类稿》记载：某官修筑魏州（今河北魏县）城，发现数斗骰子。郎瑛认为："投子乃陈思王（曹植封陈王，谥思，故世称陈思王）所制，恐后世之莫传，故埋之以需人间玩好。"骰子果真是曹植所发明的吗？中国古代习惯于把许多事物的发明归于某一个人，如说仓颉造字等，骰子的起源同样如此。

骰子的前身是六博游戏所用的"箸"。六博中所用的"箸"具有骰子的功能，它比骰子要简单。湖北云梦睡虎地秦墓出土的博箸六根，长23.5厘米。箸又称"蔽""箭"，通常是用一种叫筼筜的竹子制成的，半边竹管，中间填金属粉，外涂髹漆。由于它的一面是平的，另一面为圆弧形，所以投掷时有正反两面之分。在行棋前先要投箸，按投箸出现的结果行棋。箸的形制被朝鲜族的"掷柶戏"继承下来。"掷柶戏"的"柶"字是古韩语中所用的汉字，意思是投掷用的四根木棒，作用如同骰子。柶的制作方法也与箸相近，一般将圆木棍从中间一劈为二，将截面染成白色，圆面染成黑色。白面代表一点，黑面代表五点，投掷出四根"柶"，按点数行棋。"掷柶戏"保存了古代多种掷骰子棋戏的基本游戏规则。

秦代出现十四面体或十八面体的"茕"。山东青州战国齐国墓出土象牙骰子，十四面体，上有阴刻篆书"一"至"六"数字两组，其余两面空白无字。陕西临潼秦始皇陵园内发现一枚秦代十四面体的石制骰子，十二个圆面分别刻有篆字一至十二，两个对顶面分刻"骄""勬"二字。古文字学家认为这是一对反义字，相当于现在输和赢的意思。

汉代骰子的形制基本上沿袭秦代，多为十八面体的球形。近年来，考古发现汉代骰子较多，山东临淄西汉齐王墓出土两件铜骰子，湖北江陵凤凰山十号西汉墓出土木骰一件，为球形十八面体，通体错银或髹深褐色漆，除阴刻文字一至十六外，其他两面分刻"骄"和"勬"二字。湖南长沙马王堆三号西汉墓和安徽霍山县西汉墓出土的木骰与之相似。1968年，河北保定满城西汉中山靖王刘胜之妻窦绾墓出土一枚错金银镶嵌铜骰，为十八面体，除了刻一至十六数字外，另两面一为"骄"，一为"酒来"。牟华林《汉金文辑校》将其归入"行乐器具"。学术界普遍认为这是一种酒令器，用来掷采行酒令。在现今所见骰子中，以临淄西汉齐王墓随葬器物坑出土的铜骰为最大，直径约5厘米；最小者是满城窦绾出土的铜骰，直径仅2.2厘米，但其工艺最精。铜骰上数字都采用嵌金地错银的工艺，各面空隙处，用金丝错出三角卷云纹，中心镶嵌绿松石或红玛瑙，可谓汉代骰子的精品。

汉代酒令错金银镶嵌铜骰子，河北博物馆藏

在汉代，骰子已经成为人们游戏娱乐活动中重要的用具之一，主要用于六博和行酒令。湖北江陵凤凰山西汉墓和湖南长沙马王堆三号墓出土的木骰，都跟一整套六博棋具同时出土，显然骰子是六博的组成部分之一。与满城窦绾墓铜骰同出土的还有两套"圣主佐官中行乐钱"，一套20枚，其中一套分别铸20句韵语，像"起行酒""饮酒歌""饮其加""自饮止"等。显然十八面骰子与20枚一套的"圣主佐官中行乐钱"相配合，用于饮酒时的娱乐。很可能是宾客各执一钱，掷骰面上的数字与钱所写相符，便要饮酒。可见，骰子可单独用做酒令器。后世，酒令游戏中有"骰子令"，大约源于汉代酒令骰子。

公元前4世纪早期古罗马骰子，布鲁克林博物馆藏

中国与古埃及、古印度、古罗马、古希腊等国家的骰子分属两个不同的系统，中国早期骰子的形制是十四面或十八面体，而古埃及、古印度等国一开始出现的骰子便是六面体，六面体骰子伴随着佛教和双陆（婆罗塞戏）的传入，由中亚来到中国，开始的时间可能在东汉末期。浙江余姚东晋墓曾出土的1枚瓷质六面体骰子，每面分刻1至6个圆点。2015年四川什邡市箭台村出土陀螺骰子，研究者认为年代是东汉，是由琼向通行骰子的过渡形式，也受到古印度骰子的影响。到了唐代，六面体骰子已经完全取代其他形制的骰子，与现在使用的骰子没有区别。2015年河南荥阳唐墓出土两枚骰子，均为正方体，六个面分别钻有1至6个圆窝，代表"四"的面圆窝施有红彩，其余五面都施墨彩。相传骰子四点为赤色始自唐玄宗。唐宋以后，六面体骰子成为众多中国游艺中不可缺少的用具，同时存在只用骰子进行博戏的"骰子戏"。

六、刘太公的爱好

《西京杂记》上记载了这样一个故事：汉高祖刘邦的父亲刘太公，原是楚国沛县丰邑的平民。刘邦当了皇帝之后，把刘太公接到长安当"太上皇"。可是，尽管这位刘太公吃的是山珍海味，穿的是绫罗绸缎，仍然终日闷闷不乐。于是，刘邦派亲信到刘太公处打听，才知道刘太公自幼生活在民间，"平生所好皆与屠贩少年，酤酒、卖饼、斗鸡、蹴鞠，以此为欢"。而现在住在深宫里，没有过去的老朋友，没有斗鸡、蹴鞠，所以感到不愉快。于是，刘邦下令在长安城东秦国故地骊邑，仿照原来沛县丰邑的模样，造起一座新城，把丰邑的百姓都迁到新城，让刘太公住在那里，满足其斗鸡、蹴鞠的爱好，以欢度晚年。这座新城，后来被命名为新丰城，即今陕西省西安市临潼区的新丰街道。

从这个故事中可以知道，在汉代，蹴鞠是民间盛行的游艺活动，大约就在这个时候，蹴鞠引入宫中。《汉书·外戚传》记载：刘邦的皇后吕雉残害刘邦的宠姬戚夫人，将她囚禁在"鞠域"。颜师古注《汉书》，认为："鞠域，如踢鞠之域，谓窟室也。"就是类似蹴鞠球门大小的牢房。汉武帝最喜好蹴鞠。他出游长安附近离宫时，离不开蹴鞠、射猎、赛马等娱乐活动，每有感触，就命辞赋家枚皋吟诗作赋，讴歌蹴鞠之戏。武帝宠臣董偃擅长蹴鞠，他曾聚集各地蹴鞠、斗鸡名手在宫中举行蹴鞠、斗鸡比赛，史称"鸡鞠之会"。汉成帝嗜好蹴鞠，群臣都认为蹴鞠的活动有损健康，不是皇帝应该玩的游戏，应玩活动量不大的弹棋。《魏略》记载：三国时，曹操对蹴鞠也很感兴趣，在戎马倥偬之中也不忘记把蹴鞠高手孔桂带在身边。

汉代人把蹴鞠视为"治国习武"的手段，将军事训练寓于游艺娱乐之中。所以刘向《别录》中说："蹋鞠，兵势也，所以练武士，知有材也，皆因嬉戏而讲练之。"当时在长安的离宫中修建有球场，供军士举行蹴鞠比赛。《史记》记载，汉武帝时的大将军霍去病、卫青，在出兵征讨匈奴的过程中，一到达宿营地，便平地筑球场，开展蹴鞠活动。三国时，南方东吴的士兵也是"上以弓马为务，家以蹴鞠为学"。不出征时，经常进行蹴鞠活动，以保持军事素质。汉代有人写了一部《蹴鞠二十五篇》，这是我国最早的一部蹴鞠专业书籍。班固在《汉书·艺文志》把此书列入兵书略·兵伎十三家之内，可见，汉代很重视蹴鞠中的军事训练作用。到唐代，《蹴鞠二十五篇》还有残本流传于世，唐人司马贞讲其中有一篇《域说篇》，"域说"就是讲球门规格的，可见这部书的内容很详尽。可惜，现在这部书已失传了。我们只能从汉代的诗文中窥见汉代蹴鞠之戏的大概。东汉文学家李尤作有一篇《鞠城铭》，十分珍贵。铭文说：

圆鞠方墙，仿象阴阳；法月冲对，二六相当；建长立平，其例有常；不以亲疏，不有阿私；端心平意，莫怨其非。鞠政犹然，况乎执机！

翻译成现代汉语就是：圆的球，方的鞠场，这是仿照天圆地方的阴阳道理修建的。双方各有六人，共十二人上场。比赛时设立裁判长和裁判员，要坚持公正的游戏规则，不得偏袒任何一方。球员要作风正派，心平气和，输了球不要责怪裁判员或其他什么人。

《鞠城铭》文字不多，但涉及蹴鞠游戏的若干方面，包括场地、球具、队长、裁判、比赛规则、裁判员及球员的道德作风等。这些内容都称作"鞠政"。汉代蹴鞠用的球，是以皮革作外皮缝制而成的。西汉扬雄在《法言》中说"捖革为鞠"。东汉应劭《风俗通》说"丸毛谓之鞠"。这种球是用熟皮制作的，球壳内填有弹性的东西，如毛发之类。

从春秋战国时起，齐国都城临淄就盛行蹴鞠之戏，所以古代蹴鞠起源于临淄。2004年7月15日，国际足联举行新闻发布会，宣布中国临淄是世界足球的发源地，所以，2005年山东建成临淄足球博物馆。临淄足球博物馆拥有2000多件中国古代蹴鞠文物，其中有多件汉代《乐舞蹴鞠》画像石，表现多人舞蹈蹴鞠的场面，梳高发髻的女子足踢花鞠，姿态优美，技艺高超，北京故宫博物院收藏一方汉代蹴鞠图案印，表现两人对面站立，各用足面颠球，进行表演。汉代蹴鞠曾是百戏乐舞表演的一部分。汉代是我国蹴鞠之戏发展的重要时期，不仅蹴鞠风行宫廷和民间，而且蹴鞠的体制已经基本具备，它对后世的蹴鞠发展产生了深刻的影响。

宋代佚名《蹴鞠图》，克利夫兰艺术博物馆藏

汉代蹴鞠画像石之后，现存最早的蹴鞠图像文献是宋代的绘画、雕塑和器物图案。这幅宋代佚名《蹴鞠图》是现存古代蹴鞠图像中尺幅最大的一件。春天的庭院里梅花乍放，七男二女聚在空地中蹴鞠，左侧的少年将球踢到空中，众人仰头观看，右侧还有一位男士手中捧着一个备用球。这幅《蹴鞠图》体现了唐宋以后蹴鞠"白打"的游戏方式。

七、"舍蹴鞠而好弹棋"

汉代，蹴鞠活动盛行，尤其得到皇帝和贵戚大臣们的喜爱。但蹴鞠之戏活动剧烈，一些大臣认为玩蹴鞠有损皇帝的龙体，于是在汉成帝时，大臣刘向创造一种借鉴蹴鞠玩法的棋类游戏，进献给皇帝，取名为弹棋。

弹棋起源于汉代，脱胎于蹴鞠之戏，是无可置疑的，但究竟兴起于汉代何时，史书上记载不一。晋人葛洪所辑的《西京杂记》中说："（汉）成帝好蹴鞠，群臣以蹴鞠劳体，非至尊所宜。帝曰：'朕好之，可择似而不劳者奏之。'家君作弹棋以献。"《西京杂记》叙述西汉传闻遗事、掌故，所依据的史料多源于汉代，有相当高的价值。这里所说的"家君"是指刘歆的父亲刘向。南朝刘义庆撰《世说新语·巧艺注》引晋人傅玄《弹棋赋序》，亦持此说。所以，汉成帝时，刘向创制弹棋是可信的。

唐代的《弹棋经序》中认为，早在汉武帝时，弹棋已经出现。他说："弹棋者，仙家之戏也。昔汉武帝平西域，得胡人善蹴鞠者，盖炫其便捷跳跃，帝好而为之，群臣不能谏。侍臣东方朔因以此艺进之，帝乃舍蹴鞠而上弹棋焉。"这把弹棋产生的时间提前了几十年。但是这种说法似有偏颇，早在汉武帝平定西域之前，蹴鞠之戏早已盛行于汉朝宫廷之中，并受到汉武帝的喜爱，说汉武帝得胡人善蹴鞠，才喜爱蹴鞠，后又舍蹴鞠习弹棋，显然与史实不符。

弹棋最早兴起于汉代，长期流行于宫廷之中。所以，《弹棋经序》说："习之者多在宫禁中，故时人莫得而传。"西汉末年，王莽篡汉，政治腐败，激起绿林、赤眉农民起义，推翻了王莽政权。弹棋从此"于官人所传，故散落人间"。到东汉章帝刘炟时，他喜好游戏，弹棋又复兴起来。

弹棋与六博、围棋相比，需要较为特殊的棋具，一般百姓无力参与，仅流行于贵族之间。东汉时的权臣梁冀最好弹棋，盛夏之际，袒胸露背，大汗淋漓，也要玩弹棋。《后汉书·梁冀传》记载："少为贵戚，逸游自恣。性嗜酒，能挽满、弹棋、格五、六博、蹴鞠、意钱之戏。"他对弹棋还很有研究，曾撰有《弹棋经》一卷。汉安帝时，乐成王王苌骄奢不法，遇到家中有丧事，他身穿丧服，躲在停放棺材的地方玩弹棋，受到汉安帝的严厉训斥。可见，汉代贵族嗜好弹棋到了何种程度。达官贵人之家，每有宾客，或者玩投壶，或者六博、弹棋招待客人。所以古诗云："投壶对弹棋，博弈并复行。"到东汉冲帝、质帝之后，弹棋逐渐衰落。汉献帝建安年间（196—220），曹操控制朝政，各种游戏用具都不准置于宫廷中，弹棋几乎断绝。一些宫人为了消解烦闷，用金钗、玉梳之类的小东西，在妆奁上弹玩。魏文帝曹丕当政后，因其好弹棋，此种棋类游戏再度复兴。南朝刘义庆《世说新语》云:"弹棋始自魏宫内,文帝于此技特妙。"曹丕、丁廙、夏侯淳都写过《弹棋赋》,赞美弹棋具有"舒情""消愁""广娱"的作用,是深受人们喜欢的高雅娱乐活动。

梁冀撰的《弹棋经》已失传,无法详细了解汉代弹棋的玩法。从汉文学家蔡邕的《弹棋赋》和其他文献中得知,汉代弹棋的棋盘方形,中间隆起,多采用石和玉,取其坚硬平滑,便于棋子移动。两人对局,各执六枚棋子,色分黑白。玩时,用手指弹击对方的棋子,如果击中,就从棋盘上取下。技艺高超的人,可以一子连击对方数子。所以,蔡邕在其《弹棋赋》中说:"不迟不疾,如行如留,放一敝六,功无与俦。"描写弹棋的击弹技巧,出手后,棋子在棋盘上的速度要恰到好处,慢了打不到,快了就会飞出棋盘,在恰当的击弹时,可以一子击掉对方六子。《艺经》记载:"弹棋,两人对局,白黑棋各六枚,先列棊相当,更先弹也。"唐宋以后,弹棋之戏依旧存在,但善于此戏的人已经很少了。元代马端临《文献通考》著录《弹棋经》一卷,已经不知作者是谁了。

八、曹植的《斗鸡赋》

前面讲到刘太公的爱好,除蹴鞠外,他还好斗鸡。斗鸡是利用雄鸡的好斗性来取乐消遣的娱乐活动。它将两只雄鸡放在场中,使之互相啄斗。斗鸡属于一种禽戏,古代称为"斗戏"。

在中国,斗鸡的文字记载始见于春秋时代。中国有句成语叫"呆若木鸡",形容人呆头呆脑,像木鸡一样。这个典故出自《庄子·达生篇》，讲的是西周第十一代君主周宣王时，有位高明的训练斗鸡的人，名叫纪渻子。纪渻子为周宣王养斗鸡，经过40天的训练，这些鸡让人见了如同木头鸡，平日一动不动，而相斗起来，勇猛异常，一般的鸡不敢与之交锋。可见，我国从很早就有了斗鸡及训练斗鸡的人。宋代黄庭坚《养斗鸡》诗云："峥嵘已介季氏甲，更以黄金饰两戈。虽有英心甘斗死，其如纪渻木鸡何。"描写的正是纪渻子训练斗鸡的故事。

汉画像石《斗鸡图》，河南郑州汉墓出土

春秋战国时，斗鸡主要盛行于诸侯和士大夫之间，甚至成为政治斗争的工具。春秋鲁昭公二十五年（**公元前517年**），鲁国贵族季平子和郈昭伯两家进行了一场斗鸡比赛，结果季平子大败，季平子恼羞成怒，派人侵占了郈昭伯的土地，两家从此结怨。同年九月鲁昭公在郈昭伯等人的挑拨下出兵攻打季平子，没想到季氏联合其他家族打败了鲁昭公，鲁昭公被迫逃往齐国。《左传》记载："季、郈之鸡斗，季氏介其鸡，郈氏为之金距。"这是什么意思呢？原来古代人为了能够取得斗鸡的胜利，想尽了各种方法帮助自家的斗鸡增强战斗力，"介羽""金距""狸膏"就是三种方法。什么是"介其鸡"？唐代杜预注曰："捣芥子播其羽也。"将有辛辣气味的芥末粉撒在鸡的羽翅间，搏斗中飞场的芥末粉会损害对手的眼睛。什么是"为之金距"呢？东汉高诱注曰："金距，施金芒于距也。""距"指雄鸡爪子后面突出像脚趾的部分，即为斗鸡安上锋利的金属爪子。战国时，斗鸡又多新花样，用狸猫的膏脂涂在斗鸡的头上，会让对手望而生畏。古代斗鸡诗文大都会写到这些方法，比如，魏人应场《斗鸡诗》云："芥羽张金距，连战何缤纷。从朝至日夕，胜负尚未分。"梁简文帝《斗鸡诗》中有"陈思助斗协狸膏，郈昭妒敌安金距"。斗鸡游戏一直流传到现代，但这些阴险的斗鸡伎俩大约在明清时就被淘汰了。

斗鸡是一种特殊的鸡品种，中国古代斗鸡又叫郢鸡，以出产在山东阳沟的最有名。郢鸡体形高大善斗，所以《尔雅》说："鸡三尺曰郢"，晋代郭璞解释说："阳沟巨郢，古之良鸡。"中国斗鸡品种和游戏方式曾传到世界各地，日本至今还把大型斗鸡称为郢鸡，日本许多浮世绘作品中都有斗鸡的描绘，英国斗鸡比赛中也使用金属的爪套（金距）。

汉朝初年，刘太公将斗鸡带入宫中，受到皇帝、权贵的喜好。汉武帝时常与宠臣董偃"游戏北宫，驰逐平乐观，鸡、鞠之会"。鸡鞠之会是专门斗鸡、蹴鞠，供皇帝观赏娱乐的地方。汉宣帝也喜好斗鸡，常到以斗鸡为业的"斗鸡翁"家中去游玩。鲁恭王是汉景帝的儿子。他养了许多斗鸡和其他禽类，所花费的费用巨大，一年就耗费稻谷两千石。东汉骄横一时的权臣梁冀，"好臂鹰走狗，骋马斗鸡"。汉代世家子弟纵情斗鸡走狗已成为一种社会风气。在近几年的汉代考古中，不断发现汉画像石上的斗鸡图。成都市郊出土《庭院》画像砖，方形的宅院，四周墙垣围绕，一座很高的望楼矗立在后面，庭院屋宇宏敞，前院两只斗鸡交颈相斗，后院两只仙鹤翩翩起舞，厅堂上宾主二人正在对饮方酣，观赏着斗鸡舞鹤。河南郑州汉墓出土一块汉画像砖，描绘了斗鸡和斗鸡人的形象。画面上，两侧各站一位斗鸡人，都戴着高冠，穿着长衣，两手前举，似在吆喝助威，中间是两只雄鸡，长颈长脚，突胸长尾，展翅昂首，正在交颈而啄斗。

三国时，斗鸡之戏仍然盛行。《邺都故事》说：太和年间（227—232），魏明帝曹叡曾筑斗鸡台，与群臣斗鸡取乐。魏国有许多著名的诗人，其中，刘桢、应玚、曹植、傅玄等写下了多首吟咏斗鸡的诗篇。曹植（192—232），字子建，曹操的儿子。他的辞赋情感炽烈、慷慨动人、辞采华茂、声韵谐亮，代表着建安文学的最高成就。曹植写有一篇有名的《斗鸡诗》：

游目极妙伎，清听厌宫商。主人寂无为，众宾进乐方。长筵坐戏客，斗鸡间观房。群雄正翕赫，双翘自飞扬。挥羽激清风，悍目发朱光。嘴落轻毛散，严距往往伤。长鸣入青云，扇翼独翱翔。愿蒙狸膏助，常得擅此场。

这首诗的大意是：人们赏舞听琴已经厌倦了，主人无所事事，客人们纷纷进献娱乐的方法。于是众人摆开长筵，来到斗鸡场观赏斗鸡。斗鸡开始了。一群雄鸡态势威猛，气盛形张，双翼高扬。它们挥动翅羽，奋激清风，悍鸷之目怒发朱光。短兵相接，尖嘴落处，轻毛飞散，利爪一抓，往往伤及对方。最后战胜者踌躇满志，长鸣入云，轻轻扇着翅膀，显示着余威。雄鸡多么希望，如果能助我以狸膏，那么我可以战胜所有对手。

这首诗用奇妙生动的语言描写了鸡的争斗，有声有色，形象逼真，如在目前，把鸡人格化，写出了鸡的神情，也表达了作者尽情游戏的愉快心情。这首诗以艺术的手法再现了曹魏时代斗鸡游戏的生动情景，十分珍贵。

九、藏钩、射覆和投壶

中国游艺体系中有一个重要类别，就是宴饮游戏。宴饮游戏主要在宴饮雅集间进行，以娱乐助兴为目的。宴饮游戏种类繁多，历史悠久，主要包括酒令、谜语、投壶等。酒令又分为藏钩、射覆、叶子酒牌、划拳、击鼓传花等许多种类，从秦汉到明清发展演变，形成体系完整、内容丰富的酒令文化，产生出众多的酒令著作，如东汉贾逵《酒令》、隋朝侯白《酒律》、唐代皇甫松《醉乡日月》等，只可惜唐代以前的酒令著作大都失传了。幸运的是北京大学藏有秦代竹简和木牍上发现三首《酒令》和一枚行酒令的骰子。这三首《酒令》属诗赋类酒令，生动风趣，应该是秦人饮酒时的劝酒歌谣，再现了秦人的社会生活和精神风貌。

秦汉时出现了两种新的酒令游戏，名叫藏钩和射覆。藏钩游戏，顾名思义就是把小巧的物件藏在一组人的手里，让另一组人来猜。"钩"字是泛指，多为妇女戴的指环、玉环或小件玩物，所以古书也将藏钩写为"藏彄（kōu）"，"彄"指环子、戒指一类的东西。藏钩游戏起源于汉代宫廷。《三秦记》记载：汉武帝的婕妤赵氏，最初进宫时，两手总是蜷曲着，武帝很纳闷儿，于是亲自将她的手掰开，见里面有一枚小巧的玉钩，拿出玉钩后，赵皇后的手就伸展了。所以后人称赵氏为"钩弋夫人"。由此，宫廷中产生了一种酒宴上的游戏，名叫"藏钩"。玩时，准备一枚玉钩，将参加游戏的人分成两组，将玉钩藏在一方手中，令另一方猜玉钩在谁的手中，猜对者要罚输者喝酒。这种游戏后来传到民间，成为岁时节令中的一项重要游戏活动。魏晋时期，周处《风土记》记载，腊月祭祀活动结束后，妇女儿童们最喜欢玩藏钩游戏。藏钩游戏虽然相对简单，但是因众人参与，察言观色，欢声笑语，热闹非常。敦煌文献的遗存中有丰富的藏钩史料，有一首《唐宫词》写道："欲得藏钩语少多，嫔妃宫女任相和。每朋一百人为定，遣赌三千匹彩罗。两朋高语任争筹，夜半君王与打钩。恐欲天明催促漏，赢朋先起舞缠头。"200人参加，通宵达旦，争夺激烈，可见唐代宫廷藏钩游戏的盛况。唐朝时藏钩游戏也传到日本，文献中记载："文德天皇与宫人为藏钩之戏。"

汉代时又出现了"射覆"游戏。"射"是猜的意思；"覆"是以杯盘覆盖藏物的意思。汉武帝时，这种猜射覆盖之物以助酒兴的游戏尤为盛行。它的游戏方法是先用杯或盘将一物覆藏于内，再令猜射识破其中所藏之物，但又不能直接说出物名，而是用韵语把藏物的形状、特点等描摹一番，最后才点出藏物。《汉书·东方朔传》里有这样一个故事：一天，汉武帝宴请群臣，将壁虎藏在盆下，让大家猜，但谁也猜不出。最后让东方朔猜射，东方朔说："这个东西似龙但有角，像蛇又有腿；最善于爬墙壁，不是壁虎，就是蜥蜴。"武帝与群臣都十分惊叹。后来东方朔又一连射中了好几样东西，武帝赐给他许多宝物。

清代木刻画《东方朔》

《三国志·魏书》中有管辂射覆的故事：管辂应邀到新兴太守诸葛原家做客。主人将燕卵、蜂巢、蜘蛛藏在杯盘之中，让他射覆。管辂稍加思考，便说道：第一个物品，遇到合适的气候就要变化，而后飞到房屋的檐下安家，这是燕卵。第二物是倒悬在房室之上，门户众多，能到秋天便化成蜂，这是蜂巢。第三物有长长的脚，会吐丝，作网寻食，这是蜘蛛。在史书中，类似的故事还有许多。管辂百发百中，令人叹服。

射覆游戏一直流传到明清两代，演变成了文字游戏式酒令。唐代诗人李商隐有一首七律《无题》诗云："昨夜星辰昨夜风，画楼西畔桂堂东。身无彩凤双飞翼，心有灵犀一点通。隔座送钩春酒暖，分曹射覆蜡灯红。嗟余听鼓应官去，走马兰台类转蓬。"诗中描写酒宴中藏钩、射覆的游戏。《红楼梦》卷六十二回也有关于射覆游戏的生动描写。射覆需要具备一定的文学功底，因为射者猜想时，必须用诗文、成语、典故等揭示谜底。

在汉代，酒宴上举行的投壶游戏仍然盛行。贵族、士大夫们喜好投壶，每"对酒设乐，必雅歌投壶"。《献帝春秋》里记有袁绍的投壶活动。《魏略》中记载了北地郡太守游楚和文人王弼饮酒投壶、相互比试的故事。在考古发掘的汉画像石中也多见投壶图像。河南南阳画像石中有一幅《投壶图》，画面上中间立一广口大腹长颈投壶，壶内已投入两矢。壶侧放一个三足酒樽，樽上放一勺，用来舀酒。壶两侧有五人，主人和宾客二人投壶，每人怀抱三矢，手执一矢，向壶中投掷。画面左端一彪形大汉，已有醉意，席地而坐，正被一人搀扶退场，显然为投壶场上的败将。画面右端有一人跽坐，双手拱抱，正在观战。这幅生动的画像石刻画典型反映了汉代投壶游戏的情况。

这一时期，投壶游戏的方法也有变化。据《西京杂记》记载：

"武帝时，郭舍人善投壶，以竹为矢，不用棘也。古之投壶，取中而不求还，故实小豆于中，恶其矢跃而出也。郭舍人则激矢令还，一矢百余反，谓之为骁。"这种名为"骁"的新投法，省去了许多烦琐的礼节，不用传统的"棘"制木质箭具，而采用竹箭，目的是增加箭杆的弹性，提高了投壶的技巧。旧式投壶为避免箭杆反弹出壶口，在壶中装上小豆；郭舍人去掉壶内小豆，使箭投入壶中立即反弹出来，他接箭在手，再投箭入壶，如此一投一反，连续不断。这种投法增强了投壶的娱乐性，很受人们的喜欢。杜甫有诗云："能画毛延寿，投壶郭舍人。每蒙天一笑，复似物皆春。"汉代投壶已经失去了射礼的作用，完全变为娱乐游戏了。

自西汉以后，新旧两种投壶游戏并行于世。汉魏年间人邯郸淳写有一篇《投壶赋》，描写了这两种投法。赋中说当时的投壶"厥（其）高三尺，盘腹修（长）颈，饰以金银，文以雕刻"。显然这种壶已不是席间通常盛酒的壶，而是精工制作的游戏专用壶。汉代的投壶实物，目前发现的并不多，各地博物馆所藏汉代投壶多为随葬明器，有铜、陶和原始青瓷投壶。1969年河南济源泗涧沟汉墓出土绿釉细颈陶壶，壶身整体呈圆球状，竹节状直颈，下有三兽形短足，腹部及肩部各有凸起的弦线，古朴典雅。同类型的绿釉投壶在河南沁阳汉墓中也有发现。2019年江苏仪征小村庄西汉墓都同时出土了陶投壶和六博棋盘。1979年江苏盱眙东阳东汉墓和扬州平山荷叶张庄汉墓出土西汉铜投壶，器表刻有繁缛的锯齿纹、菱形纹，制作十分精巧，形型与河南济源泗涧沟汉墓出土绿釉细颈陶壶相似，珍贵的是同壶出土的10支漆矢。目前考古发掘出土的汉代投壶都是直颈圆腹，口径在20

厘米左右，普通人投掷起来难度不小，更何况如郭舍人还要击中而返之。从汉画像投壶图和文献推测，汉代应有宽口直颈的投壶，以提高娱乐性。西汉时的投壶都是一孔直颈，到南北朝时增加了直颈两侧的双贯耳，形成了后世标准的三孔投壶格式，目的是降低准度，增加花样，让更多的人参与投壶活动。

汉代直颈投壶和矢，扬州博物馆藏

第四章 两晋南北朝游艺

中国游艺史话

第四章 两晋南北朝游艺

两晋南北朝（265—589）是中国历史上很有特色的时代，它并不像旧史学家所说那样是漆黑一团，是中国历史上的中衰阶段。实际上，这一时期，虽然社会动荡不安，政权更迭频繁，但是社会经济仍然继续发展，江南地区开始成为全国经济中心，民族大迁徙和民族大融合，为中华民族增添了新的血液，传统伦理名教衰微，隐逸之风盛行，呈现着高雅、飘逸和潇洒的文化趣味。在这种社会背景下，两晋南北朝游艺在秦汉三国游艺的基础上进一步向前发展，达到了中国游艺发展史的一个高潮，独特的游艺文化思想深刻地影响着后代游艺发展的走向。

隐逸思潮是两晋南北朝时期文化的主要特征，其表现形式却泾渭分明地分为两类。当时门阀士族是一个具有特殊权益的统治阶层，面对长期的政治动荡，变得意志消极，不涉实务，终日穷奢极侈，纵情享乐。北齐颜之推《颜氏家训》中说：当时贵族子弟"无不熏衣剃面，傅粉施朱，驾长檐车，跟高齿屐，坐棋子方褥，凭斑丝隐囊，列器于左右，从容出入，望若神仙"。文人墨客则崇尚清谈隐逸，追求内心的清明深沉、虚静闲适，陶醉于山野林泉之中。无论是醉生梦死的享乐主义，还是淡泊宁静的道德修炼，其共同点都是寻找一种人格自由独立，以及与自然和谐的生活状态。这种人生哲学正是游艺繁盛发展的思想基础。

两晋南北朝游艺呈现出独特甚至畸形的繁盛现象。围棋、樗蒲、握槊、双陆、弹棋等室内游艺达到极盛，士族文人"尤好蒲弈，日夜不息"，甚至父母亲人去世，仍对弈不停，室外的游艺如蹴鞠、秋千、赛龙舟等，则因为活动量较大，门阀士族懒惰而相对衰落。这一时期，凡是可以用来赌博的游戏都受到人们的追捧，古代传统博戏如樗蒲、握槊、双陆、弹棋、骰子、斗鸡、斗鹅鸭等都盛极一时，甚至用围棋来赌博。博戏的盛行反映了门阀士族的没落和颓废，对后世游艺发展产生消极影响。辞官隐逸的文人回避政治，归隐山林，专心于棋弈、投壶、斗鸡等游艺活动，使得这些游艺技艺水平显著提高，游艺和书画、诗文相互融合，呈现出鲜明的艺术化趋向。这一时期，南方社会较为安定，文化发展，与北方战乱频繁形成鲜明的对比，这一状况使南北游艺活动存在着相当大的差异。在南方，各种游艺的开展都十分广泛，水平也较北方要高，代表着当时游艺活动的最高成就。

两晋南北朝时期，民族大迁徙和民族大融合使各民族之间的游艺有了交流发展的机会。比如，围棋、蹴鞠等游艺在鲜卑、突厥、匈奴等民族中的流行。《北史·突厥传》记载：突厥"男子好樗蒲，女子踏鞠"。同时，像樗蒲、握槊等从少数民族地区传入中原的游艺也非常盛行。两晋南北朝时期是中华各民族游艺交流的第一个高潮，呈现鲜明特色：第一，游艺发展极不平衡，南北存在差异；第二，各种球类游艺衰落，围棋和博戏空前盛行；第三，出现了握槊、双陆、斗鹅鸭、养金鱼、回文诗等新的游艺品种；第四，中外游艺交流进一步发展，六面体骰子开始流行于中国，樗蒲、投壶等传到了朝鲜、日本等国。

总之，两晋南北朝的游艺上承秦汉，下启隋唐，处处呈现了汉唐两大盛世间过渡时期的风貌，它为隋唐时期的游艺大繁荣奠定了基础。

一、"忘忧清乐在枰棋"

围棋是两晋南北朝时期开展最为广泛的游艺活动之一。爱好围棋的人遍及社会各个阶层，包括帝王、权贵、文人和普通百姓，这是前所未有的。梁朝沈约《棋品序》说："汉魏名贤，高品间出。晋宋盛士，逸思争流。"生动地描述了这一时期的围棋盛况。所以，两晋南北朝被认为是我国围棋发展史上第一个蓬勃发展的时期。

晋代棋风很盛，在史籍中不乏记载。西晋第一个皇帝司马炎就颇好下围棋。《晋书·杜预传》记载：公元280年，司马炎与中书令张华弈棋，大将军杜预奏问伐吴的日期，司马炎正弈得高兴，随便回答："留待明年。"张华赶忙推开棋盘，进谏道："陛下圣明神武，朝野清晏，国富民强，号令如一。吴主荒淫骄虐，诛杀贤能，当今讨之，可不劳而定。"司马炎听了很是赞同，便立即下令择吉日出兵。不久晋兵渡过长江，迅速灭掉了东吴，俘虏吴主孙皓。《晋书·王济传》记载：司马炎常与王济对弈。一天，他与王济对弈正酣，软禁在宫中的孙皓在旁边看棋。司马炎曾听说孙皓为政暴虐，常挖人眼，剥人的面皮，突然问孙皓为什么要剥人皮？孙皓见王济把脚伸到了司马炎的前面，便故意说："对君主无礼的人就要被剥皮。"在著名棋谱《忘忧清乐集》中保有一局《晋武帝王武子弈棋谱》，王济字武子，这局棋记录的正是晋武帝和王济对弈的一局棋。

在士族和文人的休闲娱乐活动中，围棋最为盛行，涌现出了许多围棋高手，如蔡洪、曹摅、殷仲堪、羊陶、祖纳、王坦之、支遁、阮籍、王戎等，其中"竹林七贤"是魏晋文人的代表，崇尚无为，放荡不羁，纵酒行乐，酷爱围棋。《世说新语》记载：中书令王坦之，在守丧时，他不顾礼教丧期不能作乐的禁忌，公然与好友下棋。东晋士族以王谢两家族最为显赫。《晋书·王悦传》记载：王导与长子王悦弈棋。平日谦恭的王悦在棋桌上却寸步不让，着着进逼，使王导无可奈何。王导笑着对儿子说："亏得有父子的骨肉缘分，否则要逼我走投无路了。"王导的次子王恬，棋艺更高，《晋书》中称赞王恬"多技艺，善弈棋，为中兴第一"。东晋范汪曾《棋品》中评价当时人的棋艺品级，王恬为一品，王导才五品。王导有位从兄王澄，自少年时代便与王导齐名，曾官任荆州都督。但因他"与内史王机日夜纵酒博弈"，多次被当时农民起义军打败，结果被免职。

谢家成员中，谢安的名望最高。他平日常与大书法家王羲之、大画家顾恺之、和尚支遁和中郎官王坦之等好友聚会弈棋。东晋穆宗永和九年（357）暮春之初，王羲之等41位朋友相聚在绍兴兰亭，曲水流觞、吟诗作赋、对弈抚琴。其中就有谢安、殷浩、褚裒（póu）三位围棋高手。

谢安在淝水之战中"赌墅""折屐"的两个围棋故事十分有名。《晋书·谢安传》记载：383年，前秦苻坚率百万大军进攻东晋。谢安与其侄谢玄率领8万军队迎敌。敌强我弱的严峻形势使东晋朝野惊慌不安，身负重任的谢安却镇定自若，约集亲朋好友到乡间别墅游玩，还要与谢玄下围棋赌别墅。棋艺本来稍低的谢安，反而胜了棋高一着，但心神不宁的谢玄。谢安的从容镇定稳定了军心。谢安部署将帅，面授机宜后，回到帅府静候战况。不久，东晋军队在淝水大破苻坚百万大军。战报传来，谢安心里十分高兴，但不改常态，若无其事，继续下棋。而下完棋后回到屋内，内心抑制不住激动，过门槛时猛地把屐齿撞断了。谢安临危不惧、运筹帷幄的儒将风范深受后人的赞赏。后世有许多以谢安故事为题的诗词绘画作品，故宫博物院藏有宋代缂丝《谢安围棋赌墅图》和清代吴之璠雕刻的黄杨木东山报捷图笔筒，明代尤求画有《围棋报捷图》，清代苏六朋、王素画有《东山报捷图》，东山是谢安的号。宋代诗人林希逸有《围棋赌墅》诗，其中有"太傅筹边日，家庭赌墅时。淮淝千载事，秦晋一番棋"的诗句。元代诗人王恽在《秋涧先生大全文集》卷二十九有《谢太傅弈棋图》诗云：

胜负胸中料已明，又从堂上出奇兵。
怡然一笑文楸里，未碍东山是矫情。

清代王素《东山报捷图》，纽约大都会博物馆藏

南北朝时，围棋之风盛行不衰，南朝历代皇帝大都爱好并倡导围棋。宋文帝刘义隆在位29年躬勤政事，重视文化和经济发展，本人爱好围棋。《南史·羊玄保传》记载：羊玄保"善弈棋，棋品第三，文帝亦好弈，与赌郡，玄保戏胜，以补宣城太守"。宋文帝与羊玄保赌棋，赌注竟是某地方的官位，结果羊玄保胜，出升宣城太守。羊玄保是南朝时名臣，清明廉洁，宋文帝非常赏识羊玄保，曾对群臣说："羊玄保为官不谋钱财，朴素节俭，离开任职的地方，人们都会想念，所以，每次有好的官位出缺，我都会想起羊玄保。"

宋文帝之后，宋明帝、齐高帝、齐武帝、梁武帝等皇帝都酷爱围棋。宋明帝棋艺不高，但大家捧他为三品。一次，他与一品彭城丞王抗对弈，一条长龙险些被断，王抗故意谦让道："皇帝飞棋，臣抗不敢断。"明帝信以为然，下棋的兴趣越来越浓。更有甚者，尚书右丞罗彦运常与明帝下棋，其妻很不高兴，抓破了罗彦运的脸。明帝看了便说："我为你治疗，如何？"罗彦运回答道："听从圣旨。"晚上，明帝竟下旨赐死罗彦运的妻子。明帝还创建"围棋州邑"，设置官位，派围棋高手担任职位。齐高帝萧道成下起围棋来"累局不倦"。梁武帝萧衍"性好棋，每从夜达旦不辍"。北魏世祖拓跋焘也着迷围棋。一次，他与给事中刘树下棋，大臣古弼急事奏报，世祖专心下棋，没有发觉，古弼气得火冒三丈，上前揪住刘树的头，"以手搏其耳，以拳殴其背"，说道："国家治理不好，都是你这种人的罪过。"世祖闻言道："下棋而不听大臣奏报，实在是我的过失。"

南北朝的士族文人虽然好玄言清谈，但也多忠诚报国，不惧生死的人物。南齐大臣谢瀹（yuè）喜欢下棋喝酒。当时宫廷政变时有发生，隆昌元年（494），萧鸾带兵攻入皇宫，杀死即将登基做皇帝的郁林王。谢瀹恰在皇宫与客人对弈，周围众人惊恐万分，纷纷逃走。谢瀹镇定自若，专心下棋。一局终了回家睡觉，只字不提刚刚发生的事变。若论胆量和酷好围棋的程度，谢瀹还比不上南朝刘宋时的王彧。王彧，字景文，南朝宋的重臣，宋明帝时已官至太子太傅、散骑常侍、扬州刺史。宋明帝担心王彧位高权重，派使臣送毒药赐他自尽。使臣送来敕书时王彧正在与好友下围棋，王彧读完敕书之后，将敕书封好放在棋盘下，面不改色，继续与好友对局，为局上的一处劫争绞尽脑汁。棋局结束，他将棋子整整齐齐收入棋盒，才从容地告诉好友皇帝赐我一死，拿出使臣送来的药酒道歉地说"此酒不可相劝"，然后一饮而尽。这件事记载在《宋史·王彧传》。谢瀹、王彧的气节与胸怀令人敬佩。苏轼称赞王彧："死生亦大矣，而景文安之，岂贪权窃国者乎？"在生死面前能够像王彧这样镇定，怎么能是贪权窃国的人呢？

围棋有不少别名雅号，其中"坐隐""手谈""忘忧""烂柯"等都出现在晋代。《世说新语》中说："王中郎以围棋为坐隐，支公以围棋为手谈。"王中郎就是那位守丧还与人对弈的王坦之；支公即支遁，是东晋有名的高僧。"坐隐"的意思是说，下围棋需宁神静气，全神贯注，坐在棋盘前就好像遁世隐居一样。"手谈"是说下围棋，两人不必开口，但可以通过下棋来逞能斗智，交流思想，就像用手交谈一样。所以，宋代大诗人黄庭坚《弈棋二首呈任公渐》有诗云："偶无公事负朝暄，三百枯棋共一樽。坐隐不知岩穴乐，手谈胜与俗人言。"

第四章　两晋南北朝游艺

明代戴进《烂柯观棋图》，普林斯顿大学艺术博物馆藏

游艺的真谛就是"乐以忘忧"。古人可以"夫酒忘忧",也可以称萱草为"忘忧草",下棋忘忧始于东晋祖纳。祖纳,字士言,是西晋时期大臣,极有操行,喜好围棋,王隐劝他说,"禹惜寸阴,不闻数棋"。大禹治水,非常珍惜时光,没听说下棋呀。祖纳回答道:"我弈忘忧耳。"这五个字言简意赅,总结围棋魅力的根源。后来,宋徽宗写下了"忘忧清乐在枰棋"的诗句,宋代李逸民将北宋以前围棋名局汇编成书,取名《忘忧清乐集》。"坐隐"、"手谈"和"忘忧"将围棋的特性做了高度的概括,融入了魏晋南北朝人对围棋文化的理解,凝练典雅,形象恰切,成为围棋最富艺术性的雅号。

二、"盘龙癖"之樗蒲

两晋南北朝时期盛行的博弈游艺中,有一种名叫樗蒲的棋类游戏,当时人用来赌博,所以也是古代博戏的一种。樗蒲有不少别名,又叫五木、掷卢、呼卢,又被称为"盘龙癖""牧猪奴戏"。其实,樗蒲之名,源于自然界的两种植物,樗是一种落叶乔木,即常见的臭椿;蒲则是一种可以织席的水草。在古代,人们缺乏对自然界和社会的正确认识,常用樗的叶子和蒲来占卜,视其投掷后的正反面及纹路,预测吉凶祸福。后来人们创制了一种博戏,叫"樗蒲"。樗蒲所用的投采工具叫"五木",形态特别,外形如同杏核,两头尖中间圆,木质,共五枚,一面涂黑,写"犊"字,一面涂白,书"雉"字,以掷投的不同面的文字颜色决定胜负。五子皆黑即谓"卢",是最高采,人们在掷五木时会大声吆喝,希望得到卢或雉,后来"呼卢喝雉"演

第四章 两晋南北朝游艺

变为成语，形容赌徒赌兴正酣时的样子。

樗蒲的起源，至今仍是个谜。相传，樗蒲是道家的祖师老子所创。东汉马融《樗蒲赋》中写道：玄通先生是位道德之士，来自远方，喜欢樗蒲，为此"昔伯阳入戎，以斯消忧"。老子姓李，名耳，字伯阳。古代西戎指西域的民族或国家。老子为了消愁解闷，专门入西戎带回了樗蒲。西晋张华《博物志》记载："樗蒲者，老子作之用卜，今人掷之为戏。"说明樗蒲确与老子有关，曾经是一种占卜工具，后演化成一种博戏。

樗蒲是西域地区传入中国的重要博戏之一，反映了汉代中西方的文化交流。《史记》《后汉书》等正史记载老子确曾去过西域地区。马融《樗蒲赋》中描写樗蒲的用具，其中写道："枰则素旃紫罽，出乎西邻。""旃"与"毡"字相同；"罽"也是一种动物毛制成的毡子。意思是说：用素色或紫色毛线织成的博席，来自西方的邻国。"枰"就是掷骰子的地方。古人在玩六博、樗蒲时，都要在掷骰子的地方铺一张毡子，名叫"博席"。南朝梁文学家刘孝标注释《世说新语》一书，旁征博引，考定精审。他引用《晋中兴书》的话："樗蒲，老子入胡所作，外国戏耳。"晋朝时樗蒲已经很流行，东晋名将的部下常常因喝酒玩樗蒲而误事，陶侃大怒"乃命取其酒器、樗蒲之具，悉投之于江，吏将则加鞭扑，曰：樗蒲，牧猪奴戏耳"。有学者认为，"牧猪奴"是古代对草原游牧部族的蔑称，"牧猪奴戏"指来自西域的游戏。

在现存的历史文献中，有关樗蒲的记载最早见于西汉。西汉刘歆《西京杂记》卷四载：西汉长安有位姓古的读书人擅长音乐、投壶、弄丸和"樗蒲之术"。东汉著名学者马融写有一篇《樗蒲赋》，描绘了樗蒲游戏的用具、玩法及其当时贵戚公侯玩樗蒲的情形，文辞典雅优美。

到两晋南北朝时期，樗蒲极为盛行，不管是帝王、贵戚，还是官吏、百姓无不喜好樗蒲。西晋初年，皇宫中有位胡贵嫔，樗蒲的水平十分高超。晋武帝司马炎常与她玩樗蒲。一次因争着行棋，竟撞伤了晋武帝的手指。东晋末年，有位显赫一时的人物，名叫刘毅。他曾出任豫州、荆州刺史，拜卫将军，盘踞长江中上游大部分地区，与东晋王朝对抗。刘毅嗜好樗蒲，因他小字盘龙，后来人们称玩樗蒲成癖的人叫"盘龙癖"。《晋书·刘毅传》记载了一个有趣的故事：东晋义熙元年（405），刘毅和后来南朝宋的开国皇帝刘裕等人聚会在江宁（今南京）玩樗蒲，赌注达数百万钱，最后只剩下刘裕与刘毅两人，不分上下。又一轮争斗开始，刘毅把五个骰子掷到盆中，骰子的颜色都是白色，名叫雉，是仅次于颜色皆黑的高彩，十分难得。刘毅大喜，提着长衣，对同坐的官员说："太好了，虽然不是五子皆黑的高彩，但已经很难遇到了。"刘裕见此闷闷不乐，轮到他掷骰子时，他手握着五枚骰子，口中念念有词，呼喝着五子皆黑的高彩。他掷出骰子，五子中有四个是黑的，而另一个则旋转不停，刘裕与众人紧张地盯着这个骰子，骰子转来转去，最后停下来竟然也是黑色的。五个骰子的颜色都是黑色，称作"卢"，是最高的彩，见此情形，本来面黑的刘毅沉着脸对刘裕说："看来您的座位是不肯让给别人的。"刘毅骄矜固执，居功自傲，不肯位居刘裕之后，最后举兵反叛，兵败自杀。唐代诗人孙元晏《咏史诗·刘毅》云："绕床堪壮喝卢声，似铁容议众尽惊。二十七人同举义，几人全得旧功名。"正是描写了刘毅与刘裕对博樗蒲的故事。

南北朝史书中有关樗蒲的记载很多，当时人沉迷于樗蒲一掷百万的刺激中。《宋书·乐志》上说：人们追求及时行乐，"当在王侯殿上，快独樗蒲六博，对坐弹棋"。南朝刘宋开国功臣王弘年少时曾与朋友玩樗蒲，当权后朋友前来谋求官职。王弘说：你会靠樗蒲赢钱，还用做官领俸禄吗？南齐时，明帝萧鸾召集众臣庆祝破贼胜利，让群臣玩樗蒲，大臣李安民五掷皆卢，使明帝大惊。北魏大臣张烈的弟弟张皓甚好樗蒲，可是玩时不择时间和对象，因而受到许多人的指责。《北史》卷六十二记载，北周文帝宴请群臣，席间玩樗蒲，拿出锦罽及杂绫绢数千匹作为赌注。很快赌注用完，"周文帝又解下身上的金带，令诸人尽兴遍掷，曰：先得卢者即与之"。隋唐以后，樗蒲已渐入衰落，只有极少数人还会玩樗蒲。据说奸相杨国忠就是因善于樗蒲才得到皇帝的赏识。到了宋代，樗蒲之戏已废不行。李清照《打马图经》说："打马爱兴，樗蒲遂废。"唐宋诗歌中所提到的樗蒲大都是泛指博戏。

樗蒲的玩法，后人多语焉不详或误讹相袭。从现有材料来看，东汉马融的《樗蒲赋》是探讨樗蒲玩法最早的材料。赋中说：

> 枰则素旃紫罽，出乎西邻，缘以缋绣，絑以绮文。杯则榣木之干，出自昆山。矢则蓝田之石，卞和所工，含精玉润，不细不洪。马则玄犀象牙，是磋是砻。杯为上将，木为君副，齿为号令，马为翼距，筹为策动，矢法卒数。

唐代时李翱写了一部《五木经》，是现存最早的樗蒲著作。从现存史料来分析，樗蒲的用具有筹、杯、五木、马、矢、枰六种。筹，即赌注。杯，掷投五木的盛具，演变为后世的骰盆。五木，即杏仁形状的博具，作用如同骰子。马，相当于棋子，有二十枚，分五色，每色四枚，供行棋用。矢，筹码，与六博的竹筹相似，多做成剑形。枰，为樗蒲棋局，多半是白色或紫色相间的毛织品，边缘饰以彩绘。玩时，人们手执"五木"，掷在杯中，按所掷采数，执棋子在铺有博席的枰上行棋，相互追逐，也可吃掉对方之棋，谁先走到尽头便是胜利者。从《五木经》和李肇《唐国史补》的记载来看，樗蒲的游戏规则比较复杂多变，五木的掷投会出现许多不用的采目，类似如今麻将里面的计算赢牌多少的番。

五木的形制很特别，初为木制，后世改用玉石、象牙、兽骨制成。五木的形状，两头尖锐，中间平阔，一面涂黑，黑之上画牛犊；一面涂白，白之上画雉；五子皆黑，名叫"卢"，是最高的采，五子皆白，称为"雉"。宋代葛立方《韵语阳秋》中说："樗蒲用博齿五枚，如银杏状。"学术界有观点认为，五木是从琼或茕演变到六面体骰子的过渡形式。北京大学收藏的秦简《酒令》，除木牍外，还有一枚行酒令的木骰，形状呈短木棒状，六面，每面书写两字，此木骰与五木相似，说明汉代时就存在形状杏核，作用与骰子相同的掷采用具。在南美洲印第安人的古代遗址曾发现长棒形，两头尖锐，中间宽的掷采用具，上刻表示数字的线条，形态与作用与五木相近。欧洲学者认为这是南美洲古代部落所使用的骰子。

在考古资料中也可寻找到樗蒲的形象。2001年甘肃省高台县骆驼城出土魏晋墓室画砖中发现一幅《樗蒲图》。画面上两人跪坐，左侧一人着白袍，右侧一人穿红袍，中间铺博席，上置棋盘和马，棋盘上绘出了两头尖中间宽的五木，形象地再现了魏晋时期樗蒲中使用五木的面貌。此外，甘肃省高台县许三湾魏晋墓室砖画，甘肃嘉峪关魏晋7号墓砖画也发现相同风格的《樗蒲图》。

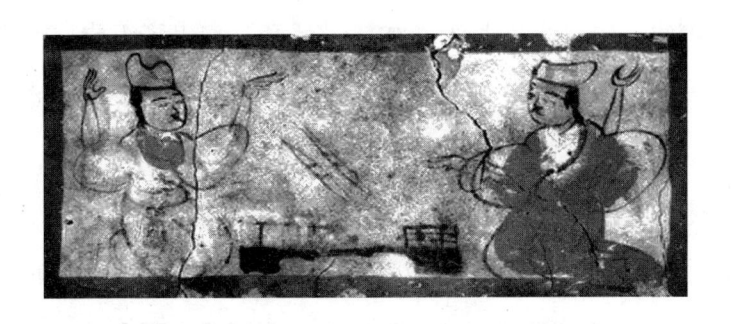

甘肃嘉峪关魏晋墓砖画《樗蒲图》，甘肃省博物馆藏

各民族之间的文化交流也促进了娱乐游戏的交流。樗蒲来自西域地区，很可能由印度传入。后秦释道郎撰，北凉县无谶译《大般涅槃经·圣行品》第七记述佛教的戒律，指出："樗蒲、围棋、波罗塞戏、狮子象斗、弹棋、六博、拍鞠、掷石、投壶、牵道、八道行成，一切戏笑悉不观作。"随着中印佛教的往来，两国传统的娱乐游艺活动也相互交流，樗蒲的传入增进了中外人民之间的友谊。所以《北史·突厥传》说：突厥"男子好樗蒲"。大约在隋唐时，樗蒲又从中国传入朝鲜、日本等周边国家。《北史·倭传》及《隋书·东夷传》载日本"好棋博、握槊、樗蒲之戏"。7世纪末，日本持统天皇曾颁禁令，禁止百姓以樗蒲聚徒赌博。樗蒲之戏传入朝鲜，似应早于日本。

《北史·百济传》云："百济之国，有投壶、樗蒲、弄球、握槊等杂戏，尤尚弈棋。"朝鲜金时习《金鳌新话》中记有一段《万福寺樗蒲记》的故事：书生梁生，早丧父母，未有妻室，独居万福寺。他为追求仙女，袖装樗蒲，掷于佛前曰："吾今日与佛欲斗蒲戏，若我负则设法筵以赛，若佛负则得美女，以遂我愿耳，祝讫遂掷之，生果胜。"这个故事说明樗蒲在朝鲜民间十分流行。掷柶戏是朝鲜族流传至今的古老棋戏，由棋盘（也叫马田）、"骰子"和棋子组成。掷柶戏所用"骰子"称为"柶"，朝鲜语音译为"尤茨"。柶用赤荆条或木材制成四支短木棒，长三寸多，掷而决胜负。四俯曰牟，四仰曰流，三俯一仰曰徒，二俯二仰曰开，一俯三仰曰杰。这与中国古代的"箸"和"五木"的外形和作用相同。棋盘为正方形，棋子每方各用四枚，称作"马"，以掷柶的采数决定行棋多少，掷柶戏由两个人玩，最快到达终点者胜。这与樗蒲的玩法十分相似。朝鲜学者李晔光在《艺峰类说》中认为："柶戏者便是樗蒲之戏。"近年来，掷柶戏深受朝鲜族人民的喜爱，2011年被列为吉林省非物质文化遗产项目。

三、弹棋名家谱

弹棋几经起伏，到魏晋南北朝时，又呈现出兴盛的局面。因弹棋号雅戏，有"消愁、释愤（消除昏睡）"的作用而受到人们的喜爱，不仅产生了魏文帝、梁文帝、范景达、孟灵休、杜道鞠等弹棋名家，而且弹棋成为文人骚客的吟咏对象，流传下多篇《弹棋赋》和《弹棋歌》。

魏文帝曹丕在《典论》自序中说：我自幼喜好游戏，特别擅长弹棋，年轻时写过一篇《弹棋赋》。以前京城马合乡侯、东方安世、张公子是弹棋名家，遗憾未能与他们较量一番。可见，魏文帝的弹棋技艺是很高超的。《世说新语》说魏文帝能"用手巾拂之，无不中者"。有人能用"葛巾角低头拂棋，妙逾于帝"。弹棋的基本方法是用手指弹棋，以手巾、头巾拂棋算是一种绝技表演。梁文帝精于弹棋理论，著有《弹棋谱》一卷。南朝时涌现出范景达、孟灵休、江湛、杜道鞠等众多弹棋名家。《南史》卷三十二记载，宋文帝认为浙江钱唐人才辈出，当时天下五绝皆出自钱唐，天下五绝是杜道鞠弹棋，范悦诗，褚欣远书法，褚胤围棋，徐道度医术。宋明帝时，晋平王刘休祐手下有位弹棋名手范景达，宋明帝想将范景达召进官，刘休祐扣住不给，宋明帝怀恨在心，不久竟然派人杀了刘休祐。这些弹棋名家的产生说明当时弹棋的盛行和技艺的高超。

魏晋南北朝时，辞赋、散文在继承两汉遗风的基础上有所发展，文赋多以短篇居多，以抒情适性见长。弹棋是一种奇巧的娱乐，为士大夫阶级所喜欢，流传下来许多脍炙人口的弹棋文赋。如魏文帝曹丕《弹棋赋》、魏丁廙《弹棋赋》、西晋傅玄《弹棋赋序》、夏侯淳《弹棋赋》、梁简文帝萧纲《弹棋谱序》、阙名《弹棋经序》和《弹棋经后序》等。这些文赋论弹棋的作用、棋具的构造、游戏的方法，是今天了解研究魏晋南北朝时期弹棋状况的宝贵史料。当时，人们认为弹棋是一种高雅的棋戏，是"君子之所欢"的游戏。魏文帝在《弹棋赋》中说：弹棋是一种美妙的游戏，其他游戏无法与它匹敌。晋人夏侯淳《弹棋赋》也赞扬弹棋，认为是消愁解忧的最好娱乐活动。南朝梁简文帝萧纲则认为弹棋可以修养品道。正因为弹棋具有这些积极的作用，才深受人们的喜爱，成为他们休闲时的娱乐。

由于弹棋在宋代以后逐渐失传，至今并无确切可靠的实物传世，所以后世对弹棋形制和游戏规则大都语焉不详。2000年《棋艺》张超英《唐代弹棋形制的新发现》转引日本学者和田军一的文章《正仓院的游戏具》，日本正仓院现存二件唐代弹棋棋盘，棋盘均为木质，其中一件长71厘米，宽33厘米，高11厘米，中央高起向边斜下，斜面为左右各6格，盘为柿木，贴紫檀面料，有螺钿见纹装饰。另一件的材质为榧木，长68厘米，宽29厘米，高16厘米，其他形制与上件相同。可惜文章无实物照片，只有一幅出自日本《征古图录》中的木刻图。和田军一曾任日本内厅正仓院事务所所长，是正仓院古物研究的专家，所记述应该可信。2019年8月24日，河南《大河报》报告收集到一件形似弹棋盘的实物，陶制，正方形，由棋座和棋盘两部分组成，中间隆起，四边斜下，用刻画的线条分成中心四方形和四边的梯形，棋座四周有仿木制的月牙形"门"。此件弹棋的形制与和日本《征古图录》图形并不相同，因此古代弹棋的形制还有待进一步考证。

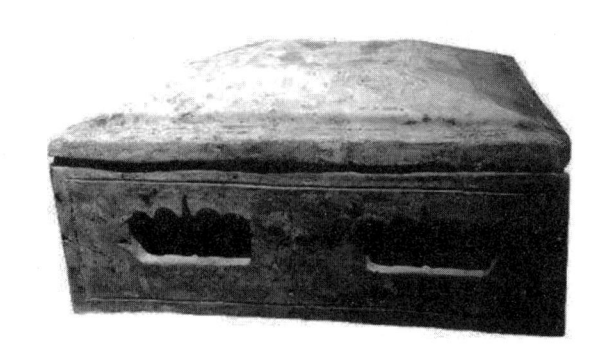

河南收集的陶制弹棋盘

从魏晋到唐代的文献来判断，弹棋盘一般是用石头制成，形制是长方或正方形，中间隆起。丁廙《弹棋赋》说："文石为局，金碧齐精，隆中夷外，致理肌平。"蔡邕《弹棋赋》也说棋盘"采若锦缋，平若停水。肌理光泽，滑不可屡"。采用有美丽花纹的石头制成棋盘，绘以彩色图案，中间隆起，四边平坦，棋盘表面坚硬光滑，便于棋子的滑动。还有更名贵的弹棋盘，魏文帝说：弹棋盘用荆山美玉制成。夏侯淳说：弹棋"局则昆山之宝，华阳之石"，上面绘有复杂美丽的图案，需要像鲁班那样的工匠才能雕刻成。宋朝人吕颐浩曾在河北大名府隆兴寺佛殿檐下，见到刻有魏文帝黄初年号的玉石弹棋局，与魏晋人吟咏的弹棋盘一样。弹棋的棋子有用木做的。魏文帝《弹棋赋》："棋则元木北幹，素树西枝。"考究的棋子则是用象牙做成。丁廙《弹棋赋》说："棋则象齿，选乎南藩。"魏晋时，弹棋棋子由汉代时的双方各6枚，增至8枚，丁廙说："列数二八。"到唐代弹棋棋子又增至12枚。

这些文赋对弹棋的玩法描绘得最详细精彩。丁廙《弹棋赋》中把玩弹棋当作两军对垒，将棋子排开，如同誓师，号令即下，方可出击。弹击棋子要"运若回飙，疾似飞兔"，迅速打掉对方防守要冲的棋子。可以"中路为擒"，采取中路突破；也可以远程冷射，"挥纤指以长斜"。长斜就是远程冷射。唐代诗人白居易《和春深二十首》诗云："弹棋局上事，最妙是长斜。"弹棋盘中间隆起，要从一方斜角弹击对方棋子，确需很高超的技巧。可见，弹棋具有多样战术和技巧，是一项极富变化的游戏。

弹棋虽然活动量不大，但也具有极强的竞争性。常使"胜者含和，负者丧颜"。激烈的游戏使观者为之心惊。魏文帝在《弹棋赋》中说："于时观者莫不虚心竦踊，咸侧息而延伫，或雷抃以大噱，或战悸而不能语。"可见，弹棋的魅力是很大的。

在唐代，弹棋仍然相当流行。唐代的许多文人，如杜甫、王维、白居易、柳宗元、李商隐等都写过有关弹棋的诗文，如柳宗元《弹棋序》、卢愈《弹棋赋》、韦应物《弹棋歌》等。也出现了吉达、高越等弹棋名手。经过五代的动乱之后，弹棋在北宋时已衰落消亡了。北宋诗人杨褒，字之美，是王安石的女婿，与苏轼、欧阳修、司马光、刘攽等都是好朋友。杨褒曾得一件古弹棋局，刘攽《杨之美弹棋局歌》记载此事。南宋时，陆游在《老学庵笔记》中说：弹棋"今人多不能解"。

中国的弹棋曾传入朝鲜、日本，一度风靡朝野。朝鲜王朝显宗庚午元年，相当于北宋大中祥符三年，契丹统和二十八年，即1010年，高丽王朝发生巨大变故，权臣康兆弑杀穆宗，另立显宗，契丹出兵讨伐高丽。康兆领兵迎战，竟然因几番小胜，"遂有轻敌之心，与人弹棋"，结果兵败被杀。康兆被视为弑君逆贼，列入《高丽史·叛逆传》中。李瀷，字子新，号星湖，朝鲜李朝哲学家。他在《星湖僿说类选》中考证弹棋的渊源，认为朝鲜一种名叫"攻棋"的棋戏，就是古代的弹棋。"弹棋无所考，我国有所谓攻棋者，意者其遗也。"攻棋借用五枚围棋子，随意放在桌几上，玩法是用手指弹击，每次都相隔一子击打。攻棋是妇人儿童们闲暇时游戏。日本《古事类苑·岁时部》记载：天皇御座以下陈置有"围棋弹棋局"，正仓院藏品是日本皇室的千年收藏，所以收藏有唐代弹棋盘和棋子是完全可能的。

弹棋衰落失传的原因，主要有两点，一是由于弹棋盘、棋子的制作要求较高，玩法亦较复杂，只在上层社会流行，难于普及，所以极易衰落。二是弹棋源于宫廷，盛行于魏晋门阀等级观念浓厚的时代，因而弹棋棋子被分为两类，"贵者半，贱者半。贵曰上，贱曰下。下者二乃敌一"。这一陈腐观念遭到唐宋士人的反对。刘攽在《杨之美弹棋局歌》中说："谁令朱墨异贵贱，百世纷纷无已时。"其认为划分贵贱等级，是导致动乱的根源。由于魏晋时代门阀等级思想不符合唐宋士族地主的思想，所以，在新的棋戏不断创新之下，弹棋便被淘汰了。

四、六面体骰子的传入

从古至今，从中国到世界上的其他国家，骰子是众多娱乐游艺项目不可或缺的用具，它的随机性和不确定性使游戏充满了无法预知的乐趣和刺激。中国骰子的演变跨越了几千年，伴随着众多古代游艺种类，尤其是博戏的兴衰。从历史文献和考古发掘资料来看，中国骰子明确存在两个系统，或者说是两个发展阶段。以隋唐为界，在此前中国博戏中用来掷采的用具是箸、琼、五木等，此后出现了六面体骰子，并确立一统博戏江湖的地位。两个系统的掷采用具是如何演变的？六面体骰子源于中国游艺自身的演变，还是由其他国家传入的？学术界的研究随着考古新发现的不断深入，骰子的身世正在逐渐清晰起来。

1956年著名学者常任侠先生出版《东方艺术丛谈》，书中有《从游戏玩具上看中印古代文化的关系》一文，最早关注到中国骰子的演变问题。书中讲道："东晋时遗存的古瓷中，曾见一颗方寸大的骰子，与古代埃及、罗马和印度的古迹中所发掘的骰子，以及现代中国和印度的骰子，完全相同。这骰子出自浙江余姚的晋墓中（余姚晋墓所出的古瓷骰子，原为艺专教授李超士所藏，1943年在重庆售与卫聚贤，解放后不知所在），是我所知道的中国发现与古埃及同型的骰子最早的一个。"

古罗马公元1—4世纪的骰子，哈佛大学艺术博物馆藏

常任侠先生所讲东晋骰子可能是目前中国考古发掘中所知最早的六面体骰子。2015年河南荥阳唐墓出土两个玲珑小巧的骨制骰子，两个骰子大小一致，边长为1厘米，一个色绿，一个色黄，均为正方体，六个面分别钻有1至6个圆窝。从骰子残存窝内色彩可推断，其中代表"四"的面圆窝内施红彩，其余五面的圆窝内施有墨彩。在唐

代以前的考古发掘中至今未发现六面体骰子，说明在东晋或隋唐时期中国骰子的形制发生了很大改变。

中国骰子起源于早期人类的占卜工具，上古时期，自然界的兽骨、蓍草、竹木、石头等都曾被人们用做占卜，随后出现了刻画线条、数字，用于掷投判断凶吉的工具，博戏中的箸、琼等掷采用具都与占卜工具相通，这也是古代文献记载的六博、樗蒲等博戏也用于占卜的原因。

骰子是一种博戏的用具，博戏依据掷投出来的点数来行棋或计算输赢，具有与骰子相同功能的用具称为"掷采用具"。在中国六面体骰子产生之前，博戏使用的掷采用具呈现三种不同的形制，即箸、琼、五木。六博使用的掷采用具是箸。箸，即博箸，也叫蔽、箭、簿等，是细长的半边竹管，中空，填以金属粉、铜丝或以其他物质加固，外髹漆，其断面呈新月形，其形像吃饭用的竹筷子。箸的数量一般为六根，有长短两种。湖北云梦睡虎地秦墓、江陵凤凰山西汉墓等汉墓都有博箸出土。

在六博使用博箸的同时，还有一种掷采用具，称为"茕"，茕字和"琼"通用，指的是一种球形的掷采用具。2004年山东青州战国齐墓出土了六博、棋子和一个象牙磨制的茕，为十四面球形，上面阴刻篆书一至六两组数字，其中两面空白无字。1976年秦始皇陵园遗址、山东临淄汉初齐王墓、湖北凤凰山西汉墓都出土十八面茕，有木制、石制和铜制，在十八面上刻一至十六汉字数字，其余两面刻篆字"骄"和"戵"字。1973年湖南长沙马王堆西汉墓出土一套完整的博具，没有箸，却有木茕一件，形制与上述汉墓相同。这些考古发掘

111

说明汉代时期，博戏掷采用具有两种：即箸和茕。"茕"字，《说文》说："茕，回疾也。"在博戏时，箸是用来掷投的，茕是用来旋转的，竹筷形演变为球形，箸演变成茕，应该讲是一个进步。

考古发掘出土的箸和茕实物，其使用方法可以在历史文献中找到印证。东汉许慎《说文》中说："簙，局戏也，六箸十二棋。"北齐颜之推《颜氏家训》记载："古为大博则六箸，小博则二茕，今无晓者，比世所行，一茕十二棋。"这段记载说明秦汉时六博戏分大博、小博两种，大博用箸，小博用茕，南北朝时只流行一个茕十二个棋的小博了。樗蒲游戏产生后，掷采的用具变成了"五木"。五木的形制应该是箸和茕融合之后的新形制。在甘肃嘉峪关新城乡魏晋时期古墓的樗蒲画砖上可以清晰地看到五木的形象。

从中外骰子的发展历史上考察，中国与古埃及、古印度、古罗马、古希腊等国家的骰子分属两个不同系统。宋代程大昌在《演繁露》卷六中已经明确指出，骰子是按着"投、五木、琼、茕、玖、骰"的演化进程发展。中国早期骰子的形制比较复杂，而古印度等国出现的骰子便是六面体骰子。根据常任侠先生的研究，掷骰子的游戏，起源于亚洲。在美索不达米亚（底格里斯和幼发拉底两河流域）曾发现一个陶土制的骰子，是公元前2750年（相当于中国传说中的黄帝时代）的遗物。在印度河流域的哈拉巴文明遗址中，也发现了一个红陶烧的骰子。哈拉巴文明是南亚地区新石器时代晚期至青铜时代的文明，距今约5000—3700年。从文献记载上看，印度古老的颂神诗集《黎俱吠陀》第六章俗谛神曲，《赌徒忏悔录》描写赌徒痴迷骰子，跪在神像前忏悔的内容。《黎俱吠陀》是一本公元前

第四章 两晋南北朝游艺

2000年的书。

根据欧洲学者对古代骰子的研究，古埃及、古罗马、古希腊的考古发掘，在公元前7世纪至5世纪古遗址中曾发现众多的六面体骰子。这些骰子与现代流行的六面体骰子基本相同，但同样存在从粗糙的近似球体向规范的六面体演变的发展过程，古罗马早期也存在多面体骰子。古罗马人嗜好骰子游戏，流传着许多有趣的故事。克雷狄斯写过一本关于掷骰子游戏的书。在古希腊，骰子是一种非常普遍的娱乐玩具。古希腊称骰子为Tessera，拉丁文作Tessera，其原意为"四"，表示这是四方体的东西。英文称dice，也是小方块的意思。古埃及、古罗马、古希腊的六面体骰子由骨头或象牙制成，大多数尺寸较小，点数采取钻孔的方式，形成双环或圆点的形状，这与中国唐代骰子的点数制作方式不同。唐代及以后发现的骰子多采用钻挖成圆形凹洞的方式。

从常任侠先生的论述和当代学者的研究来看，古印度、古埃及、古罗马、古希腊出现六面体骰子的时间早于中国，之后，六面体骰子经过丝绸之路传入中国。学术界有一种观点认为六面体骰子是伴随双陆棋戏传入中国的。双陆是在魏晋时自印度传入中国的。宋朝人洪遵《谱双》中记载："双陆出天竺，名为波罗塞戏，则外国有此戏久矣，其流入中州，则曹植始之也。"书中讲到外国的骰子，"三佛齐（今印度尼西亚苏门答腊）、阇婆（今印度尼西亚爪哇岛）、真腊（今柬埔寨）、大食（阿拉伯帝国），以木为骰子，六面。"

关于中国早期六面体骰子，近年中国考古发掘提供了一些线索。北京大学藏秦代木牍《酒令》和一枚行酒令的酒骰，由短木棒削制而

113

成，只有六个面，每个面上有两个字，为行酒令的术语。2015年四川什邡箭台村出土一枚汉代骰子，夹砂灰陶制，呈陀螺状，六面体，分别刻有一至六个小圆窝，制作粗陋，应为日常所用之物。这两件骰子虽然与现行正方骰子区别很大，但说明早在汉代中国已有六面体骰子的雏形。有趣的是，中国传统骰子与古印度等国骰子的区别，除形制外，还有数字的表现方式，中国用汉字数字一至六，古印度等国用点数表现数字，而四川什邡箭台村汉代骰子已经用圆窝表现数字了。研究者认为这枚骰子也受到古印度骰子的影响。

汉代陀螺骰子，四川什邡箭台村汉墓出土

英国著名考古学家斯坦因分别于1900年至1931年进行了四次中亚考察，考察重点是中国的新疆和甘肃，曾在甘肃唐代墓葬中发现多枚六面体骰子，骨质，每面挖有规则的圆洞，非常标准成熟，说明唐代的六面体骰子形制已经与现今骰子没有区别。六面体骰子在丝绸之路沿线被发现，从一个侧面反映了唐代与西域地区的文化交流。这些唐代骰子现藏于英国伦敦大英博物馆。唐代六面骰子在各地考古发掘时有发现，陕西历史博物馆收藏有6枚唐代骰子。

唐代六面骰子，斯坦因发现于甘肃，伦敦大英博物馆藏

骰子只是游戏的用具，普通而平凡，但它的繁衍变化，扑朔迷离，还有许多未解之谜。骰子的历史即是一部中国游艺史，蕴含着许多中国游艺文化的精髓。六面体骰子的产生反映了中外文化交流的广度和深度，以及对中国人娱乐生活的深远影响。

五、周武帝制象戏

两晋南北朝时期，围棋盛行，樗蒲、弹棋等博戏发展迅速，但久而久之，人们对博戏的赌博性深感不满，围棋虽然高雅但耗费时间。北齐颜之推在《颜氏家训》说：博戏"数术浅短，不足可翫。围棋有手谈、坐隐之目，颇为雅戏。但令人耽愤，废丧实多，不可常也"。在这种情况下，一种新的棋类游艺——象戏应运而生。

中国象棋的起源与军事有着密切的关系。英国学者李约瑟在《中国科学技术史》中指出，象棋是中国人模拟战争而创造的游戏，雅俗共赏，深得民间百姓的喜欢。魏晋南北朝时，北周武帝宇文邕（543—578）对以前的象戏进行了改进，制定游戏规则，亲自写成《象经》，演示推广。《周书·武帝本纪》说："天和四年（569）五月乙丑，帝制《象经》成，集百寮讲解。"学术界一般认为象戏为周武帝所创，但与中国象棋的承袭关系则有不同观点，一种观点认为象戏是现代中国象棋的前身，另一种观点认为象戏与现代中国象棋有着本质上的区别，是一种独特的棋类游戏。

北周武帝宇文邕在位期间，摆脱鲜卑旧俗，整顿吏治，使北周政治清明，百姓生活安定，国势强盛。周武帝撰写《象经》，大臣王褒作《象戏经序》、庾信作《进象经赋表》《象戏赋》献给周武帝。王裕、何晏也做过注释。《象经》著录在《隋书·经籍志》中，隋文帝和唐太宗都读过《象经》。《北史·郎茂传》说：建德年间（572—577），隋文帝杨坚任亳州总管掌书记，他读了周武帝的《象经》，表示不满。他对郎茂说："君主的所作所为，应该是那些感天地动鬼神的大事，而不是玩什么象戏。《象经》中多有乱法度的内容，显露着亡国的征兆。"杨坚的尖锐批评是有见地的。据《旧唐书·吕才传》记载："太宗尝览周武帝所撰三局《象经》，不晓其旨。太子洗马蔡允恭年少时尝为此戏。太宗召问，亦废而不通。乃召才，使问焉。才寻绎一宿，便能作图解释。允恭览之，依然记其旧法，与才正同。"

唐太宗看不懂周武帝的《象经》。太子洗马蔡允恭少年时玩过象戏，却忘记了玩法。博学多才的吕才用图解释了象戏的玩法。这说明唐朝初年象戏已经极少有人会玩，甚至像唐太宗这样学识渊博的人竟看不懂《象经》。同时也说明，象棋绝非现在这种平民百姓都会玩的象棋。

那么，象戏究竟是一种什么样的棋类游戏呢？唐代以后《象经》失传了，我们无法知道它的具体内容。我们只能从现存的王褒《象戏经序》和庾信《象戏赋》《进象经赋表》三篇文赋来了解象戏的内容。

这三篇文赋属于骈文、辞赋作品，文字、音律之类颇见功底，但虚言浮词太多，很少说及象戏的具体内容，使人读后不知所云。综合诸家观点，潜心分析，还是能够从中看出一些基本内容。

庾信《象戏赋》说：象戏"既舒玄象，聊定金枰"。这句话说明象戏不是指动物之象，而是"玄象"的意思，指棋盘中有天地日月星辰的形象。"丹局直正"，说明棋局是红色正方形。王褒《象戏经序》说：象戏是"八卦以定其"，这可能表明棋局是由 8×8 的小方格组成。庾信《象戏赋》说："局取诸乾，坤以为舆。"乾、坤是我国古代的八卦之一，分指阳、阴，学术界由此推断象戏棋局上含有阴阳之义，是一种类似于现今国际象棋黑白相间棋盘的棋局。赋中又说："马丽千金之马，符明六甲之符。"这是讲象棋的棋子，推测每方 6 枚棋子，共 12 枚，代表十二个时辰，棋色分四种，赤、黑、青、白分别代表东西南北四方，而且棋子有贵贱之分。如果以博塞中一枭五散的情况来推论，象戏可能也是贵一贱五。"取四方之正色，用五德之相生"一句说明象戏吸收了阴阳五行学说，五德相克相生反映的是象戏的行棋规则，即进退和吃子的规则。象戏的游戏规则比较复杂，后人仅据辞赋的抽象文字，难以准确地了解象戏玩法的真相。

对以上三篇文赋中关键词语的分析，我们可以看出：北周象戏源于以往的博戏，完全不同于今天具备车、马、炮等棋子，棋盘绘有九宫、楚河汉界的中国象棋，所以，象戏不是中国象棋的雏形。明清时人们已经指出周武帝象戏与现行象棋完全不同。明代方以智《通雅》中说："象戏分天文地理十二类，非今车马象戏。"杨慎《丹铅杂录》也认为：象戏"决非今之象戏车马之类也"。清代梁绍壬《两般秋雨庵随笔》卷一，明确指出："《太平御览》又谓象棋乃周武帝所造，然有日月星辰之象，此复与今之象戏不同。"虽然象戏流传的时间不长，但是作为中国游艺史上一种古老的棋戏，凝聚了古代人的宇宙观、自然观等诸多哲学思想，反映了中国文化对游艺的深刻影响。现行象棋在宋代定型后，"象戏"之称仍然流行，成为"象棋"的别称。

六、投壶的新气象

投壶是渊源于古代射礼、寓礼教于娱乐之中的一项活动。到两晋南北朝时期，由于门阀士族宴饮成风，使投壶继续得到发展，对酒设乐，雅歌投壶，成为一时风气。早期的投壶，礼仪烦琐，而投法简单。两晋南北朝时期则随着清谈玄学的盛行以及对传统礼教的冲击，人们逐渐摒弃了投壶的礼教目的，而孜孜于追求投壶本身具有的情趣。投壶的改革和创新，使两晋南北朝的投壶呈现一派新气象。

第四章　两晋南北朝游艺

清代漆器托盘《投壶图》，弗利尔美术馆藏

两晋南北朝的投壶以纯娱乐为目的。所以三国魏邯郸淳在《投壶赋》中说：投壶"悦举坐之耳目，乐众心而不倦"。当时，统治者和文人饮宴欢聚，无不以投壶为乐。《南史·柳恽传》记载：南齐竟陵王萧子良与柳恽夜宴，柳恽善于投壶，两人玩到天明。因而萧子良和柳恽朝见齐武帝都晚了。齐武帝询明情况后，不仅未加斥责，反而"复使为之，赐绢二十匹"。可见君臣对此戏的爱好。在北朝，投壶同样流行。《颜氏家训》中讲：颜之推历经侯景之乱和被俘西魏后，归服北齐，见北齐广宁王高孝珩、兰陵王高长恭等人的家里都有投壶用具，但"举国遂无投得一骁者"，所谓"骁"就是将矢箭投中壶，又能反弹而出，接矢箭在手的技艺。显然颜之推认为北朝投壶技艺稍逊于南朝。

两汉三国时期的投壶，在壶口两旁，还没有两个小耳，从晋代

119

开始才出现有耳投壶。随着壶耳的出现，投壶的花样增多了，技巧也随之提高。晋朝右光禄大夫虞潭在《投壶变》中记载了许多新鲜的投法。例如：投入左或右耳的箭，箭身斜倚在耳口形同腰间佩剑那样的称为"带剑"；箭身斜倚在壶口的称为"倚竿"；投的箭"圆转于壶口"，停时成为"倚竿"的称为"狼壶"；箭尾投入壶口的称为"倒中"，等等。

明代嘉靖年间制盘龙铜投壶，圣路易斯艺术博物馆藏

南北朝时，"骁"的投法盛行。柳恽就因"骁不绝"而延误了朝见皇帝的时间。颜之推在《颜氏家训》说：汝南的周璝和会稽的贺徽，能一箭四十余骁，称为"莲花骁"，而北齐"举国遂无投得一骁者"。

当时不仅男子投壶，女子也好此戏。石崇家"有伎，善投壶，隔屏风投之"。南朝梁无名氏作《华山畿》其三云："夜相思，投壶不停箭，忆欢娇时。"正是描写了女子相思丈夫，以投壶消愁解闷的情景。

投壶可以使人从娱乐中解除疲倦，而且可以起到健身的功效。三国王粲《投壶赋序》说："夫注心锐念，自求诸身，投壶是也。"他认为投壶可以磨炼意志，培养注意力的集中。晋朝傅玄在《投壶赋序》中说："投壶者，所以矫懈而正心也。"说投壶可以矫正怠惰的习惯。这都说明，古代讲究礼仪的投壶之戏到两晋南北朝时期逐渐成为愉悦身心、矫正怠惰的游艺活动。

七、"海陵斗鹅"的传说

五代徐铉在《稽神录》一书中记载了一个《海陵斗鹅》的神奇故事：后周显德二年（955），南唐所辖海陵郡（今江苏泰州）西村发生了一件奇怪的事，有人看见两只大鹅在空中相互争斗，直斗得天昏地暗，最后两只鹅筋疲力尽，一齐坠落下来，被村民抓住，只见大鹅有五六尺长，双足形似驴蹄。村民把鹅杀了，分而食之，结果，吃鹅肉的人都中毒死了。第二年，南唐海陵郡就被后周军队攻占了。徐铉记录这件奇异之事，是把它看作海陵郡被攻占的征兆。不过，古代确实存在一种善于相互争斗的鹅和鸭，以及斗鸭、斗鹅的游戏。

鹅和鸭一向被人们视作两种温驯的动物，它们真的能像鸡、牛那样善于争斗，供人赏玩吗？这要从我国悠久的养鹅、鸭历史讲起。我国是将野鸭、野鹅驯化饲养最早的国家之一。早在西汉时编成的《尔雅》中就有关于家鸭、家鹅的记载。春秋战国时期的古书《吴地志》中有"吴王筑城以养鸭，周围数十里"的记载，说明长江流域很早就有了大规模的养鸭业。长期以来，我国劳动人民在自然环境和社会经济条件下，根据不同用途对鸭、鹅进行培育和选择，形成了许多优良品种，汉代时，长江下游一带饲养的鸭、鹅，除供食用的肉鸭、肉鹅外，还培育出一种专门用来争斗的"斗鸭"和"斗鹅"。

这种"斗鸭""斗鹅"体质强健，生性好斗。晋朝人崔豹在《古今注》中记载了一种善斗的鹅，说它形似天鹅，脖颈长八尺，善于争斗，尤好吃蛇。明代高启《斗鸭篇》中说："吴多绿头鸭，性善斗。"清代屈大均《广东新语》卷二十上说：广东潮州有斗鹅之戏。鹅有三四十斤重，相斗时啄咬对方的眼睛。朝鲜《五洲衍文长笺散稿》记载，朝鲜半岛也出产善于争斗的斗鸭。古代以鸭、鹅争斗取乐的游戏活动最早可以追溯到两千多年前的西汉时期。西汉景帝的儿子鲁恭王不学无术，贪图玩乐，不是营建宫室苑囿，就是驰马走犬，整日寻欢作乐。他还"好斗鸡、鸭及鹅雁"，每年花费两千石谷子。

斗鸭、斗鹅的游戏活动主要集中在盛产鸭、鹅的江南地区，以魏晋南北朝时期最为盛行。三国时，斗鸭、斗鹅受到统治者的喜爱。《三国志·孙权传》记载，延康元年（220）魏文帝曹丕派使节到江南，向东吴孙权索求斗鸭、长鸣鸡、象牙、犀角等珍稀之物。"魏文帝遣使求斗鸭，群臣奏宜勿与。权曰：彼在谅暗之中，所求若此，岂可与言礼哉，且以与之。"文中"谅暗"本意是居丧时所住的房子，后来多指皇帝死后的丧期。曹操于建安二十五年（220）正月病逝于洛阳。孙权认为曹操刚刚去世，曹丕尚在守丧期间，只索求斗鸭，就不要跟他争辩礼仪了。黄初三年（222）东吴向曹丕进献斗鸭、孔雀、长鸣鸡以及各种珠宝。这说明当时江南地区确实出产优良的斗鸭。吴王孙权的儿子建昌侯孙虑十分喜好斗鸭游戏，在房前修建了一个精巧的斗鸭栏，也就是斗鸭场。他有时玩鸭而忘记了读书。大将军陆逊知道了，正颜厉色地对他说："君侯宜勤览经典，用此何为。"你应该勤奋读书，增长才能，不可玩物丧志。孙虑感到很惭愧，马上就把斗鸭栏拆掉了。在今天湖南临湘市有一处名叫"鸭栏矶"的地方，相传就是孙虑当年斗鸭的地方。

在魏晋南北朝时期的辞赋、绘画也有一些有关"斗鸭"的史料。西晋文学家蔡洪曾作《斗凫赋》，认为"产羽虫之丽凫，惟斗鸭之最精"。此赋对斗鸭争斗的场面做了精彩的描绘："……尔乃振劲羽，竦六翮，抗严趾，望雄敌。忽雷起而电发，赴洪波以奋击。"斗鸭拍动着羽毛，耸起羽翅，抬起厉害的趾蹼，望着敌方，忽然双方如惊雷乍响，闪电横空，冲向场中相互厮杀。从唐代裴孝源撰写的《贞观公私画史》得知，唐朝初年，宫廷还收藏有两幅斗鸭图。一幅是东晋画家顾宝先画的《高丽斗鸭图》，另一幅是南朝画家陆探微画的《斗鸭图》。可惜，这两幅画都未能流传到今天。这一时期，斗鹅活动同样流行。南朝人刘义庆在《世说新语》中记载，东晋将领桓玄小时候，与兄弟们各养了许多鹅，相互进行斗鹅比赛，可是，桓玄的鹅不如兄弟们养的鹅善斗，常常被打败。他心里很是生气。于是在一天夜里，偷偷来到兄弟们的鹅栏，把鹅都杀了。第二天，家里人发现了死鹅，都以为是什么妖魔在作怪，赶忙告诉了桓玄的叔叔大将军桓冲。桓冲想了想，便笑道："这是桓玄搞的把戏。"大伙一问，果然如此。

唐代陶鸭雕塑，波士顿美术馆藏

到唐代时，斗鸭、斗鹅的游艺活动仍然流行于上层社会中。《新唐书·田令孜传》记载：唐僖宗好斗鹅，数次来到兴庆池，与诸王斗鹅，赌注达五十万钱。《全史宫词》有诗云："落叶流红出御沟，斗鹅池畔水悠悠。缘知礼部无尧舜，且向球场夺状头。"唐代诗人陆龟蒙则喜欢斗鸭。《夜航船》讲了一个陆龟蒙养斗鸭的有趣故事。一天驿使骑马经过陆龟蒙的斗鸭栏，无意间用弹弓打死一只斗鸭。陆龟蒙十分生气，对驿使说："这只鸭子是最好的一只，会说人话，正准备进贡给皇上，可惜被你打死了。"驿使尽其囊中之金赔给陆龟蒙。随后驿使问陆龟蒙，鸭子真会讲人话吗，陆龟蒙笑道："它会自己叫自己的名字，我逗你呢。"随后将金银还给了驿使。唐宋诗词中也多有写斗鸭、斗鹅的名句。唐代张籍《寄友人》诗云："忆得江南日，同游三月时。采茶寻远涧，斗鸭向春池。"宋代陈允平《浣溪沙》云："斗鸭阑干燕子飞，一堤春水漾晴晖。女郎何处踏青归。生色鞋儿销凤稳，碧罗衫子唾花微。后期应待牡丹时。"明清时代在江南和华南地区，斗鸭、斗鹅作为一种民俗游艺活动依旧保留着。明代张萱《春兴十章》有诗句云："竹下抱孙看斗鸭，篱边呼鹤捕惊蛇。"沈守正《暮春》则描写斗鹅："江城三月犹巢燕，野俗群儿喜斗鹅。"北京故宫博物院藏明代吴门画家陈淳的《斗鸭阑图》。

八、庐山赤鳞鱼

中国古代游艺史上，有许多以动物畜养和相斗为内容的娱乐活动，前者追求观赏、嬉戏的精神愉悦，如养鸟、养猫、养鱼等，后者则以角斗和赌博输赢为目的，如斗鸡、斗鸭、斗蟋蟀之类，古代称为斗戏。金鱼是我国特产的名贵观赏鱼，它体态优美丰盈，色彩艳丽多变，给人以视觉上的美好享受。在动物畜养类游艺中，金鱼的饲养和观赏是一项高雅的休闲娱乐活动。

在中国古代，人们崇尚红、黄两色，因此，红色的鱼往往象征着吉祥和神奇。"金鱼"的名字大约出现在明清时期，自古至今，金色、黄色或其他颜色的鱼曾经有过许多名称，如文鱼、朱鱼、朱鲫、赤鲤、金鲫、锦鲤、赤鳞鱼、盆鱼、朱砂鱼，等等。这些带有美丽颜色的鱼并不都是金鱼的前身，不过这说明古代人在很早的时候就关注了鲫鱼、鲤鱼的体色变异现象，并且开始将颜色美丽的鱼畜养起来，作为观赏的玩物。

中国观赏鱼大约出现在魏晋南北朝时期。《山海经》中说雎水中"多文鱼"。雎水是古代位于湖北省中部的河流，在江陵入长江。《山海经》虽是先秦古籍,但成书时间不一,最早的注释本为晋代郭璞所作。郭璞注释"文鱼"即斑彩的鱼。晋朝有四位隐士,人称"浔阳四隐",其中一位名叫翟矫,喜欢种竹,朝廷屡次请他出来做官,他都推辞,感叹道:"吾焉能易吾种之心,以从事于笼鸟盆鱼之间哉。"文鱼、盆鱼之名到唐宋以后成为金鱼的别称。

清代焦秉贞《春园游戏图册》养金鱼,费城艺术博物馆藏

古代神话传说中有许多有关金鱼的故事。南朝人任昉(460—508)的《述异记》中讲了一个金鱼神的故事:相传周平王二年(公元前769年),陕西等地三个多月滴雨未下,池塘干涸,庄稼眼看就要颗粒无收。百姓纷纷设祭祈求神灵,忽然,干裂的土地上涌出滚滚清泉,一条色彩斑斓的金鱼随着清泉跃出,接着天上降下了阵阵秋

雨。此后，百姓们建起庙宇祭祀神奇的金鱼神。"金鱼神"是应求感报、济人于危难的神鱼，它是南北朝时期存在金鱼的一种曲折反映，表现了人们对这种稀有鱼类所寄托的美好愿望。

在道教、佛教的经典中，金鱼也常常被描绘成赋予神奇色彩的动物。道教神话中，有位神仙名叫琴高，相传他是春秋时期赵国人，善于弹琴，曾在宋国国君宋康王手下做官。他有很高超的法术，曾下涿水取龙子。回来时，乘着两条金色的鲤鱼。在佛经中也有"赤鲤化龙""龙女金鲫"转世做人的故事。这些金鱼的传说寓意着神奇的祥瑞，宗教中戒杀、放生的思想潜移默化地影响着中国金鱼的产生和发展。

佛教自西汉哀帝元寿元年（公元前2年）传入中国后，佛教寺院中纷纷修建放生池，僧人和信徒把野生、稀罕的龟、鱼供养池中。由于放生池中的鱼类，受到寺院的竭力守护，很少受到侵害，所以，野生鲫鱼经过长期培养与自然选择、驯化，最终变异成了身体呈红黄色的金鲫，当时人称作"金鲫""赤鳞鱼"等。现代科学告诉我们，金鱼是鲤科鲫属的一个亚种，又称金鲫鱼，是由野生红黄色鲫鱼演化而来的。

学术界对中国金鱼起源的研究，普遍认为金鱼最早出现在5世纪的晋代，起源地是庐山西林寺。庐山位于江西省九江市，北靠长江，南邻鄱阳湖，山峰峻秀，沟谷纵横，森林密布，雨水充沛，终年云雾缭绕，千姿百态。秀丽的风貌吸引着僧人们来此建立寺院，在晋代时，庐山已有佛寺300多座。寺院本着戒杀生、劝放生的教义，对庐山的花鸟鱼虫给予得力保护，使金鱼在这里有了良好的繁衍、变异条件。

《述异记》记载：东晋大将桓冲任江州刺史，派人巡视庐山，在崇山峻岭间发现一个大湖，四周生长着桑树。有人口渴想到湖边饮水，忽见湖池中有一种奇异的赤鳞鱼。此后，南朝梁慧皎（497—554）在《高僧传·释昙霁传》中也记载了这种赤鳞鱼，而且点明了地点："庐山……西林院秀池中赤鲋（fù），龙也。"文中的西林院即西林寺，赤鲋即赤色的鲫鱼，古人称鲫曰鲋。

金鲫鱼是金鱼的祖先，这是现代科学早已论证过的，但是在古代，一般人总是认为金鱼是神物，任昉等人仍然把金鱼视为"龙"的化身。明代著名的医药学家李时珍首先揭开了披在金鱼身上的神秘面纱。

李时珍曾亲往西林寺，对放生池中的赤鳞鱼做了研究。他在所著《本草纲目》卷四十四中说："金鱼有鲤、鲫、鳅、数种，……《述异记》载：晋桓冲湖中有赤鳞鱼，即此也。自宋始有畜者，今则处处人家养玩矣。"根据历史文献，中国金鱼最早的饲养，起源于庐山西林寺的放生池和其他寺院的放生池中，距今已有一千七百年的历史。

唐宋时期，关于金鱼的记载逐渐丰富起来，记述畜养金鱼方法和吟咏金鱼的诗文越来越多。《浙江通志》记载，唐刺史丁延赞曾在嘉兴秀水县月波楼下养金鲫鱼。宋代杭州西湖六和塔和南屏山兴教寺的放生池都曾以养育金鲫鱼而闻名。苏东坡在元祐四年（1029）出任杭州知府后，曾写下"我识南屏金鲫鱼，重来扪槛散斋余"的诗句。此时的金鲫鱼还不是现在的金鱼，而是半家化的红黄色鲫鱼。到南宋时，宫廷和民间形成家养金鲫鱼的风气，出现了专门养金鱼的"鱼儿活"。为了满足人们对新奇的爱好，人们开始人工选种、繁殖、杂交，鱼池、水质、饲料都有特别的要求，从此形成了形态和色泽极为繁多的现代金鱼品种。清代赵学敏在《本草纲目拾遗》中总结说："金鱼自宋南渡始有，一名朱砂鱼，乃人家蓄玩于盆盎中者，有三尾、四尾、品尾、金管、银管之分。有蛋鱼，名龙蛋、文蛋、虎头及鳞诸品。纯红纯白，或红白相间，体具五色。极大者三四寸，小者寸许。"明朝张丑著《朱砂鱼谱》，是中国最早的一本论述金鱼生态习性和饲养方法的专著。此后还有清代句曲山农撰，尚兆山绘的《金鱼图谱》、民国胡怀琛著《金鱼谱》传世。

九、《璇玑图》、高末和踢毽子

两晋南北朝时期的游艺是丰富多彩的，产生了许多别具特色的游戏种类，像回文诗、跳绳和踢毽子，对后世游艺的发展产生了深远影响。

回文诗属于一种文字游戏。回文诗既可顺读，又可倒读，左右逢源，颇有巧思，独具一格，别有情趣。

回文诗，早在汉代就已经出现了。相传汉代苏伯玉的妻子怀念远方的丈夫，在盘中婉转回环地写了著名的《盘中诗》，这是回文诗的发端。如今人们能够见到最早的回文诗，是十六国时前秦苏蕙所作的《璇玑图》诗。苏蕙，字若兰，陕西始平（今**武功县**）人，是秦州刺史窦滔的妻子。若兰天资聪颖，仪容秀丽，谦默自守，不求显耀，深得丈夫窦滔敬重。后来，窦滔因罪徙流沙（今**敦煌**）。窦滔到流沙后竟然另寻新欢。苏蕙得知，悲愤哀怜，怨凄孤寂，吟诵成诗，在一块五色织锦上，用回文体写了《璇玑图》诗。不久，窦滔被重新起用，镇守襄阳。苏蕙派人把织好的《璇玑图》诗送到襄阳，窦滔读后十分惭愧，深感对不起爱妻苏蕙，便当即派人用隆重的礼仪把苏蕙接到襄阳，从此，夫妻更加恩爱。

明代佚名《苏蕙璇玑图》（局部），纽约大都会博物馆藏

《璇玑图》诗排列纵横都可成为29字的方图，共有841字。无论反读、横读、斜读、交互读、退一字读、叠一字读，均可成诗。《晋书·列女传》上称它"宛转循环，读之词意凄绝"。语言学家陈望道在《修辞学发凡》一书中说，它"回环反复读起来，可得诗3752首"。可谓是回文诗中的巨著。今天，如果你有兴趣的话，翻阅一下清代李汝珍的长篇小说《镜花缘》第四十一回《观奇图喜遇佳文　述御旨欣逢盛曲》就可欣赏此诗的全貌。

两晋南北朝时，文人墨客常有回文的遣兴之作。如西晋傅咸写过《回文反复诗》、南齐王融写有《春游回文诗》、梁简文帝萧纲曾撰《回文纱扇铭》、刘宋贺道庆也有《回文诗》之作。

跳绳，是一种深受儿童喜爱的游戏。它一般分为单人跳和多人跳两种。追溯其历史，单人跳绳早在南北朝已出现，多人跳要到明代才见于文献中。《北齐书》卷八《幼主记》记载："游童戏者，好以两手持绳，拂地而却上跳，且唱曰：高末。"所谓"两手持绳，拂地而却上跳"，即今日的单人跳绳。北齐幼主名高恒，577年即位，他骄奢淫逸，搞得政治黑暗，百姓怨声载道。最后被北周所灭。后人附会北齐灭亡的史事，认为儿童在跳绳时，边跳边唱"高末"，预兆北齐的高姓皇帝末日到了。历史上，许多童谣被披上封建迷信色彩，解释为神的暗示，能预卜吉凶。最早跳绳的史事也因为童谣才得以记载下来。

古代的跳绳，又叫跳百索。《日下旧闻考》中说："有以长緪丈许，两儿对牵，飞摆不定，令难凝视若百牵，然其实一索也。群儿乘其动时，轮跳其上，以能过者为胜，否或为索所绊，听掌绳者以绳击之示罚，曰跳百索。"

踢毽子和跳绳，常常密不可分，是两种普及广泛的民间游艺活动。从现存文献来看，最早有关踢毽子的记载，见于唐人释道宣著《高僧传》卷十六，《魏嵩岳少林寺天竺僧佛陀传四》。书中记载："**（南北朝时）**沙门慧光年立十二，在天街井栏上，反踢躠，一连五百，众人喧而观之。佛陀因见怪曰：'此小儿世戏。'"躠就是毽子，反踢躠就是背身用脚外侧踢，也叫"拐"，慧光反踢能踢500个，足见其技艺的精熟。

从宋朝开始,出现了用鸡毛做成的毽子。宋代高承《事物纪原》记载:"今小儿以铅锡为钱,装以鸡羽,呼为箭子。"南宋杭州城里还有专门做毽子的作坊。到了明清两代,踢毽子已经成为儿童们喜爱的日常游艺活动。

清代焦秉贞《春园游戏图册》踢毽子,费城艺术博物馆藏

第五章 隋唐五代游艺

中国游艺史话

隋唐（581—907）是中国古代游艺发展史上的鼎盛时期。国家的统一、经济的繁荣、文化的发达为游艺的繁荣奠定了非常有利的社会基础。《隋书》上说："（当时）君子咸乐其生，小人各安其业，强无凌弱，众不暴寡，人物殷阜，朝野欢娱。"生活在太平盛世的隋唐两代人民，以生为乐，以生为贵，具有乐生、贵生的人生态度。因此，隋唐两代的游乐之风盛行。隋朝初年"都邑百姓，每至正月十五日，作角抵之戏。……高棚跨路，广幕陵云，袨服靓妆，车马填噎"。这种娱乐性的"狂欢"是前所未有的。唐代裴庭裕《东观奏记》记述唐代宫廷游艺呈现兴旺景象，帝王贵戚或"相从宴饮，斗鸡击球，或猎于近郊，游赏别墅"。隋炀帝、唐太宗、唐玄宗等帝王都积极提倡并参与各种游艺活动，在他们的影响下，各种游艺活动都有很大的发展。民间的游艺活动也非常活跃。五代人沈汾《续仙传》上说：当时，"一城士女，四方之人，无不载酒乐游从，连春入夏，自旦及昏，闾里之间，殆于废业"。这使得隋唐时期民间的节令娱乐、棋戏以及儿童游戏呈现繁荣景象。

隋唐两代都处于我国封建社会的上升时期，具有强烈的开拓和进取精神，这给游艺的发展带来了积极影响，马球、蹴鞠、竞渡、拔河、斗鸡，无不充满对抗色彩。这与中国传统的讲究陶冶性情、培养德行礼仪的游艺思想相比，具有鲜明的时代特色。

隋唐游艺的繁荣和发展主要表现在：游艺活动丰富多彩，项目多、规模大，可谓空前。大凡前代相传下来的各种游艺，无论是节日游艺、益智游艺、宴饮游艺，还是棋戏、博戏和童戏，都获得充分的发展。这一时期，许多游艺项目初步定型，技艺更加高超，产生出一大批精通某种游艺的高手；游艺活动进一步深入社会各阶层中，成为整个社会文化活动中重要的组成部分；随着妇女社会地位的提高，妇女的游戏活动亦较前代有显著发展，如围棋、双陆、秋千、马球等，无不有妇女参加；隋唐时代，中国各民族之间的融合更加紧密，中国与邻近各国之间的文化交流空前发展。围棋、投壶、秋千、马球、蹴鞠等游艺文化在日本、朝鲜、越南等国进一步传播，不断融入各国的文化。

隋唐五代是中国古代游艺发展的鼎盛时期。这个时期的游艺在多样化、定型化和普及化诸方面获得了前所未有的发展，从而为后代游艺的发展奠定了坚实的基础。

一、"酒食罢无事，棋槊以自娱"

隋唐两代是继两晋南北朝之后，我国围棋发展史上的第二个高峰时期。在这一时期，围棋最终成为真正的游艺项目。这从围棋著作的归类上可以看出。《隋书·经籍志》收录南北朝围棋谱有八部52卷之多，全部归入"子部·兵书"类，与《孙子兵法》《吴起兵法》等著作同列一类，反映了围棋与军事的密切关系。到五代编纂《旧唐书·经籍志》时，围棋著作已归入"子部·杂艺术"类。这说明人们对围棋本质特征的认识发生了变化，陶冶性情、愉悦身心、增长智慧的娱乐性成为弈棋的主要目的。隋唐时期，琴、棋、书、画开始相提并论，成为个人修养高低的象征，以善弈为荣、以不善弈为耻的风气盛行。唐代大诗人刘禹锡在《论书》中说：现在许多人，你如果说他的书法水平不高，他必然坦然一笑，不屑一顾；你如果说他握槊、弈棋水平不高，他必然羞愧得脸红起来，拂袖而退。社会上崇尚弈棋的风气，使唐代围棋十分普及，遍及社会各个阶层，成为人们闲暇时间里主要的娱乐消遣活动。唐代大学者韩愈说：当时"投壶博弈穷日夜，若乐而不厌者"，他在《示儿》诗中讲到当时的公卿大夫十之八九都喜好围棋，文人相聚无不"酒食罢无事，棋槊以自娱"。

隋朝承袭南北朝的围棋之风。《隋书·皇甫绩传》记载：皇甫绩三岁时失双亲，从小由外祖父韦孝宽抚养。他最好围棋，常"与诸外兄博弈"，因荒废学业，遭到外祖父的训斥。后来，皇甫绩精心好学，成为一位北周到隋朝时期的名臣。

唐高祖李渊，曾担任过隋朝太原留守，他嗜好围棋，经常与晋阳宫副监裴寂弈棋，甚至"通宵连日，情忘厌倦"。他的儿子李世民和李智云（楚哀王）也以好围棋而闻名。唐人杜光庭的《虬髯客传》，记述一段唐太宗与虬髯客"棋决雌雄"的故事。相传有位虬髯客欲与李世民角逐中原,争夺天下。在晋阳令刘文静的引见下,两人以棋会友,决一雌雄。虬髯客以棋试探李世民的胸怀,在棋盘的星位上连摆四子,并说:"老虬四子占四方!"李世民见此,不慌不忙地将棋摆在"天元"上,若无其事地说:"小生一子定乾坤!"仅此一手棋,令虬髯客感到李世民的魄力,又见李世民相貌堂堂,神气清朗,便打消了与李世民争夺天下的主意,"罢弈而去"。后人有诗吟咏这个故事,诗云:"英雄我羡虬髯客,太原一见辄投戈。劝君莫妄窥神器,一局棋终已烂柯。"《全唐诗》中收录唐太宗两首咏棋诗,其中一首云:

> 手谈标昔美,坐隐逸前良。
> 参差分两势,玄素引双行。
> 舍生非假命,带死不关伤。
> 方知仙岭侧,烂斧几寒芳。

唐玄宗是位多才多艺的皇帝。他平生喜欢斗鸡、打球等戏,特别好下围棋。唐段成式《酉阳杂俎》记载了这样一个故事:开元年间,有一次,玄宗与亲王对弈,双方厮杀得十分激烈,杨贵妃在旁观战,乐工贺怀智一边弹琵琶。后来玄宗处于败势,眼看就要输棋了。杨贵妃为了解脱玄宗的尴尬处境,突然把怀中所抱康国进贡的猧子(小狗)放到棋盘上,把棋子搅乱了。玄宗见了,开心大笑。这个"康猧乱局"故事流传很广。明末董以宁《百媚娘·弈棋》词云:"小院铜环双扣,何事堪消残酒。漫拂玉纹楸局子,赌个今宵无偶。半局便知郎欲覆，先逐康猧走。"唐玄宗与杨贵妃也经常对弈，后代许多画家以此为题，创作《明皇太真对弈图》。

元代钱选《明皇太真对弈图》（局部），弗利尔美术馆藏

在民间，弈棋之风也很盛行，而且有水平很高的棋手。唐玄宗时的王积薪是唐代第一国手。唐代冯贽《云仙杂记》说："王积薪每出游，必携围棋短具，画纸为局，与棋子并盛竹简中，系于车辕马鬣间，道上虽遇匹夫，亦与对手，胜则征饼饵牛酒，取饱而去。"道路上偶遇的"匹夫"竟然是擅长围棋的平民百姓。

唐代女子也喜欢弈棋，而且不乏高手。唐薛用弱《集异记》记载了一段女子棋坛高手的逸事。安史之乱爆发后，玄宗逃往四川，王积薪也跟随同行。一天，王积薪投宿客店，灭烛之后听见隔壁有婆媳两人在说话。婆婆招呼儿媳说："良宵无以为适，与子围棋一赌可乎？"儿媳同意。王积薪心里非常奇怪，暗想："室内既无灯光，况且婆媳各住东西房，怎能下围棋呢？"他细心听着两人的对话。原来婆媳两人在黑暗中各自以口诀对弈，三十六手后，婆婆对媳妇说："你已经败了，我只赢了九子。"王积薪非常惊奇。天亮后，王积薪整衣冠前去请教婆婆。婆婆让媳妇传授"攻守、杀夺、救应、防拒之法，其意甚略"。王积薪希望能够详细解说，婆婆笑道："止此已无敌于人间矣。"这个王积薪遇仙姑授棋的故事反映了唐代民间已有许多棋艺高超的棋手。

新疆吐鲁番阿斯塔那唐墓出土的《围棋仕女图》

唐代围棋题材的绘画也屡见于墓葬壁画中。1972年在新疆吐鲁番阿斯塔那唐代墓葬中出土一幅《围棋仕女图》，绢本设色，高63厘米，宽54.3厘米。画面上一位弈棋贵妇，头束高髻，簪花耀顶，额间贴花钿，面部健硕丰润，上穿绯地蓝花襦，下着绿色花罗裙。她正在聚精会神地下棋，形象惟妙惟肖。这是唐代女子喜好弈棋的珍贵形象资料。唐淮安靖王李寿墓出土的《侍女图》中有两位侍女分别手捧棋盒和棋盘。

隋代白釉围棋盘，河南安阳张盛墓出土，河南博物馆藏

考古发掘中曾出土隋唐时期珍贵的围棋用具。1959年河南省安阳隋代张盛墓出土一件白釉围棋盘，呈正方形，纵横各刻直线19道，四角和中央各饰一黑点，分别代表天元和角星，盘下四侧有壶门式装饰。这是我国至今发现最早的19道围棋盘。此外，湖南长沙咸嘉湖唐墓、湘阴唐墓也出土14道围棋盘。这三件陶瓷棋盘都是随葬的明器，不是实用器。重庆万州唐初冉仁才墓出土一件青瓷棋盘及5枚棋子，棋盘纵横19道，设有星位标志。新疆吐鲁番阿斯塔那张雄墓出土木质19道棋盘，边长48厘米，形制、尺寸与现今围棋盘相同，说明出土棋盘正是唐人下棋使用的棋盘。

二、唐诗与围棋

唐朝是中国围棋发展的繁盛时代，又是诗歌艺术的黄金时代，不仅涌现出了许多著名的围棋高手，而且不少诗人都擅长围棋，写下了大量以围棋为题材的诗篇。

在唐代众多诗人中，"诗仙"李白"斗酒诗百篇"，风流绝代，可惜对围棋却不甚了了，而"诗圣"杜甫则十分喜好围棋。他常与几个朋友在一起，"将棋陪谢传，把酒忆徐君"。酣战数局，顾不得光阴似箭，"玉子频敲忘画冷，灯花落尽觉宵深"。安史之乱后，他回到长安，无所事事，"且将棋度日，应以酒为年"。他的妻子杨氏出身名门，也喜好围棋。杜甫流寓成都，生活艰难。杜甫作诗曰："老妻画纸为棋局，稚子敲针作钓钩。但有故人供禄米，微躯此外更何求？"记述了他与妻子画纸为棋盘，对弈娱乐，让小儿弯针为钩，去池边钓鱼的琐事，写出了家庭生活中的无限乐趣。杜甫的咏棋诗甚多，其中在《七月一日题终明府水楼二首》诗中有两句写得最为优美："楚江巫峡半云雨，清簟疏帘看弈棋。"幽邃清远，诗情画意，极受后人推崇，征引借用者不绝，如陆游的"清簟疏帘对棋局，肌肤凄凛起芒粟"，清代毕沅的"清簟疏帘坐隐偏，参差月落不成眠"的诗句。

唐代中期的大诗人元稹和白居易并称"元白"。他们不仅以诗齐名，而且都酷好围棋。长庆元年（821），元稹请许多朋友到自己府中举行棋会，并写下了《酬段丞与诸棋流会宿敝居见赠二十四韵》。全诗48句，是我国吟咏围棋的长诗之一。作者热情地歌颂了这次棋赛，将对围棋的酷爱,"琴书甘尽弃",任凭光阴流逝。寒冬瑞雪,群贤相聚,红烛照映下,对坐博弈。棋局如战场,搏杀斗智的特性及弈棋乐而忘忧的心情描写得淋漓尽致。诗中写围棋的布局、打劫、征子和攻杀,攻守相持,搏杀激烈。"堂堂排直阵,衮衮逼羸师。悬劫偏深猛,回征特险巇。旁攻百道进,死战万般为。"棋会整整进行了一夜,"通夕共忘疲",一直下到"晓雉风传角",月残星稀,旭日东升,朋友们才"俯仰嗟陈迹,殷勤卜后期。公私牵去住,车马各支离"。众人还在谈论棋中得失,依依惜别地散去,相约改日再战。有人问元稹:"围棋有什么乐趣?"元稹作诗回答道:"此中无限兴,唯怕俗人知。"围棋的无穷乐趣是凡夫俗子所无法知道的。

《通玄避暑图》,明代陈昌锡《湖山胜概》插图,法国国家图书馆藏

白居易、元稹还有一位棋友叫李建，字杓直，荆州石首市人。据《棋天洞览》说："元稹与李杓直棋，稹已败，乃窃杓直数子咽之。"元稹为掩盖输棋的事实，竟把对方的棋子偷吃下肚，可见痴迷围棋至极。

明代佚名《雅集弈棋图》，选自 ArtBase 中国艺术品图片库

白居易的棋艺颇高，自以诗酒琴棋为四友，他认为棋是最好的消闲娱乐。诗云："弄泉南涧坐，待月东亭宿。兴发饮数杯，闷来棋一局。"他的棋瘾很大，经常"围棋赌酒到天明"，而且不缠战到底，绝不罢休。他说："不信君看弈棋者，输赢须待局终头。"白居易晚年常与胡杲、吉皎、郑据、刘真、卢慎、李元爽、如满、张浑八位德高望重的老人聚会香山，称为"香山九老"。南宋刘松年、明代黄彪等都绘有《香山九老图》，描绘了白居易与其他老人对弈的情景。

唐代的僧人中亦不乏能棋善弈之人。和尚儇，长沙人，棋艺颇高。刘禹锡作《观棋歌》相送："长沙男子东林师，闲读艺经工弈棋。有时凝思如入定，暗覆一局谁能知。"诗中还说他落子如天星落地，攻杀似敌阵夺帅，行棋布阵众人还未明白，虎穴得子已使人们大吃一惊。和尚齐己，自号衡岳沙门。他与初唐诗人郑谷是棋友。他们常以山果为赌，弈棋至深夜。郑谷棋高一着，经常得胜取山果而去。分手时，郑谷作《寄棋客》诗赠予齐己。诗云：

松窗楸局稳，相顾思皆凝。
几局赌山果，一先饶海僧。
覆图闻夜雨，下子对秋灯。
何日无羁束？期君向杜陵。

僧人也喜与文人墨客结成诗棋之友。白居易《池上二绝》诗曰："山僧对棋坐，局上竹阴清。映竹无人见，时闻下子声。"寥寥数笔，把与僧人对弈的情景勾画得有声有色。可谓诗中有画、画中有棋。晚唐诗人韦庄《长年》诗同样描绘春雨临轩，白鹭飞翔的美景中，诗人与僧人手谈对弈的情景。诗云："十亩野塘留客钓，一轩春雨对僧棋。花间醉任黄莺语，亭上吟从白鹭窥。"

在唐代，棋以诗传，诗以棋显，诗歌与围棋这中国两大传统文化艺术可谓相映生辉。

三、中国围棋传朝鲜、日本

中国的围棋大约在南北朝时就传入了朝鲜。《北史·百济传》记载："百济之国，……有鼓角、箜篌、筝、竽、篪、笛之乐，投壶、樗蒲、弄珠、握槊等杂戏，尤尚弈棋。"可见围棋在朝鲜半岛百济国非常盛行。唐代时许多朝鲜留学生、学问僧来中国学棋。676年，新罗统一了朝鲜半岛，唐朝与新罗的交往更加密切。朝鲜官修正史《三国史记》记载：开元二十五年（737），唐玄宗遣左赞善大夫邢璹赴朝鲜，册封新罗王。玄宗对邢璹说："你到新罗可以阐扬中华经典，听说新罗人善下围棋，派率府兵曹杨季膺任副使，一同前往新罗。"晚唐诗人张乔有一首《送棋待诏朴球归新罗》诗："海东谁敌手，归去道应孤。阙下传新势，船中覆旧图。""棋待诏"是专门陪帝王下棋的官。朴球是朝鲜半岛的新罗国人，曾在唐懿宗时担任唐朝的棋待诏，可见其棋艺高超。他回国时带着三国时孙策的"吴图"和刚得到的围棋新招式。随着中朝两国佛教的交往，一些擅长围棋的朝鲜和尚也来到中国。诗人雍陶在《送友人罢举归东海》诗中，有"沧波天堑外，何岛是新罗。舶主辞番远，棋僧入汉多"的诗句。到朝鲜李朝时期，朝鲜诗人多有吟咏围棋的诗歌,如女诗人徐氏有《观棋局》诗:"幽居远市期,烟霞锁深谷。客来无俗谈,闲漫对棋局。"在朝鲜的古代绘画中,常常可以看到围棋、象棋、双陆、骨牌等中国游戏的形象。比如,朝鲜王朝中期的画家赵荣祐《贤己图》,描绘文人对弈的场景,两人在下象棋,桌子上放着围棋、双陆。朝鲜后期画家白殷培《后园雅集图》也以文人围棋为题。朝鲜画家的绘画风格受到中国文人画的深刻影响。

围棋是在隋唐时期由中国传入日本的,也可能是经朝鲜半岛,再传入日本的。日本平山菊次郎在《简明日本围棋史》中说:"围棋经过朝鲜半岛传到日本,约在一千五百年前的大和朝初期。"实际上,南北朝时期,中国史籍中就有关于日本围棋活动记载。《北史·倭传》记载日本"好棋博、握槊、樗蒲之戏"。说明中国围棋传入日本要早于隋唐时期。隋唐时期中日的交流更加频繁,中日两国的围棋也非常

朝鲜李朝赵荣祐《贤己图》,首尔涧松美术馆藏

密切。这种文化交流的使者是那些来到中国的"留学生"和遣隋使、遣唐使。这些留学生成批来到长安学习，少则住上数月，多的要住上二三十年。他们学习中国文化，吸取着其中的精华，回国后，必然自觉或不自觉地把我国文化带回日本，其中包括围棋。唐朝时，日本先后派出19批遣唐使来到中国，到894年日本停止派遣唐使时，曾将1579部、16 790卷的中国书籍带回日本，其中有许多围棋著作，使中国围棋文化不断传入日本。

日本江户时代孩子下围棋瓷塑

围棋，在日本一般书写为"碁"字，专指围棋。在中国古籍中，"碁"字与"棋""棊""檱"字都是相同的，"其"表示纵横的直线，"石"指平整表面的石板，所以"碁"代表石制棋盘，之后也可写成"木"字旁的"棋"。日本"碁"字最早出现在712年编成的日本文献《古事记》中。而在此前的701年（相当于唐武则天大足元年），日本文武天皇公布的法令《大宝律令》中规定，禁止僧尼玩博戏，而不限制围棋。国家用法令来规定民众的棋类游戏，说明日本围棋已经比较盛行，所以有不少僧尼喜欢下围棋。

在日中两国还流传着不少有关围棋传入日本的有趣传说。其中最有名的是吉备真备从"鬼"学棋的故事。

吉备真备是日本片假名的创始人，有名的历史人物。日本养老元年（*相当唐玄宗开元五年，717年*）十月，吉备真备和阿倍仲麻吕两人以留学生的身份，随日本第七次遣唐使来到中国长安。阿倍仲麻吕入国子监读书，结识了不少唐代的文人墨客，如王维、李白、储光羲、颜真卿等，相互赋诗答唱。后来，阿倍仲麻吕取汉名"晁衡"，中了进士，留在唐朝做官，直到770年去世。而吉备真备在中国留学数年后，返回日本，并于晁衡死后出使唐朝。日本《江谈抄·吉备入唐轶事》说：吉备真备入唐后，唐人要为难他，杀杀他的锐气。于是先由30位学者出题，考《文选》，吉备博达聪慧，顺利通过。唐人再考围棋。吉备不会下围棋，正在为难之际，阿倍仲麻吕的鬼魂忽然出现传授棋艺。吉备以楼上的窗格作棋盘格，经过一晚上的观察、思考、体会，终于学得高超的棋艺，战胜了唐朝的国手。这个传说流传很广，所以，在相当一段时间内，把围棋传入日本的功劳归到吉备真备的头上。19世纪以来，经过中日两国学者的论证，已经肯定早在吉备以前围棋已传到日本。"围棋由吉备公传来"的说法仅是小说家杜撰的传说故事。

第五章 隋唐五代游艺

日本正仓院藏中国唐代木画紫檀围棋局

唐代时期的围棋用具能够流传至今，堪称国宝。日本奈良东大寺内的正仓院是日本皇室特殊宝库，建于日本天平胜宝三年（751），也就是日本奈良时代，相当于中国唐玄宗天宝十载。正仓院收藏了大量传世的隋唐文物，其中藏有唐代"木画紫檀围棋局"、"桑木木画围棋局"和棋子，这是现存唯一的非考古发现的唐代围棋用具，其精美程度举世罕见。"木画"是唐代独特的工艺，方法是在紫檀或桑木上，嵌入染色的象牙、黄杨木、鹿角等，拼接成人物鸟兽花草及各种图案，异常瑰丽，远超后世的木器螺钿工艺。这件围棋盘纵横19道，设有星位标志，棋盘四周边侧浮雕雉雁狮象驼鹿和胡人骑射、牵驼等图案，对局两侧还有金环抽屉各一，可放棋子。在正仓院还藏有黑白石围棋子264枚，"红牙绀牙拨镂围棋子"252枚，"拨镂"就是将象牙染色镂花的技术，这些象牙棋子镂刻瑞鸟衔花文样。正仓院所藏唐代围棋盘、围棋子代表了当时最高超的围棋用具制作工艺水平，反映了中日两国围棋文化的密切交流。

四、宝应象戏

象棋是一种老幼咸宜的棋类游艺，深受各阶层人士的喜爱。隋唐时期，北周武帝所创的"象戏"由于繁复晦涩的游戏规则，使其难以在民间得到推广，所以，《旧唐书·吕才传》说："太宗尝览周武帝所撰之局《象经》，不晓其旨。"隋唐时期出现了另一种象戏，其形式与周武帝的《象经》区别很大，出现了车、马、炮、卒等棋子的名称，很可能使用与国际象棋相同的黑白相间的八八格棋盘。不过，关于宝应象戏的文献记载稀少，推测的成分居多。

唐代牛僧孺写有一部著名的传奇小说集《玄怪录》，其中有两篇故事讲到了宝应象戏。《玄怪录·岑顺篇》讲了一个神奇的故事：在唐朝的宝应元年，汝南人岑顺外出旅行，走到陕州，大致是现在的河南省三门峡市，借宿在一家姓吕的家里。夜深人静，忽闻鼓鼙之声，见尘烟四起，数百铁骑飞驰左右，但人马只有数寸高，俄内之间，墙角的老鼠洞化为城门，两支军队列阵，名叫天那军和金象军，不久战鼓齐鸣，旌旗万数，两军开始激烈厮杀。听见军师发布命令。"天马斜飞度三止，上将横行系四方。辎车直入无回翔，六甲次第不乖行。"并命令"各有一步卒横行一尺"。结果一方大败奔溃。天亮了，众人掘地发现一座古墓，墓中"前有金床戏局，列马满枰，皆金铜成形。其干戈之事备矣。乃悟军师之词，乃象戏行马之势也"。

学术界认为，传奇故事的情节和术语实际上是在描写一种新奇的棋戏，而且是古代的象棋。故事发生在宝应元年，也就是唐代宗的年号，是762年，所以人们将这种象戏称为"宝应象戏"。《岑顺》虽然是一则传奇故事，但却是现实存在的反映。从中可以窥见唐代象戏的一些基本情况。唐代象戏的棋盘是金属的，棋子为立体的，雕刻成象形，包含有将（王）、士（军师）、马（天马）、车（辎车）、卒（六甲）五种，棋子的布阵采用两军对垒式，开局方式是先进马，再进卒，后进车，这与国际象棋的开局相似，"天马斜飞度三止"，与今日象棋的马着法相同，"将"则可以前后左右四方应敌，"车"直行前进，"卒"只能一步步前进。宝应象戏与周武帝所创"象戏"完全不同，具备现代象棋的雏形。

《玄怪录》中还有一篇《巴邛人》，讲述了另一个神奇美妙的故事。大意说，有个巴邛（即巴郡、邛州，在今四川）人，家有橘园，因霜后，橘子已收，只余下两个大橘，摘下剖开一看，"每橘有二老叟，鬓眉皤然，肌体红润，皆相对象戏，身仅尺余，谈笑自若"。这个故事的起源十分久远，四川人口口相传，讲故事发生在南陈和隋朝的时候。后世称象棋为"橘中戏"，演绎出橘中仙、橘中趣、橘叟棋、隐橘观棋、橘中四老等词汇。明代朱晋桢所辑的著名象棋谱《桔中秘》就来源于此。后世以橘中弈棋为题，有许多诗文流传，比如文天祥诗云："身健尚堪松下饭，眼明正好橘中棋。"明人柯潜有诗曰："手谈偶笑橘中叟，不是机心犹未消。坐来适意惜日短，主人忘形客忘返。"可见橘中弈棋的魅力。

除《玄怪录》外，有关唐代象戏的材料实在不多。唐代已经出现了专门擅长各种游艺的人，名叫"博弈家"，包括围棋、投壶、象戏、弹棋。唐代大诗人白居易的《和春深二十首》作于大和三年（829），描写了富贵家、贫贱家、学士家、渔父家、妓女家等二十种不同人家的春色,其中一首云:"何处春深好,春深博弈家。一先争破眼,六聚斗成花。鼓应投壶马,兵冲象戏车。弹棋局上事,最妙是长斜。"其中"兵冲象戏车"一句明确象戏的棋子有兵、象和车,说明此时的象戏已经不是梁武帝所创的象戏,而是与现行象棋相近的棋类游戏。

1955年,王端先生编集出版《古锦图案集》,其中有一幅名为《琴棋书画》古锦,锦上图案为正方形,黑白相间、纵横各八的方格,与现代的国际象棋盘一模一样。学术界有一种观点认为,这幅《琴棋书画》古锦的年代是在唐宋时期,是一种古代象棋盘,称为"八八象棋盘"。八八象棋源于中国易经思想,是现今中国象棋的祖型,并对国际象棋、日本将棋的形成产生影响。中国象棋在南宋以前的历史虽然存在许多令人迷惑的问题,但总体发展轨迹是清晰的。宝应象戏是中国象棋史上的重要阶段,最早出现与现行象棋相同棋子和相近的行棋规则,反映了象棋的产生与中国古代的军事思想有着密切的关系。

五、博戏的盛行

唐代诗人白居易在《和春深二十首》中提到的"博弈家"应是专门从事博弈的人,擅长多种技艺,开始从娱己向娱人转变,反映了唐代博弈之风的盛行和游艺的专业化。

唐代是中国博弈发展的重要时期,除了被称为"弈"的围棋外,以赌注投采为主要形式的博戏也非常盛行,从宫廷贵戚之家到平民百姓都喜欢参与,寻求刺激和快乐。唐代时,双陆、樗蒲、握槊(长行)、采选、叶子等博戏都很流行,对后世博戏的发展产生了深远的影响。

握槊又称长行,始于北魏,从西域地区传入中原。《魏书·术艺传》记载握槊的起源。书中讲述一个故事,西域国王的弟弟因犯了罪将要被处死,弟弟在牢狱里发明了握槊这种游戏,献给国王,为了排解国王失去弟弟的孤独。《魏书》说:北魏世宗拓跋恪(483—515)时,握槊"此盖胡戏,近入中国",此后盛行一时。进入隋唐后,握槊被加以改进,称为"长行",长行和握槊的名称并行不悖。唐人李肇在《唐国史补》对长行有一段记述:"今之博戏,有长行最盛。其具有局有子,子黑黄各十五。掷采之骰有二,其法生于握槊,变于双陆。后人新意,长行出焉。"唐朝人发明了长行博戏,其形制源自握槊,借鉴了双陆玩法。长行风靡全国,位居诸类博戏之首。

唐代时,不论皇亲国戚,文人墨客,还是平民百姓,都对握槊之戏乐此不疲,史书中有不少有趣的故事,流传下许多吟诵握槊的诗文。《新唐书》记载:唐高祖李渊的第十五个女儿,封为丹阳公主。他的兄长唐太宗李世民把她嫁给名将薛万彻,可是薛万彻很愚蠢,公主很不高兴,二人分居数月。唐太宗听说了,就备办酒宴,把其他驸马们也召来,饮酒玩握槊,并以太宗的佩刀作赌注。太宗等人商量好故意输棋,让薛万彻大胜。公主被蒙在鼓里,还以为薛万彻并不笨拙,夫妇俩高高兴兴同车回家。唐代文学家刘禹锡在《论书》中抨击重博弈、轻人品的社会风气,他说:"吾观今之人,适有面诋之曰:'子书居下品矣。'其人必迺尔而笑,或謷然不屑。有诋之曰:'子握槊、弈棋居下品矣。'其人必赧然而愧或艴然正色。是故敢以六艺斥人，不敢以六博斥人。嗟乎！众尚之移人也。"意思是说，当面责怪某人的书法很差，其人会满不在乎地笑笑，或者傲慢地不屑一顾。如果说某人握槊、围棋下得差，对方会羞愧难当，或者勃然大怒。所以只敢斥责某人的德行才华，不敢斥责某人的博戏水平。唉！社会风尚深刻影响着人们的思想观念。刘禹锡的论述深刻地反映了唐代博戏盛行的社会现象，握槊技能高超的人会受到人们的尊敬。

唐代社会许多人沉溺于握槊等博戏，"至有废庆吊，忘寝休，辍饮食者"。所以刘禹锡提出对握槊的批评。唐末赵抟写有一首《废长行》诗，抨击当时官吏沉溺握槊而荒废政事，认为握槊是"无益之戏"。在民间乡村握槊同样流行，成为平民百姓茶余饭后的休闲游戏。英国博物馆收藏的敦煌遗书中发现一种名为《俗务要名林》的写卷，记载了唐代民间日常俗语词汇，类似于日常用语词典。书中《聚会部》收录48条有关乡村宴饮聚会的词汇，其中"握槊""摊蒱"两词反映了民间聚会时的娱乐活动。

唐代也有许多描写握槊的诗赋。诗人温庭筠写有一首著名的《南歌子词》："井底点灯深烛伊，共郎长行莫围棋。玲珑骰子安红豆，入骨相思知不知。"全词采用谐音双关的手法，以长行、围棋、骰子为内容，一语双关，表现了女子的挚爱深情，词境深婉含蓄，有诗中谜之誉。原来，"长行""围棋"表面写游戏，内含深意。她用"长行"的博戏名称双关"长途旅行"，又用"围棋"双关"违误归期"，婉转表达丈夫远行一定不要误了归期。"玲珑骰子安红豆，入骨相思知不知"一句最为精彩。将骰子上的红点比喻最为相思的红豆，提醒丈夫沉醉博戏时，骰子上的红点便代表她的入骨相思。这首《南歌子词》

既是优美的爱情诗，也是一首独特的游艺诗。

韩愈喜欢玩握槊。他说自己在茶余饭后的闲暇时间，总是以围棋或握槊来消遣娱乐。他在《示儿》诗中吟道："酒食罢无为，棋槊以相娱。"张说《赠崔二安平公乐世词》也有"十五红妆倚绮楼，朝承握槊夜藏钩"的诗句。

关于握槊的棋型和下棋的方法、步骤，如今都已失传。目前可供研究的文献是唐代邢宇的《握槊赋》、刘禹锡的《观博》、皎然《薛卿教长行歌》和赵抟《废长行》等数篇诗赋。

从这些诗赋的内容来看，握槊的用具有棋局、棋子和骰子。棋局是方形的，绘有星月图案，代表着行棋中的步数，中间有一道横木，名叫"将军梁"，所以诗云："紫牙缕合方如斗，二十四星衔月口"。棋局用黄杨木制成，不饰丹漆，贵重的用琅玕美石镶砌成局道。所以邢宁《握槊赋》说："张四维则地理攸载，背两目则天文可观。不可饰于丹漆，宁假贵于琅玕。"棋子共有30枚，分黄黑两色，各15枚，用两枚骰子，《唐国史补》说：长行"其具有局有子，子有黄黑各十五，掷采之骰有二"。《握槊赋》中"故元黄而不杂"指的也是棋子。"元"通"玄"字，就是黑色。

握槊所用的骰子，文赋中称其为"双头"和"博齿"，共两枚，骨制。骰子的形状既不同于以前十八面体的"琼"，也不同于后世六面体方形的骰子，而是觚稜形。所谓"觚稜"原指宫阙上屋角瓦背成方角棱瓣的形状，这里形容骰子有棱角。刘禹锡《观博》对握槊所用的骰子，论述文字较多。他说："博齿二，异乎古之齿。其制用骨，觚稜四均，镂以朱墨，耦而合数，取应期月。"骰子上分别刻有不同的数值，一枚是红色数字，一枚为黑色数字。这种骰子是从琼向六面体骰子的过渡形式。1930年河北易县燕下都遗址和2004年山东青州战国墓曾出土瓠棱形茕，十四面，与其他秦汉时期六博使用的茕不同。此件茕上有数字1至6，每个数字出现两次，共占十二面，另外两面则是空白的。此件茕的性质和作用以及是否与握槊有关，有待研究。在古埃及、古罗马的墓葬中也曾发现类似的骰子，石质，刻有数字或拉丁文，中国握槊所采用的骰子与古埃及、古罗马棱形骰子之间是否存在关系还有待进一步研究。

握槊十四面骰子，山东青州战国墓出土　　公元前305年古埃及棱形骰子，布鲁克林博物馆藏

握槊的玩法大体是：将棋局放在屋庑下，主客相让，分出先后。将骰子掷出，视其数值的多少而依"棋道"行棋，即所谓"视其转止，依以争道"。最后大约以占据对方棋道争胜负。由于文赋辞藻的玄妙难懂，缺乏实物资料，握槊的具体走法，还无法考证。

握槊经历唐代的繁盛之后，迅速地从历史中悄然隐去，无法与围棋的传承相比，其原因不得而知。

第五章　隋唐五代游艺

博戏的特征就是以掷采为主要游戏手段。中国古代，六博、樗蒲、握槊等以箸、琼、五木、骰子等掷采用具决定行棋规则。唐代产生了单独以骰子为主的骰子戏，名叫"采选"。

采选，又叫"骰子选格"，后世称为"升官图"。宋代徐度《却扫编》云："彩选格，起于唐李郃。"宋代高承在《事物纪原》上说：唐贺州刺史李郃感到当时任命官员的程序十分混乱，便采用掷骰子的方法，进而发明了采选游戏。玩法是在画有百官进退的图上，用骰子掷采，依采大小，进选官职。很快这种游戏便风靡社会，特别是受到谋求仕途之人的喜爱。唐文宗时，国子博士房千里在他编写的《骰子选格》一书的序中说：开成三年（838）春天，他乘舟经过洞庭湖，忽然遇到暴风雨，难以前行，便系船于湖旁。他上岸避雨，遇到几位号称进士的人，正在悠然自得地玩骰子戏。玩法是将唐朝68个官职按品级排列在一张正方形盘面上，中部排列的是最高级官职，官卑职小的在外围边沿。一人先将骰子掷于盘上，然后按其定格位置，在棋盘上前进或后退，先到最高位的人为优胜。升官图发展明清时代，达到极盛。

明清时还流行一种"状元筹"的游戏，将科举考试中的所有科目作成不同筹码的筹签，如状元、榜眼、探花、会魁、解元、进士、举人、秀才等，筹签上刻写科目功名和所需注数，比如状元筹需要64注，秀才只需要1注。游戏时同时掷出六枚骰子，依照骰子点数赢取功名。在国家博物馆和南京中国科举博物馆都藏有明清两代的状元筹。升官图、状元筹都是中国科举制度的衍生物，是社会事务在游艺文化层面的反映，说明游艺种类起源所具有的社会性。

叶子戏是古博戏中较为晚起的一种游戏。它经过几百年的演变，最后发展成为纸牌，是现今麻将牌的肇端。宋人王辟之《渑水燕谈录》卷九引《杂录》说："唐太宗间，一行世数禅师制葉（'叶'字的繁体）子格进之，'子'言二十世李也。"说叶子戏是唐代著名的天文、数学家僧一行制作。清代人褚人获《坚瓠十集》卷一则认为："世传叶子，晚唐时妇人也，撰此戏。"实际上，在古代，书籍原来都是卷轴式的，到隋唐时，才有折叶式的书。最初的纸牌是用一张张的单纸片制成，所以人们叫它"叶子戏"。叶子戏最初在宫廷内流行，后流传到民间。

《水浒叶子·智多星吴用》，选自中国艺术博物馆数据库

唐代，叶子戏受到皇室和文人墨客的喜爱，他们把这种游戏视为高雅时髦的活动。如唐代诗人李洞爱好叶子戏，曾写有一首《龙州韦郎中先梦六赤，后因打叶子以诗上》的打叶子诗：

> 红蜡香烟扑画楹，梅花落尽庾楼清，
> 光辉圆魄衔山冷，彩镂方牙着腕轻。
> 宝帖牵来狮子镇，金盆引出凤凰倾，
> 微黄喜兆庄周梦，六赤重新掷印成。

明代杨慎在《升庵诗话》评点此诗，认为"六赤"是指古代的琼荌，当今的骰子，"叶子，如今之纸牌酒令"。从诗中看出，这时的叶子戏还必须有骰子相辅助。叶子上绘有宝帖、金盆、狮子、凤凰等各色图案，掷骰子以决定胜负，说明最初的叶子戏与采选游戏有关。唐人苏鹗《杜阳杂编》卷下说："韦氏诸家，好为叶子戏。"南唐时，李后主的妃子冉氏又在唐代叶子戏的基础上编制了"金格王子叶子格"，使叶子戏更加完善和有趣。后来，叶子戏经水浒叶子、马吊牌两个变种，到清朝演变成现在流行的麻将牌。

双陆，是握槊的同类博戏，两者的规则和玩法都差不多，所以后人常将两者混为一谈，宋人洪遵《谱双·序》说：双陆"以传记考之获四名，曰握槊，曰长行，曰波罗塞戏，曰双陆"。明人谢肇淛《五杂俎》中说："双陆一名握槊，本胡戏也。"实际上，两者多少还是存在差异的，否则握槊、长行和双陆不会同时流行于唐代，唐人李肇也不会说长行之法，"生于握槊，变于双陆"。

双陆在隋唐五代宫廷中十分流行。后蜀花蕊夫人《宫词》云："分朋闲坐赌樱桃，收却投壶玉腕劳。各把沈香双陆子，局中斗累阿谁高。"《唐国史补》记载了这样一件事：武则天变李姓的唐朝为武姓的周朝，先后把皇位继承人李贤、李显废逐，准备立武家的人。群臣纷纷上谏，却毫无效果。一次，武后对大臣狄仁杰说："我昨夜梦见与人双陆，一直不胜，这是什么缘故？"狄仁杰乘机上言道："双陆不胜，说明宫中无子，这是上天的警告啊！"武后才醒悟过来，立李显为太子。狄仁杰巧妙地利用双陆解决了重大政治问题。后人有诗云："睡浓曾梦双陆输，唐家社稷须人扶。"

唐代周昉《内人双陆图》褚德彝题跋，弗利尔美术馆藏

狄仁杰自己也会下双陆。唐人薛用弱在《集异记》中记载道：有一次，狄仁杰奉武后之命与她的男宠张昌宗赌双陆。对方以南海郡进奉的集翠裘作赌注，狄仁杰却以普通朝服下注。武后以为价值不等，狄仁杰说："翠裘再贵重，只是私物，怎能比过公服！"结果狄仁杰胜，但刚一出门就把集翠裘付与家奴了，表示了对张昌宗的鄙视。元朝人谢宗可《双陆》诗中有"惟恨怀英夸敌手，御前夺取翠裘归"，

用的就是这个典故。

在民间，双陆同样盛行，而且不乏癖嗜之徒。唐人张鷟（zhuó）《朝野佥载》记载了这样一段有趣的故事：唐高宗咸亨年间，贝州有个叫潘彦的人酷爱双陆，整日局不离身。有一次泛海遇到暴风，船破落水，他右手抓住一块破木板，左手紧抱着双陆局，嘴里含着骰子，经过两天一夜的漂流，上岸时双手都见了骨头，而双陆局仍在怀里，骰子也还在口中。可见他痴迷双陆的程度。

双陆是一种博戏，一般的平民百姓对其赌博的消极面是反对的，所以民间流传着孔子与小儿辩论双陆的传说。敦煌变文《孔子项托相问书》云："夫子曰：'吾车中有双陆局，共汝博戏，如何？'小儿答曰：'吾不博戏也。天子好博，风雨失期；诸侯好博，国事不治；吏人好博，文案稽迟；农人好博，耕种失时；学生好博，忘读诗书；小儿好博，笞挞及之。此是无益之事，何用学之。"在这个传说故事中，最讲礼仪的孔子竟不如小儿明白"嗜赌亡身""玩物丧志"的古训，这表达了唐代民间对双陆这种博戏的看法。同时也说明双陆在民间相当流行，否则不会编入传说故事中。

唐代周昉《内人双陆图》，弗利尔美术馆藏

双陆的用具包括棋局、棋子和骰子。双陆局的样子像带栏边的方桌，上画12条棋道，因双方左、右各6条棋道，故名"双陆"。双方各持15枚杵椎形棋子，分黑白二色，称作"马"。也有12枚或16枚的。行棋时，先用2颗骰子在棋局上掷彩，根据彩数行棋，白方以右行到左，黑方从左到右，一方的棋子全部进入终点的6条棋道内，便获胜。2000年西安北周安伽墓围屏第4幅下部刻画有双陆图，两人对博，三人观战，场面热烈。1973年在新疆吐鲁番阿斯塔那的唐墓中出土一件嵌螺钿木双陆局。长方形盘面四周围起短栏，长边中间有月牙形"城"，左右各有两个螺钿镶嵌的花眼，盘下开壶门形光洞，绘有云头、花朵、飞鸟等图案，制作异常精美。唐代李寿石椁线刻《仕女图》有手持双陆的仕女，双陆局呈长方形，局面上刻有圆形花眼。

唐代打双陆的情景从绘画作品可以看到。新疆吐鲁番唐墓出土屏风式壁画，在第二条的画面上，有一位坐在双陆盘旁边的贵族，手握棋子，正在指画陈说。后面立着二个宫廷侍者。常任侠先生认为："就画面看起来，表情和人物与狄梁公握槊进谏武后的故事相合。"唐代著名画家周昉画有《内人双陆图》，现存大英博物馆。这幅图中的双陆局是双层的，棒槌状的黑白双陆子错落地摆在盘上，两个贵妇正聚精会神地对局，另一个贵妇由侍女搀扶着站在旁边观局，生动地描绘了唐代仕女打双陆的情况。

在唐代，中国的双陆已经传到日本。《日本书纪》记载：持统女帝三年（相当唐中宗嗣圣六年，689年）禁止百姓打双陆。日本正仓院珍藏有两件唐代的双陆用具，"木画紫檀双六局""沉香木画双六局"。"木画紫檀双六局"为长方形，紫檀盘面，左右列12花眼，也就是下棋的路数，盘架为黄羊木，嵌绘花纹图样。另收藏有"双六头"三个、"杂玉双六子"六十余个，即双陆使用的骰子和棋子等。著名学者傅芸子在《正仓院考古记》中有详细记述和考证。

日本正仓院藏中国唐代木画紫檀双陆局

在朝鲜李朝时期，双陆与围棋同样的盛行。1590年，朝鲜学者沈守庆《遣闲杂录》中说："国俗弈棋、双陆、将棋之类。谓之杂技。弈棋用黑白子。海边黑石及蛤甲，水磨者也。将棋用车包马象士卒，以木磨造而刻字填彩。双陆用黑白马儿，亦以木磨造。而又用骨髓，并有板局，通谓之博局。其为技各有工拙，以较胜负，皆是消日之戏也。"1786年朝鲜人郑希得出游日本，见到日本的双陆，在《月峯海上录》中写道："见双陆之戏，与我国同而小异。"

六、龟背戏与宫棋

唐代还流行两种鲜为人知的棋戏，名叫龟背戏和宫棋。由于有关

的文献资料甚少,我们只能知其大概。唐代诗人柳宗元写有一首《龟背戏》诗:

  长安新技出宫掖,喧喧初遍王侯宅。
  玉盘滴沥黄金钱,皎如文龟丽秋天。
  八方定位开神卦,六甲离离齐上下。
  投变转动玄机阜,星流霞破相参差。
  四分五裂势未已,出无入有谁能知。
  乍惊散漫无处所,须臾罗列已如故。
  徒言万事有盈虚,终朝一掷知胜负。
  修门象棋不复贵,魏宫妆奁世所弃。
  岂如瑞质耀奇文,愿持千岁寿吾君。
  庙堂巾笥非余慕,钱刀儿女徒纷纷。

  历代学者都不太清楚龟背戏是一种什么样的游戏。明末清初学者蒋之翘(1596—1659)编纂《柳河东集辑注》,注解《龟背戏》诗说:"按龟背戏,其制不可详。观诗意,乃亦博棋之类尔。状如龟背,因以为名。"《龟背戏》诗是了解唐代龟背戏的唯一史料,通过诗歌可以粗略了解它的形制。龟背戏是唐代新创的博戏,在宫廷和王侯贵族一度盛行。龟背戏的形制应与六博和弹棋相似,"修门象棋"一句源于《楚辞》"菎蔽象棋,有六簙些",代指六博。"魏宫妆奁"是指弹棋。《弹棋经序》中说:曹操执政,禁止宫中玩弹棋,宫人就用金钗、玉梳等在妆奁(女子梳妆所用的镜匣)上,互相弹射,玩类似弹棋的游戏。由此推断，龟背戏是唐代宫廷的人，在六博、弹棋基础上新创的一种棋戏。龟背戏与其他博戏用具相近，有棋盘、棋子和骰子。龟背戏的棋局极尽奢华，玉质的棋局，形状如龟背。棋子用黄金钱制作，共有六枚。行棋方式是先将棋子布于棋盘上，以掷骰子决定行棋步数。玩法与弹棋相似。龟背戏在唐代以后便失传了。后代诗文中偶见龟背戏之名，也多是诗人们文学修饰的需要，如宋代梅尧臣《象戏》云："象戏本从棋局争，后宫龟背等人情。今闻儒者饱无事，亦学妇人闲斗明。"苏籀《跋思古斋诗卷》有"琐窗龟背戏，彤管兔毫尖"的诗句。

宫棋也是因为起于唐代宫廷内而得名，属于宫廷游艺活动。现今见到有关宫棋的文献主要是唐代张籍、王建和白居易等人的诗歌。张籍《美人宫棋》云：

红烛台前出翠娥，海沙铺局巧相和。
趁行移手巡收尽，数数看谁得最多。

王建《夜看美人宫棋》云：

宫棋布局不依经，黑白分明子数停。
巡拾玉沙天汉晓，犹残织女两三星。

白居易《代书诗一百韵寄微之》其中一首云：

度日曾无闷，通宵靡不为。

双声联律句，八面对宫棋。

《敦煌歌辞总编》卷三收录《水鼓子宫辞》三十九首，描写唐代宫廷的游艺活动，包括射箭、驯鹰、斗鸡、斗草、宫棋、藏钩、马球等，其中一首写到宫棋，诗云：

美女承恩赐好梅，银丝笼子不教开。

宫棋赢得人将去，却进君王道赌来。

宫棋的流行仅限于唐代宫廷，后人已难以尽知宫棋的形制和玩法。从张籍等人诗歌中得知，宫棋并不繁杂，不需要棋谱之类的"依经"，甚至可能没有专用的棋具，在沙滩上即可画出棋盘。棋子有黑白两色，可借用围棋棋子。玩法可能是将黑白棋子布在棋盘上，两人各认一色棋子，然后按照一定规则吃掉对方的棋子，最后以所得多寡决胜负。清人翟灏《通俗编》卷三十一，说：宫棋，也称"逼棋"，有"挨三、顶四、擦七、驮八罚例"。可惜，现今我们对什么是逼棋也不清楚。有学者推测，宫棋的玩法有点类似现今民间流传的蒸笼棋，规定遇到某一数额，可拾取，而有遇到三、四、七、八等相连棋子时，则要受罚。

龟背戏和宫棋是唐代人创制的两种玩法简单但有趣的棋类游戏，它流传于宫闱和贵戚之家，尤其受到内宫嫔妃宫女们的喜爱。虽然两种棋都失传了，但优美的诗歌流传至今，让后人对唐代的社会生活多了一点了解。

七、打马球壁画与击鞠

马球是唐代非常盛行的一种娱乐活动,上自皇帝,下至诸王大臣,文人武将,无不"以此为乐"。马球是一项骑在马上挥杖击球的活动,所以,又叫击鞠、击球。

1971 年,在陕西省乾县唐章怀太子李贤墓道西壁发现 5 幅打马球壁画。壁画全长约 9 米,高 2.5 米,画面上绘有 20 多个骑马击球的人物形象。他们都穿着各色窄袖袍,足登黑靴,头戴幞巾,手执偃月形球杖,身骑奔马,腾跃追逐,奋力拼争,呈现出在竞争中的不同姿态。其中,五名骑手正在奋力夺球,最前面一人,手执偃月形球杖作返身击球动作,身手矫健,姿态优美。后面的骑者,有的持杖紧追不舍,有的则策马行进在树木山石之间。整个画面气韵生动,栩栩如生,再现了唐代马球活动的精彩场面。2004 年,陕西省富平县李邕墓也出土了打马球壁画。图中两位男子骑在骏马上,正在争抢地上的马球,人物描绘非常生动,飘动的巾带,回望的眼神,挥杆的动作,腾空而起的骏马,给人以强烈的艺术感染力。

中国的马球始于何时?说法不一,一种观点认为,马球起源于西藏,唐朝初年传到了中原地区。唐人封演在《封氏闻见记》中说,贞观年间,唐太宗李世民曾对侍臣说:"我听说西蕃(今西藏)人爱好马球,曾派人去学习,也看过一次。前两天升仙楼有些蕃人在街里打球,大概以为我爱好这种游戏,故意在马上奔驰表演。"可以证明,马球在唐朝初年已由西藏传入唐都长安城。目前学术界普遍认为，马球起源于波斯，唐代时经丝绸之路传入中国。

唐代男装女子马球彩陶俑，克利夫兰艺术博物馆藏

唐朝中期以后，作为供人休闲娱乐的马球活动逐渐盛行起来。首先受到了皇帝及王室贵族的喜欢。唐代皇帝中几乎没有不爱好打马球的，有的球技还很高超。唐宣宗李忱每月和皇室贵戚在雍和殿球场打两三次球。他能在飞奔的马上，用球杖连续击球数百次。宋代孙光宪《北梦琐言》记载：唐僖宗李儇爱好音律、樗蒲、蹴鞠、斗鸡、马球。他曾对近臣优人石野猪说："假如朝廷设立打球进士科，我可以获得状元。"石野猪幽默地回答道："如果遇到尧、舜、禹当礼部尚书，陛下不免要落第的。"唐僖宗确实很奇葩，有一个"击球赌三川"的故事。广明元年（880），镇守西川的职位空缺，有陈敬瑄等四人奏请，僖宗在清思殿球场举行马球比赛，让四人比赛马球，赢者获此官职。

结果陈敬瑄拔得头筹，出任西川节度使。

在唐代的皇帝中，如果推举马球状元，只有唐玄宗李隆基够格。唐中宗景龙三年（709），吐蕃使者到长安迎接金城公主，唐中宗请他们到梨园亭子里观看马球。使者禀奏中宗，说他手下有会打马球的，希望与唐朝的官人较量一下。于是，两队赛马球，结果唐官人连输了几场，中宗让儿子李隆基上场，李隆基往来奔跑，左右击球，速度如疾风闪电，几乎没有人能够赶得上，终于战胜了吐蕃人。李隆基即位前被封为临淄王，他与四个兄弟宋王、申王、岐王和薛王感情和睦，常一起宴饮娱乐。后代画家创作了许多以五王为题的绘画，如北宋周文矩《五王博戏图》、张择端《五王弈棋图》和佚名《五王击毬图》等。元代诗人张宪写有一首《唐五王击毬图》诗，诗云：

> 兴庆宫前春正热，绿杨夹道花如雪。
> 球门风起日西斜，五马归来汗成血。
> 潞州别驾醉眼缬，双袖倾欹拥岐薛。
> 申王按鞚宋王驰，杖扑球囊手亲挈。

唐玄宗登基后，马球之风更盛。唐代长安城的球场众多，宫中球场有含光殿球场、麟德殿球场、兴庆宫球场等。1956年，西安唐长安大明宫含光殿遗址出土一块刻有"含光殿及毬场等，大唐太和辛亥岁乙未月建"字样的石刻。宋人李公麟绘《明皇击毬图》手卷，描绘了唐玄宗击球娱乐的场景。宋代诗人晁说之《题明王打毬图》诗云："阊阖千门万户开，三郎沉醉打球回。九龄已老韩休死，无复明朝谏疏来。"诗人描写唐代宫殿的宏伟气象,唐玄宗击毬醉归宫中的情景,讽刺了朝廷已无忠谏之臣,君王沉溺于游乐宴乐的时弊。

皇帝的喜好带动了社会上打马球的盛行。例如,唐代文人中进士后,照例要到月灯阁下打球。文人们把打马球当作很时髦的事。唐人王定保《唐摭言》讲述了这样一个有趣的故事:唐僖宗乾符四年(877),一批新科进士在月灯阁下打球,忽然几个神策军军官执着球杖,闯进了球场,要与新科进士比试。当众人不知所措时,一名叫刘覃的新科进士跨马执杖跑进球场,表示应战。高傲的军官根本不把这位书生放在眼里。不料开球后,刘覃动作极其敏捷,"驰骤击拂,风驱电逝"。几个回合之后,他挥杖用力一击,球疾飞而去,不知落到何处去了。军官们想不到一个文弱书生竟然有如此高超的球技,一个个垂头丧气,灰溜溜地跑掉了。

唐代,不仅须眉男子喜欢马球,一些窈窕淑女也爱玩马球。1975年,江苏邗江出土了一枚唐代击球图铜镜,上面雕刻着四个驰马击球的女子形象,奔跃的马,挥舞的球杖,英武的姿态,生动地反映了当时妇女玩马球的史实。由于骑马打球,动作十分激烈,为了适宜更多女子参加击鞠活动,唐后期出现了驴鞠,即骑驴打球。《旧唐书·郭英乂传》记载:唐代宗时,剑南节度使兼成都尹郭英乂"聚女人骑驴击球"。唐敬宗和僖宗都喜欢驴鞠,于宝历二年、乾符二年在宫中观看了驴鞠,僖宗则进而亲自下场,"乘驴击球"。后来五代后蜀花蕊夫人《宫词》云:"自教宫娥学打球,玉鞍初跨柳腰柔。上棚知是官家认,遍遍长赢第一筹。"其描写了宫廷女子击鞠的优美姿态和高超技艺。到了北宋,宋徽宗也写了一首相同题材的《宫词》:"控马攀鞍事打毬，花袍束带竞风流。盈盈巧学儿男拜，惟喜先赢第一筹。"

马球是中外文化交流的产物，自东汉由波斯经西域传入中国，在唐朝风靡一时，之后唐代马球由中国东传朝鲜、日本等亚洲各国。《高丽史节要》是一部重要的朝鲜编年史，从高丽睿宗庚寅五年（1110）至李朝辛禑十四年，近270年间有关马球的记载有38条，包括观马球、打马球、球场修建等内容。唐穆宗长庆二年（822），东北臣属于唐朝的渤海国曾派使节王文矩出使日本，受到嵯峨天皇的宴请款待。宴前，王文矩及使团中一些会打马球的人和日本人进行了一场马球比赛，嵯峨天皇"赐锦二百匹为赌"，作为筹码。马球比赛激烈，气氛融洽。嵯峨天皇即兴作《早春观打球》诗一首：

芳春烟景早朝晴，使客乘时出前庭。
回杖飞空凝初月，奔球转地似流星。
左承右碍当门竞，群踏分行乱雷声。
大呼伐鼓催筹急，观者犹嫌都易成。

唐代马球俑，波士顿美术馆藏

这首诗反映了打马球的赛场、用具和观众的热烈情绪。以鼓助威、以筹计分的方法都与唐朝相同。马球是唐代恢宏气度和健康向上的强盛国力的代表，引领了游艺文化的潮流，并对亚洲以及世界产生深刻的影响，体现了中华文化的兼容性和开放性。

日本江户时代狩野永川绘《鞑靼人打马球图》，纽约大都会博物馆藏

八、气球与白打

唐代是蹴鞠发生变革的时期，较之前代，不论风靡程度还是在蹴鞠装备、规则和玩法等方面，都有变化和发展。

这首先表现在球体的制作上。唐以前的"鞠"，是实心的，用皮革制成，中间用毛发等物充填起来，所以唐代颜师古《汉书》注说："鞠以皮为之，中实以毛，蹴蹋而戏也。"到了唐代，由实心球发展为充气球。唐代徐坚撰《初学记》，书中对"鞠"字解释已经发现变化。"鞠即毬字。今蹴鞠曰毬戏。古用毛纠结为之，今用皮，以胞为里，嘘气闭而蹴之。"说明唐代时已经出现充气的蹴鞠用球。唐文帝弘文馆学士仲无颇《气球赋》是一篇记述唐代蹴鞠的重要文献，开篇就说气球的制作，赋云："气之为球，合而成质，俾腾跃而攸利，在吹嘘而取实。尽心规矩，初因方以致圆，假手弥缝，终使满而不溢。"意思是说，球是由数片皮革缝制的，吹气使球变成圆形，精心缝制为了不让气球漏气。

宋代抱球童子俑，成都体育学院博物馆藏

关于唐代气球还有一段有趣的文坛故事。皮日休（约838—883），字袭美，自号闲气布衣、醉士，生性诙谐幽默，常与朋友开玩笑。他有一个朋友叫归仁绍，唐懿宗咸通十年的状元，官至礼部侍郎、度支郎中。皮日休数次拜访归仁绍都扑空，皮日休就写了一首《嘲归仁绍龟诗》，诗云："硬骨残形知几秋，尸骸终是不风流。顽皮死后钻须遍，都为平生不出头。"皮日休借姓"归"和"龟"谐音，嘲讽归仁绍总是见不到。归仁绍回赠一首咏皮球诗，也以皮日休的姓名做文章，戏嘲皮日休争强好胜的性格。诗中说：

八片尖斜砌作球，火中燀了水中揉。
一包闲气如常在，惹踢招拳卒未休！

这首诗巧妙诙谐，饶有趣味，成为记载唐代气球的名篇。唐代气球的制作过程：挑选上好皮张，经过"泡""燀"，去毛去脂，使之成为柔软结实的皮子。然后裁成全等的三角，一般为八块。接着是缝合、充气，"气既充满，鞠遂圆实"。我国最早发明充气的球比西方早三四百年。

球的变革，带来了踢球方法和球场等方面的改变。唐代以前，球是实心的，不能踢得太高，所以球门是很矮的。唐代的球变成空心充气的，弹性很好，所以，球门就设在两根三丈高的竹竿上，称为"络网为门以度球"。这种球门一直传到宋元时期。

唐代蹴鞠的发展还表现在"白打"踢法的出现。由于球体变轻，弹性增强，就要求踢法更加讲究技艺。于是产生了不用球门，专以踢高、踢出花样为能事的踢法，称为"白打"。白打可以两人、四人、六人对踢，也可以分成人数相等的两队对踢。这种踢法活动量小，主要在女子中流行。唐代诗人王建在一首《宫词》中写道"寒食内人长白打，库中先散与金钱"，说的就是唐代寒食节宫女玩"白打"的情景。五代诗人韦庄也有类似的诗句："内宫初赐清明火，上相闲分白打钱。"说明白打已经在唐代皇宫内流行，参加的人大都是女子。

宋代蹴鞠纹铜镜，国家博物馆藏

唐代蹴鞠游戏多在寒食节进行。寒食节就是清明节，在这一天，古代人都要玩蹴鞠和秋千，以消除寒食的积滞。唐代诗人王维《寒食城东即事》诗中说："蹴鞠屡过飞鸟上，秋千竞出垂杨里。"杜甫《清明》诗中也说："十年蹴鞠将雏远，万里秋千习俗同。"白居易《洛桥寒食日作十韵》诗说："蹴球尘不起，泼火雨新晴。"这些都是描写寒食蹴鞠的诗歌。

有关唐代蹴鞠的文物流传下来的很少，似乎唐代人更愿意在绘画、雕塑和器物图案中表现围棋、马球等，最早的蹴鞠纹铜镜则是宋代的。目前在国家博物馆、湖南省博物馆、深圳博物馆、德阳市博物馆各藏有一件宋代蹴鞠铜镜，图案几乎完全一致，表现了一对男女在庭院中相对蹴鞠的场面，说明蹴鞠在唐代还是上层贵族们的游戏，发展到宋代蹴鞠才逐渐世俗化、平民化，蹴鞠纹铜镜也成为作坊大量生产的普通商品。

日本奈良时代深受中国盛唐文化的影响，遣唐使和佛教的交流使许多中国器物、风俗传入日本。唐代蹴鞠传入日本成为日本上层仿效唐人生活方式的一部分。公元8世纪编写的《日本书记》记载：644年正月，中大兄皇子在法兴寺的榉树下蹴鞠，不小心把鞋和球一同踢飞了，正巧被大臣藤原镰足拾起，跪着还给中大兄皇子。从此两人成为莫逆之交，之后，中大兄皇子即位为天智天皇，开始著名的"大化改新"。日本流行的蹴鞠主要是不用球门的"白打"，四至八人在场下比试踢球的数量多少。此后几百年，蹴鞠在日本人的生活中具有很高的地位，被视为与歌赋、茶道同样重要的高雅活动。

日本室町时代（1336—1573）《法兴寺蹴鞠图》，旧金山亚洲艺术博物馆藏

蹴鞠之戏也曾盛行于朝鲜半岛，并被文人记录在文献和诗歌中。朝鲜李朝文人丁若镛在《钦钦新书》中记载："蹴鞠之戏，两人对踢，谓之白打；三人角踢，谓之官踢；一人之单使脚，谓之挑踢。"诗人奇遵《岁时行》诗写道："日下飞幡贵游园，云中爆竹公侯宅。紫陌洋洋禁臣醉，青楼隐隐娼儿乐。里中豪少竞欢娱，走狗斗鸡恣戏谑。蹴鞠凌晨飞鸟齐，弹棋中夜灯火落。"此诗描写了都市里贵族子弟奢侈的生活，其中提到了斗鸡、蹴鞠、弹棋、爆竹等游戏。

九、拔河兆丰年

唐代的节日游艺活动丰富多彩，比如在寒食节中就要进行蹴鞠、秋千和拔河等活动。拔河是我国古老的民间游艺活动，南北朝时期称作"施钩"，隋朝时则称之为"牵钩"，到了唐代才改称为"拔河"。人们把这种娱乐活动当作祈求丰年的一种美好祝愿。

拔河在唐代达到最兴盛的时期。唐代人封演在其所著的《封氏闻见记》卷六中描写了当时拔河活动的情景。他说："今民则以大麻絚，长四五十丈，两头分系小索数百条，挂于前。分两朋，两朋齐挽。当大絚之中，立大旗为界。震鼓叫噪，使相牵引，以却者为胜，就者为输，名曰拔河。"当时的老百姓在拔河时，用一种长四五十丈的大绳，两头还拴着几百条小麻绳。人们把麻绳挂在胸前，分成两队相互拉好。在大麻绳的中间，立一面大旗作为界限。每次拔河都有几百人参加，加上几千名观众，擂鼓呐喊助威，震惊远近，最后被牵动者为输。那时的拔河形式与今天的拔河不太一样，今天拔河是单独一根绳子，而古代所用的绳子是在一条大绳的两头分系数百条小绳。所以，古代的拔河人数要比现代多得多，场面更大、更热闹。如今在甘肃藏族自治州的临潭县和日本的某些地区还保留着这种古老的拔河形式。

拔河不仅受到民间平民百姓的喜爱，而且唐代宫廷中也盛行此戏。《封氏闻见记》记载："中宗曾以清明日，御梨园球场，命侍臣为拔河之戏。"《新唐书》等文献记载：中宗李显爱看拔河，常让宫女进行拔河比赛。而民间拔河，都是男子参加。景龙三年（709），李显让几百名宫女在玄武门外拔河。之后，又准她们去游宫市，结果几十名宫女乘机跑掉了。第二年的清明节，唐中宗又下令中书、门下供奉官五品以上，文武官三品以上，加上诸学士等，都到梨园球场拔河。当时韦皇后指定：中书、门下省的三位大臣和五位将军为一队，尚书省七位大臣和两位驸马是一队。中书令萧元忠见自己这一队不但少一人，而且老头子居多，便跪下启奏道："小臣这一队，力量太差了！"站在唐中宗身旁的安乐公主，因自己的丈夫也参加拔河，自然护着驸马一边，便插嘴说："你们这边有五个将军，都练过武，力气更大哩！"唐中宗连忙点头说："人虽少一个，力量并不弱。"萧元忠无奈，只好遵旨与驸马一队比试。太监们早摆好了绳子、旗鼓，宫女和太监分成两队呐喊助威。一声鼓响，两边齐用力，绳子拉得很紧，双方坚持了一会儿，怎奈驸马一队年轻力壮，一下子把绳子拉了过去。仆射韦巨源、少师唐休璟都是60多岁的人，手脚很不灵活，随着绳子向前一下子扑倒在地，很久都没爬起来，引得唐中宗和周围的人大笑不止。

唐玄宗李隆基也喜欢拔河，他把拔河的场地由宫内梨园搬到了宫外御楼广场，规模愈来愈大。《唐语林》等史籍上生动记述了唐玄宗所组织的一次大规模的拔河。当时参加拔河的人有1000多人，场面壮观，气势宏伟，使得当时在长安的外国客人惊叹不已。唐玄宗命大臣薛胜作《拔河赋》、张说作《奉和观拔河应制》诗，自己也作一首《观拔河俗戏并序》诗，生动描绘了拔河的情景。诗和序云：

序：俗传此戏，必致年丰，故命北军，以求岁稔。
壮徒恒贾勇，拔拒抵长河。
欲练英雄志，须明胜负多。
噪齐山岌嶪，气作水腾波。
预期年岁稔，先此乐时和。

意思是说：传说玩拔河之戏，可以求得农业丰收，所以命令北军举行拔河，祈求丰年。勇猛的武士们分成两组拔河，人与长绳如同一条长河。拔河可以锻炼意志，争出胜负。人们齐声鼓噪，给双方加油鼓劲。拔河的双方相互抵住，整个队伍像山一样巍然屹立，毫不动摇。争取有一个丰收的年岁，在时和年丰之前，大家快乐快乐。

拔河多在春天举行，蕴含着祈求春雨，期盼丰收的寓意。古代有祭拜龙神的习俗，拔河的大绳象征着龙的形象，借以感应天地。《隋书·地理志》中说："南郡、襄阳二郡又有牵钩之戏……钩初发动，皆有鼓节，群噪歌谣，振惊远近，俗云以此厌胜，用致丰穰。""厌胜"是中国避邪祈吉的习俗，拔河起源于祈求农业丰收的民间祭祀活动，到唐代时演变成了一种节令娱乐活动，包含着对新年风调雨顺、岁稔年丰的美好祈盼。

十、"斗鸡走马胜读书"

唐代是斗鸡之戏的盛行时期,到唐玄宗时达到了历史上的顶峰。在当时,斗鸡除了以娱乐为目的外,还具有激发勇敢斗志的作用,所以,不仅社会上盛行斗鸡,唐朝统治者在军队中也推行斗鸡之戏。唐玄宗因为爱好斗鸡戏,在宫中专门修建了皇家鸡坊,从军队中选拔500名少年兵士专门饲养、培育、训练斗鸡。《太平广记》收入唐代陈鸿创作的《东城老父传》,记述斗鸡童子贾昌的传奇一生。陈鸿,字大亮,唐代小说家,与白居易是好友,著有《开元升平源》《长恨传》等。《东城老父传》的主人公贾昌是唐玄宗时有名的宫廷驯养斗鸡的官吏。皇帝喜欢斗鸡,民间就更加盛行。皇族贵戚都花大价钱买斗鸡,贫穷的人家就玩弄木头鸡。贾昌还是个三尺高的孩子时,却有饲养斗鸡的特殊本领,能识别斗鸡的壮弱和勇怯,熟悉鸡的饮食、疾病和驯习的方法,还听说他能听懂禽鸟的语言。唐玄宗将贾昌召入皇宫,担任鸡坊的首领,还经常赐给他金帛财物。当时天下人把他称为"神鸡童"。当时有民谣唱道:"生儿不用识文字,斗鸡走马胜读书。贾家小儿年十三,富贵荣华代不如。"

每年元宵节、清明节、中秋节,唐玄宗都要看斗鸡。贾昌在斗鸡时,头戴雕翠金花的帽子,身穿绸缎绣花的衣裤,手中拿着大铃率领鸡队入场,整齐地排列在斗鸡殿中,等候比赛。斗鸡们个个鼓动翅膀,竖起羽毛,摩嘴擦足,跃跃欲试,准备一场厮杀。贾昌一挥手中的鞭子,斗鸡正式开始。一对对斗鸡挥动着翅膀,睁着发红的眼睛,扑向对方，利嘴一起一落，鸡毛飞扬，很快胜者引颈长鸣，向主人表示胜负已定。贾昌再挥鞭子，胜者走到鸡队前面，败者走到鸡队后面，有顺序地跟贾昌回到鸡坊。安史之乱后，贾昌落难，从此再也没有进过皇宫。

《东城老父传》描绘了唐朝中期由盛至衰的社会变迁，贾昌凭借出色的训鸡技术博得了半生富贵，但安史之乱改变了他的人生轨迹，唐玄宗的奢侈生活和游戏误国，也造成了唐王朝走向衰败。从斗鸡游戏的角度来看，《东城老父传》记述唐代高水平的斗鸡技艺，包括斗鸡品种的选择、日常饲养、疾病的治疗和斗鸡的训练组织，贾昌应该是中国古代少见的驯养斗鸡的名家。唐玄宗时，因擅长斗鸡而受宠的人，还有姜蛟、王准等。《新唐书》记载，姜蛟因擅长斗鸡、击球而当上了殿中少监，随便出入内廷，妃嫔们都称呼他叫姜七。王准则担任"斗鸡供奉，卫尉少卿"。

正史中也有唐玄宗好斗鸡的记载。《新唐书·五行志》记载："玄宗好斗鸡，贵臣外戚皆尚之。"皇帝的爱好带动了社会上斗鸡之风的盛行。宗室贵族、达官富豪竞相仿效，有的因一只鸡而不惜倾家荡产，重金购之；有的因斗鸡而引起皇室内部的矛盾。王勃是初唐四杰之一，他的"落霞与孤鹜齐飞，秋水共长天一色"成就了千古绝唱。《旧唐书·王勃传》记载：唐高宗时，王勃在沛王李贤的府里担任修撰。沛王与英王李显斗鸡，互有胜负。沛王请王勃写了一篇《檄英王斗鸡》的檄文，声讨英王的斗鸡。高宗看后非常生气，斥责王勃不行劝谏，反而作檄文，有挑拨二王和睦之罪，下旨罢免了王勃的官，释放了所有的斗鸡。美国纳尔逊艺术博物馆藏宋代李嵩的《明皇斗鸡图》虽然尺幅不大，只有42厘米高，37厘米宽，但是非常生动细腻地描绘了唐代宫廷斗鸡的场景。画面上绘有26个人物和宫殿楼阁，唐明皇骑马在侍臣、宫女的簇拥下走过宫廷的一角，6位斗鸡侍奉在给唐明皇表演斗鸡。李嵩是南宋著名的宫廷画家，擅长人物、界画，此图意境深远，布局恰当，神态生动，极见李嵩深厚的绘画功力。有趣的是，宋代画家常将落款隐藏起来，此图李嵩的名字题写在画面左侧的宫殿柱子上。

宋代李嵩《明皇斗鸡图》，纳尔逊艺术博物馆藏

唐代文人墨客以斗鸡为题的吟咏比比皆是。唐初杜淹就有《咏寒食斗鸡应秦王教》诗。孟浩然《李少府与杨九再来》中有"烟火临寒食，笙歌达曙钟。喧喧斗鸡道，行乐羡朋从"的诗句。李白《古风》讽刺了不可一世的斗鸡人。诗云：

路逢斗鸡者，冠盖何辉赫。

鼻息干虹霓，行人皆怵惕。

韩愈、杜甫等诗人都写过斗鸡诗篇。《全唐文》卷六百二十四收录浩虚舟写的《木鸡赋》，描写了使用木鸡训练斗鸡的方法、搏击技巧以及蕴含的哲理，对理解唐代斗鸡技术有着重要的参考价值。《唐诗纪事》记载，唐穆宗长庆二年，浩虚舟因为这篇《木鸡赋》而进士及第，可见唐代斗鸡之风的盛行程度。

明代《婴戏斗鸡图》，布鲁克林博物馆藏

唐代斗鸡游戏也传到了日本、朝鲜等国。当时日本派遣使者来唐朝，见到朝野风靡的斗鸡游戏，便将其带回日本，并很快在日本宫廷盛行起来。日本《三代实录》中就有元庆三年（879）二月二十八日，天皇在弘微殿观看斗鸡的记载。日本平安时代（794—1192）成书的《荣华物语》中也有关于宫廷斗鸡的描写。此后，斗鸡游戏流入民间，受到日本人的喜爱。在许多传世的日本古代绘画中经常可以见到斗鸡的场面。日本源赖朝时期（相当中国南宋时期）的天才画家土佐光永的《年中行事绘卷》，描绘了一年十二个月京都生活场景，其中有一卷是斗鸡场面，场面热烈，人物众多，仅斗鸡就有十几只，是一幅难得的斗鸡绘画精品。铃木春信是日本江户时代浮世绘著名画家，受中国明末清初拱花印法的影响，开创"春信式"浮世绘表现风格。这幅《三童斗鸡图》生动表现了儿童抱着自家斗鸡相聚嬉戏的场面。

日本江户时代铃木春信《三童斗鸡图》，哈佛大学艺术博物馆藏

十一、繁富多彩的酒令

酒令作为席间佐酒的游戏，又称为"觞政"，意味着酒令中包含着礼仪法则和文学艺术。唐代人的豪放与浪漫，对文学艺术的热忱和追求，使酒令艺术的兴盛达到顶峰。宋代蔡宽夫《诗话》云："唐人饮酒必为令，以佐欢乐。"唐代酒令无论从形式、组织、体制还是内容上皆是前代所无法比拟的。据现今所存的资料可以看出，唐代酒令已由前代简易式样演进为繁富多彩格局，其体制已臻完备。唐代酒令纷繁多样，有20余种，如藏阄、藏钩、手势令、指巡胡、卷白波、抛打令、筹令、骰子令，等等。唐代也出现了多部酒令著作，如王绩《酒经》、崔端己《庭萱谱》、刘炫《贞元饮略》、皇甫松《醉乡日月》等，可惜只有《醉乡日月》流传至今，是现存最早的一部酒令专著。

藏钩、藏阄属于酒令中的射覆令。藏钩起于汉代，到唐代仍然盛行。这时藏钩游戏已不是用玉钩来做游戏，而是行酒令的人取些小物件，如棋子、瓜子、钱币、莲子等握于手中，让人猜测，一猜单双，二猜数目，三猜颜色，中者胜，负者则罚饮酒。藏钩的猜法主要是要善于心理分析，察对方之言，观对方之色，以断定物件所藏处。唐人段成式《酉阳杂俎》中记载：他曾在荆州宴请朋友，宴间行藏钩酒令。有位名叫高映的举人擅长藏钩，每猜必中。段成式向他请教其中的奥秘，高映说：藏钩要察言观色，如同察访盗贼一样。藏钩在民间很流行，通常在每年的正月进行。《艺经》上说："义阳腊日饮祭之后，叟妪儿童为藏钩之戏，分为二曹，以较胜负。"敦煌变文《父母恩重经讲经文》描绘民间玩藏钩的情景："几度亲情命看花，数遍藏钩夜欢笑。"

藏钩在宫廷中仍然盛行。李白《宫中行乐词》中有"更怜花月夜，宫女笑藏钩"的诗句。不过藏钩游戏到了宫廷中便成了一种博戏，有赌注，可以赌到3000匹彩罗。参加藏钩的人多达几百人，每方以100人为限。

藏阄起源于"藏钩"，是藏钩的一种衍化形式，两者相似但有所区别。"藏阄"法今已失传，从"阄"的字义来推测，"藏阄"应是猜测握在手中写在纸片上的阄。唐彦谦在《游南明山》中称"阄令促传觞，投壶更联句"。韩偓《无题》也有"斗草常更仆，迷阄误达晨"的诗句。"阄令"，就是用阄来行酒令，如用酒筹之类。

手势令，就是现在所称的"猜拳""划拳"。其方法是两人相对同时出手，各猜所伸出手指之合计数，猜对者为胜。手势令最迟到唐代已经产生。晚唐人皇甫松著有《醉乡日月》，对唐代的酒令做了较为全面的介绍，具有极高的文献价值。皇甫松记载道，当时人在宴饮时行手势令。五指与手掌指节各有名称，称手掌为虎膺，指节为松根，大指为蹲鸱，食指为钩戟，中指为玉柱，无名指为潜虬，小指为奇兵，腕为三洛，五指通称为五峰。规定后者胜过前者。饮酒时，两人同时出指，视所出的是哪一指以定输赢。可见，至迟到唐代晚期，手势令已产生。到五代时，手势令已流行。《五代史·史宏肇传》记载："(史宏肇)会饮三司使王章第，酒醉为手势令。"后来的"猜拳""划拳"，即由"手势令"演化而来。由于"手势令"明快简捷，通俗易行，逐渐成为一种最流行的酒令游戏。

酒令中，除了用手行令外，还有多种利用某种游戏用具行令的酒令。其中最主要的"骰子令"、"抛打令"和"指巡胡"都产生于唐代。早在秦代，中国传统的掷采用具"琼"已经用于饮酒游戏，称为酒骰。北京大学藏秦代木牍《酒令》和酒骰便是证明。酒令体系中的"骰子令"则产生于唐代。皇甫松《醉乡日月》卷三的"骰子令"，原文已佚，仅存一句话："大凡初筵，皆先用骰子，盖欲微酣，然后迤逦入酒令。"可见，骰子令是当时以掷采决定饮酒次序的基本形式，往往为其他酒令的开锣戏，起着活跃酒筵欢乐气氛的作用，诚如白居易有诗云："醉翻衫袖抛小令，笑掷骰盘呼大采。"元稹诗"叫噪掷骰盘，生狞摄觥使"描绘的那样，行令的人是多么激昂亢进、欢快异常。骰子令不仅在中国流行，也传播到了邻国。在韩国的庆州雁鸭池遗址出土的新罗时期的紫檀酒令骰子，刻有"自唱自饮""饮尽大笑""任意清歌"等。

抛打令是一种歌舞化的酒令，它比骰子令出现得晚，到盛唐之时才诞生。唐及五代人诗中常有"抛打令"的句子。白居易诗云："香球趁拍回环匝，花盏抛巡取次飞。"徐铉诗云："歌舞送飞球，金觥碧玉筹。"《太平广记》也记载崔氏女弟"每宴饮，即飞球舞盏，为佐酒长夜之欢"。可以看出行抛打令时伴以乐曲，先以香球或花盏回环巡传，待到乐曲停止时，中球或花盏者应起舞歌唱。

指巡胡，一名"酒胡子"，是唐代宴饮时的一种行令工具，模样像个小人，上头细，下头粗，底部尖。饮酒时，把它放在盘子里，用手转动便成旋转舞蹈之状。当它停下来时，它的手指向谁，谁就饮酒。唐代诗人元稹有《指巡胡》诗："遣闷多凭酒，公心只仰胡。挺身惟直指，无意独欺愚。"吟咏的就是"酒胡子"。唐代诗人卢注科举考试二十年不第，心灰意冷，写了一首《酒胡子》诗，以物喻人，同时也让后人了解酒胡子的形状、玩法。

筹令是中国酒令体系中重要的一类。筹，就是酒筹，既可用来记数，又可在酒筹上注明行令的具体内容，依筹行令。唐代元稹《何满子歌》有"何如有态一曲终，牙筹记令红螺杯"之句，其中，"牙筹记令"就是指作为筹令之用的酒筹，其上刻有令辞，人们依令辞而定饮酒数量。白居易《同李十一醉忆元九》诗云："花时同醉破春愁，醉折花枝作酒筹。"用花枝作酒筹则是多么浪漫的事呀。

唐代银鎏金论语玉烛龟形酒筹筒，江苏镇江博物馆藏

筹令兴起于唐代，这不仅见于诗文记载，而且还有珍贵的酒筹实物足资佐证。1982年，在江苏省镇江市丹徒区丁卯桥发现了一套唐

代银鎏金论语玉烛酒令用具，此件酒令筹筒纹饰华丽，造型巧妙，以古代祥瑞之物神龟为座，以龟负玉烛为型，代表了盛唐时期高超的艺术水准和酒文化风俗。筹筒中有酒令筹50枚，令旗一面。令筹呈韭菜叶形云头脚，每根酒令筹上，上段刻《论语》一句，中段是附会其义指出在座应饮酒的人，下段则是有关罚则的具体内容。比如，"瞻之在前，忽然在后。来迟处五分"。赴会不准的人，要罚五分（十分为一杯）酒。又如"出门如见大宾，劝主人五分"。意思是说主人盛情接待宾客，所以要劝主人饮酒。从令筹上的令辞知道，其玩法有四种：劝酒、罚酒、自饮、放过。令官先饮令酒一杯，然后从筹筒中掣取筹令一枚，当众宣读令辞，依令辞规定让某位饮酒，某位饮酒后再掣筹，依令行酒，四座纷飞，轮流劝酒。所以宋代章渊《槁筒赘笔》中说："唐人酒戏极多……有劝酒玉烛、酌酒之分数为劝。"唐代酒令盛极一时，水平很高，难度很大，具有极高的文学艺术性，体现唐代酒宴游艺的丰富多彩，是游艺与文学艺术有机融合的典范。

清代象牙酒筹

第六章 宋辽金元游艺

中国游艺史话

第六章 宋辽金元游艺

宋辽金元（960—1368）是我国古代游艺的全面发展时期。这一时期，以工商业为主的城市经济的发展呈现出前所未有的繁荣景象。中古城市的厢坊制度被打破，出现了市、镇等多样的商贸场所。商品经济的活跃，使城市人口大大增加。《东京梦华录》称北宋都城汴京"人烟浩穰，添十数万众不加多，减之不觉少"。因此，"工商技巧之民，与夫游闲无职之徒，常遍天下"，一个庞大的市民阶层兴起了。市民阶层除物质生活的需求外，他们对娱乐文化的需求也不断扩大和提高。这极大地促进了宋代市民游艺的空前繁荣，使游艺活动更加大众化、社会化。

宋元城市经济的发达，市民阶层的勃兴，使民间游艺之风一改以往古朴的习俗，被去朴从艳、好新慕异的风气所代替。宋代东京，人们"烂赏叠游，莫知厌足"，"成都之俗，以游乐相尚"。空前的游乐盛况，反映出重游玩的社会风貌和人们尚娱乐的观念。元代的市民游艺仍然如旧。关汉卿在《女校尉》中介绍了市井闲人的消闲娱乐。

"得自由，莫刚求。茶余饱饭邀故友，谢馆秦楼，散闷消愁，唯蹴鞠最风流，演习得踢打温柔。"宋元以后的城市中出现了被称为"市井帮闲"的人物，如宋代耐得翁在《都城纪胜》中所说：城市的市井闲人各有特长，"颇能知书、写字、抚琴、下棋及善音乐，艺俱不精，专陪涉富贵子弟游宴"。表明宋元时期出现了以游艺为生的市民阶层。

市民游艺的空前繁荣，主要表现在：第一，游艺娱乐社团的普及发展。北宋汴京城里，有蹴鞠的"圆社"，又称"齐云社"。南宋杭州则有"蹴鞠打球社""斗草社""棋会"，等等。大凡是当时城市里流行的娱乐活动项目，都有相应的社团组织。这些游艺娱乐社团使游艺活动更加规范化，促进了游艺的发展和提高。第二，娱乐场所的大量出现。宋元时期，出现了以"瓦舍"为代表的娱乐场所。瓦舍，也叫瓦子、瓦市。瓦舍内有以供人们观赏娱乐的艺术表演，如说唱、杂剧、讲史、杂技等；瓦舍外面则有各种娱乐设施，游人可以在"宽阔处踢球，放胡哮，斗鹌鹑"。又有斗鸡、蹴鞠等游艺活动。据文献记载：北宋汴京有瓦舍50余座，最大的可容数千人。杭州的瓦舍，城内外合计17处。第三，游艺文学和艺术进入繁荣时期，出现了大量吟咏描绘各种游艺活动的诗歌、辞赋、绘画作品，成为独具特色和丰富内涵的文学、艺术门类。

宋辽金元时期是中国古代民族融合迅速发展的又一高峰，以契丹、女真和蒙古族为主的民族游戏得到发展并传入中原，一部分民族游戏逐渐成为全国性的游艺活动，如打髀骨、蒙古象棋等。与此同时，汉族的围棋、马球、蹴鞠等则很早就传入契丹、女真、蒙古等各民族聚居地区，深受各民族人民的喜爱。

宋代在游艺文献的收集、整理、编纂、创编方面取得了很大的成就，出现了不少对古代游艺的总结之作，如《忘忧清乐集》《打马图经》《投壶新格》《谱双》《丸经》《促织经》等。

宋辽金元时期游艺的发展是多方面的，球戏、博戏、棋类、玩具、禽戏等都有长足的进步，并产生出一些新的游艺项目，如打马、七国象棋、蒙古象棋、鹿棋、打髀骨、捶丸等。宋辽金元时期是中国游艺史上第二次民族融合交流的繁盛时期，南北方的游艺项目都有长足发展，时代特色鲜明，在中国古代游艺史上占有重要地位。

一、宋元文人弈趣

宋元时期，围棋的发展体现在更加大众化和围棋文献的整理上，围棋成为人们休闲娱乐生活中普及度最高的棋类游戏，不论是文人雅士，还是野老孩童，都喜欢对弈手谈。围棋经过汉唐数代的积累，到宋元时出现了多部重要的围棋著作。宋代文人以围棋作为寄托心志、寻求乐趣的手段，提出"忘忧清乐"的围棋观，强调围棋的道德功能和游戏本质，陶醉于围棋的艺术趣味中，将胜负输赢放到次要位置。徐铉《棋赌赋诗输刘起居》诗云："本图忘物我，何必计输赢。"陆游《闲游》诗云："约客同看竹，留僧与对棋。人生得自在，更老未为迟。"围棋成为人生自由快乐的组成部分。有人不擅长围棋，却自娱自乐，观看别人下棋也是乐事。北宋诗人石介《观碁》诗说："人皆称善弈，伊我独不能。试坐观胜败，白黑何分明。"许及之《观弈篇》自嘲说："秉烛随者明，弈棋观者精。观者未必高于弈，只是不与黑白同死生。"旁观者清,对局者迷,旁观者的水平不见得低于对弈者,只是不愿去争个输赢。南宋诗人刘克庄对围棋、象棋都有兴趣,只是棋艺稍差。他写了一首《棋》诗,描写得生动有趣,前两句是"十年学弈天机浅,技不能高谩自娱。远听子声疑有着,近看局势始知输"。说自己学棋十年,天赋有限,棋艺技不如人,只为了自娱自乐。其与别人对弈,远听落子声似乎颇有着法,其实走近就知道棋已经输了。

五代周文矩《重屏弈棋图》摹本,弗利尔美术馆藏

围棋号称"雅戏",关乎人品气质,宋元两朝的文人名士大多喜好下围棋。北宋文学家欧阳修,字永叔,号六一居士。朋友问他:"为什么号六一呢?"欧阳修说:"我家藏书一万卷、集录三代以来金石遗文一千卷,有琴一张、有棋一局,而常置酒一壶。"朋友说:"这是五一啊?"欧阳修说:"加上我这一老翁,不正是六一吗?"明代陈仁锡《潜确居类书》记载,一次,欧阳修与客人下棋,浮山高僧法远来访。欧阳修请高僧法远以围棋为例,论讲佛法。不承想,高僧法

远既精通佛学,又善于弈棋,精辟地评论了这局棋的高低优劣,讲到许多围棋的哲理和对弈着法,诸如"肥边易得,瘦肚难求""敌手知音,当机不让"等,令欧阳修非常佩服。

王安石的棋瘾也很大,但公事繁忙,所以爱下快棋,有"随手疾应"的习惯。《宋人轶事汇编》卷十四记载:王安石闲居南京时,常与薛昂对弈。薛昂,字肇明,杭州人,北宋元丰八年(1085)进士,曾官至中书舍人兼侍讲。薛昂和王安石是好朋友。一次两人议定输者罚作梅花诗一首。第一局王安石输了,即吟《梅花》诗云:

华发寻春喜见梅,一株临路雪培堆。
凤城南陌他年忆,杳杳难随驿使来。

第二局薛昂输,却作不出诗,由王安石代作一首。其诗云:

野水荒山寂寞滨,芳条弄色最关春。
故将明艳凌霜雪,未怕青腰玉女嗔。

后来有人作诗嘲讽薛昂道:

好笑当年薛乞儿,荆公座上赌梅诗。
而今又向江东去,奉劝先生莫下棋。

陈侁,字介夫,福建福清人,治平四年(1067)中进士,受到王安石的器重。他平生酷爱下棋，当没有对手时，便一手拿黑棋，一手拿白棋，独自对弈。左手胜就以右手敬酒，右手胜就以左手敬酒，反正酒都是他一个人吃的。

苏轼，风流千古人物，是北宋文坛巨擘，多才多艺，书画兼精，通晓音律，但围棋水平一般。他说自己"平生有不如人，谓着棋、吃酒、唱曲也"，苏轼对围棋的理解却非常深刻。北宋绍圣四年（1097）苏轼见到儿子与友人下棋，想起当年独自游历庐山白鹤观的情景，写下了著名的《观棋》诗。诗中写到五老峰前，白鹤观中，高大的松树遮蔽了庭院，在古松流水间忽听到下棋的落子声。"不闻人声，时闻落子。纹枰坐对，谁究此味。"苏轼在这超脱尘俗的静幽环境中，不禁感慨围棋的真谛。他认为忘却烦恼，获得纯粹愉悦，寻找心灵的适意、超然和宁静才是围棋的精神追求，正如姜太公空钩垂钓，岂是为了几条鱼儿吗？所以诗的最后写道："胜固欣然，败亦可喜。优哉游哉，聊复尔耳。""胜固欣然，败亦可喜"不仅是苏轼的围棋观，也是其对自己人生最好的注解，体现了宋代文人以追求自我精神解脱为核心的人生哲学，对后世文人的围棋思想产生深远的影响。后来杨万里还仿写了两首观棋诗，其中一首写道："老坡独往到庐山，白鹤观中俱昼眠。只有棋声人不见，寂然流水古松间。"算是苏轼《观棋》诗的注脚。

南宋大诗人陆游也是位围棋爱好者，常与朋友在一起弈棋、吟诗和喝酒。他的诗篇中咏围棋者甚多。天刚亮，棋客就来了，"时拂楸枰约客棋"；棋下到黄昏，"暮窗留客算残棋"；读书累了，以围棋调剂精神，"对弈两奁飞黑白，雠书千卷杂朱黄"；吃酒要下棋，"扫空百局无棋敌，倒尽千锺是酒仙"；喝茶要下棋，"茶炉烟起知高兴，棋子声疏识苦心"；人生如棋局，"悠然笑向山僧说，又得浮生一局棋"。陆游可谓是宋代文人中酷好围棋的代表。

南宋时，临安市民中弈棋极为普遍，并出现不少围棋高手。南宋哲学家陆九渊少年时经常到临安街市上的棋摊看棋，向民间棋手请教，后来连胜当时临安第一棋手。北宋诗人王洋写有一首围棋诗，诗中记述他的朋友陈道士，年纪只有十三，却棋艺高超，可比春秋时的围棋高手弈秋。"弈棋得妙处，鲜有能对者。"

博弈之戏并非男子独享的游艺项目，自汉代戚夫人开始，历史上有许多女人弈棋的记载，也流传下来仕女弈棋的诗歌、绘画。新疆吐鲁番阿斯塔那唐代墓葬出土的《围棋仕女图》反映了唐代女子弈棋消遣的场景。到了宋辽金元时期，琴棋书画四艺成为闺阁女子文化修养的基本标准，女子弈棋已成风气。南宋时有位沈姑姑因棋艺高超，成为宫廷的棋待诏。后人有诗赞曰："评花赏月尽嬉娱，不惜光阴过隙驹。唱赚才宣陈伴伴，侍棋又唤沈姑姑。"历代吟咏女子弈棋的诗歌有很多，比如南宋刘镇写过《八岁女善棋》诗，赞扬了一位喜欢下棋的女孩子。诗云：

> 慧黠过男子，娇痴语未真。
> 无心防敌手，有意恼诗人。
> 得路逢师笑，输机怕父嗔。
> 汝还知世事，一局一回新。

金代二女弈棋砖雕，山西襄汾曲里村金元墓出土

围棋在元代文人中仍然盛行不衰。关汉卿不仅是伟大的剧作家，也是个围棋迷，他在《不伏老》散曲中自我表白道："我也会围棋，会蹴鞠，会打围，会插科，会歌舞，会吹弹，会咽作，会吟诗，会双陆。你便是落了我牙，歪了我嘴，瘸了我腿，折了我手，天赐与我这般儿歹症候，尚兀自不肯休！"寥寥数语，把关汉卿对围棋等的酷好写得淋漓尽致。无独有偶，元杂剧《百花亭》中的王焕也矜夸自己的种种技艺："围棋递相，打马投壶，撇兰竹，写字吟诗，蹴鞠打诨，作画分茶……"可见元代文人的习尚中，围棋无疑是当时最风流的技艺。

第六章 宋辽金元游艺

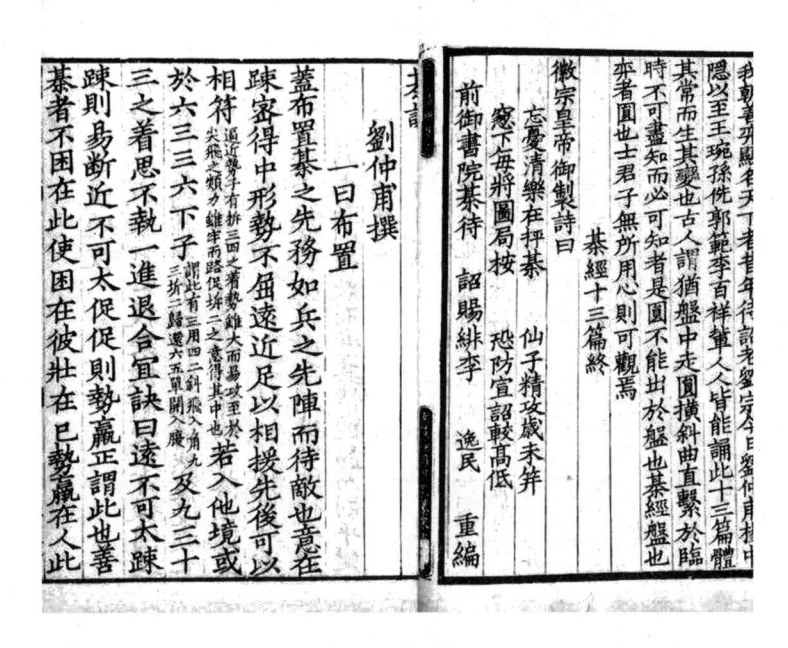

《忘忧清乐集》书影

宋元两代是中国围棋著作大量出现的时代，这与当时文人学者的努力分不开。据史书记载，宋元时的棋书有20余种，然而，流传至今的棋书仅有《棋经十三篇》《忘忧清乐集》《玄玄集》等7种。《棋经十三篇》是北宋张靖（一作张拟）撰写的围棋理论著作。《忘忧清乐集》是南宋李逸民所编，书名出自宋徽宗"忘忧清乐在枰棋"的诗句，是目前能见到的最早的棋谱集。《玄玄集》成书于元朝至正九年（1349），严德甫、晏天章辑撰。书中收有378个棋势图，反映了600多年前我国高超的棋艺水平，影响深远。此书后传入日本，被日本棋界奉为经典。

199

二、《七国象棋》和《投壶新格》

宋代市民阶层的发展需要更多娱乐性强的游艺种类，与围棋的高雅棋类相比，市民阶层更喜爱简明易学的象棋，所以象棋在宋代迎来它发展的重要时期，一是出现众多象棋新品种，二是现代象棋基本定型。

宋代人对象棋做了许多创造性的改造，出现了大象戏、小象戏、广象戏、七国象棋等新品种。元代马端临《文献通考·经籍志》记载多种象棋著作，都与传统象棋不同，如晁补之撰《广象戏图》，尹洙撰写的《象戏图》《棋势》，叶茂卿撰《象棋神机集》，成师仲编《三象戏图》，佚名《三国图格》和司马光《温公七国象棋》等。司马光（1019—1086）字君实，是北宋著名的政治家。他热心于对当时游艺的改革，先后著有《七国象棋》和《投壶新格》两部作品，创制了七国象棋，改革定型了投壶礼仪和规则。

现代象棋是二人游戏，棋盘纵9路横10路，中间有河界，双方各有16枚棋子，共32枚棋子。司马光自幼喜爱象戏，但是他又觉得两人对局的象戏不过瘾，于是对象棋进行了大胆改进，把棋盘扩大到纵横19路，实际上就是利用围棋盘，制成"七国象棋"。"七国象棋"分别代表秦、楚、齐、燕、韩、魏、赵等战国时期的七个国家，在棋盘中央设置"周"，作为天子正统。七国的棋子用不同颜色区分，每方各有17枚棋子，包括将、炮、偏、裨、弓、弩、行人各1枚，刀2枚，剑4枚、骑4枚。七国象棋是模仿战国七雄争霸的形势进行交锋的游戏。下棋的人数可多可少，仿效春秋战国时代的形势，秦与一国联合叫"连横"，秦以外的其他国家联合称"合纵"。七国象戏以吃掉对方将棋或俘获敌子10枚者作为胜利标志。这种七国象戏由于参加人数众多，往往会出现混战局面，然而又因为兵力互相牵制，下起来变幻无穷，具有很强的趣味性，所以受到人们的喜爱，常在宴会中玩，作为劝酒助兴的玩意儿。南宋时，七国象棋谱刻印面世，元代陶宗仪将《温公七国象棋》一卷收入《说郛》之中，清代叶德辉重刊翻刻《七国象棋局》。明代谢肇淛对七国象棋很不感兴趣，他在《五杂俎》中说：广象棋和七国象棋都摆脱不了儒生的迂腐，其典型案例是北魏名儒游肇创制的"儒棋"，简单地将儒家思想变成棋戏，棋子直接写成"仁、义、礼、智、信"和"善、敬、德、忠、顺"，游戏以"退让为节，不先斗争"为原则。谢肇淛认为，儒棋、七国象棋属于无趣味的棋戏，还不如去读书。

后来，"温公七国象棋"游戏传到朝鲜，称为《古局象棋局》随后又从朝鲜传到日本。日本古书上记载，在十一代将军德川家治时，朝鲜向江户幕府送去了七国象棋。德川家治非常感兴趣，随后在贵族富商间流行，成为一种供人游乐的玩意儿，并影响了日本的将棋。

宋代还有一种"三国象戏"。《郡斋读书志》《文献通考》等著作中都注录了《三国图格》《三象戏图》两部著作。由于原书已佚，详细玩法无从得知。清康熙年间，安徽有位学者郑晋德，人称破水道人，创制了一种同时可供三人相弈的"三友象棋"，撰写了一部《三友棋谱》。三友象棋的棋盘由三张半幅的象棋盘围成一个三角形，棋子基本上同象棋棋子一样，只是"将""帅"分别换成

"魏""蜀""吴",共 48 枚棋子,分成黑、白、红三色,每方认定一色。由于棋盘鼎足三分的局面,所以一国的棋子每走一步,会影响其他两国,棋局变化多彩,弈者乐趣倍增。如有一方的主棋——魏、蜀、吴被吃掉,就算输棋。很可能,"三友象棋"就是宋代的"三国象戏"。"七国象棋"和"三国象戏"对现行象棋的定型和发展起到了积极的促进作用。

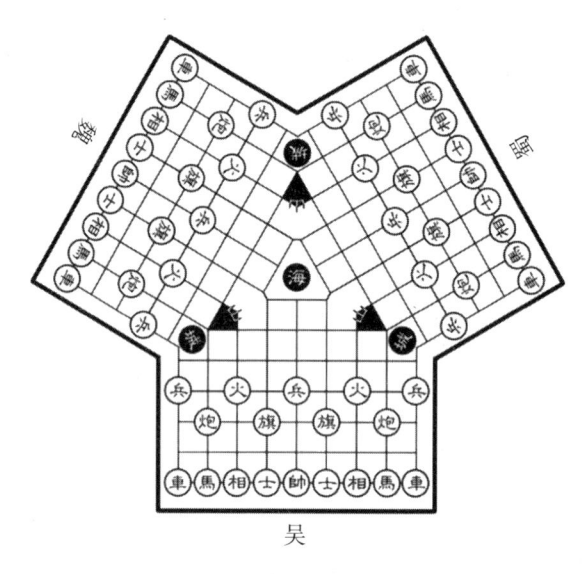

三国象棋示意图

自秦汉以后,投壶始终是古代礼制的一部分,属于贵族阶层的高雅游戏。经唐五代到宋代,市民阶层不愿接受烦琐的礼仪限制,投壶的娱乐功能愈来愈强,成为休闲和宴饮不可缺少的游戏,投壶的花样也层出不穷,原有的伦理教化功能逐渐衰弱。司马光以传统儒学为标准,对投壶的世俗化很不满,认为"旧有的投壶格恶其多取奇中者,以为侥幸，因尽改之"。他认为当时的投壶玩法不合礼制，多为奇巧侥幸的投法，应该依照儒家礼仪进行改革，为此撰写了《投壶新格》。此书对古代的投壶活动做了总结，对投壶的意义和规则做了详细的阐述。司马光认为："投壶细事游戏之类，而圣人取之以为礼。投壶可以治心，可以修身，可以为国，可以观人。"投壶虽是一种游戏，但亦是圣人用来教育人们修身治心的礼仪，它可以"养志游神"，解决疲劳，可以"合朋友之和""饰宾主之欢"。他改革投壶规则的核心思想是儒家的中庸之道。他说："投壶者不使之过，亦不使之不及，所以为中也。"所以司马光将许多奇巧的投法删去，或者不算分数，比如有一种投法叫"倒中"，是将投箭倒入壶中，旧的投壶规则计为一百二十筹，"倒耳"是将投箭倒入壶耳中，旧的投壶规则算为满筹。司马光认为这两种投法将投箭"颠倒反覆，恶之大者"，属于叛逆之道，全部删去。其他如"倚杆""倒耳""龙首""狼壶""带剑"等新奇投法都从旧规则的高分数改为不计算分数。《投壶新格》对投壶游戏的发展产生正反两方面的影响：一方面对历代投壶礼仪和规则做了总结，起到集成与规范作用；另一方面限制了投壶新巧技巧的发展，借此维护儒家伦理礼制的权威。司马光的《投壶新格》对后世的影响主要在国家礼乐制度层面，明清两代宫廷礼乐制度基本遵循司马光所制定的投壶礼仪和规则。

两宋时期的民间投壶活动并没有受到司马光《投壶新格》的影响，依然盛行于文人士大夫之中，成为倦怠后的休闲娱乐活动。《邵氏闻见录》记载：学者胡瑗告诉太学学生："久坐，于气血有伤，当投壶游息焉。"投壶游戏大都在宴饮雅集中进行，是款待宾客的重要

仕女投壶插屏，纽约大都会博物馆藏

内容。北宋诗人刘子翚《投壶》诗云："暇日宾朋集，投壶雅戏同。"李壁《投壶》诗则戏说自己射箭力不从心，下棋又太费脑筋，还是投壶好，可以兼顾休闲学习礼仪。"弯弧力不任，棋局思虑费。不如习投壶，闲暇可观礼。"陆游不仅诗歌名扬古今，而且也是历史上少见的玩家，他精通围棋，喜欢养猫，对各种游艺都有涉及，比如投壶，他在《东篱三首》诗中说："陪客投壶新罚酒，与儿斗草又输诗。"今天陆游手风不顺，与朋友投壶被罚酒，和小儿玩斗草也输了，罚作诗一首。司马光擅长投壶，有时与朋友争论文章优劣，难以统一意见，竟用"投壶以决之"。虽然司马光主张按照儒家思想制定投壶规则，但是他认为投壶是一种款待宾客朋友的娱乐活动。他在《张明叔兄弟雨中见过，弄水轩投壶赌酒，薄暮而散，诘朝以诗谢之》诗中记述在洛阳独乐园弄水轩，司马光与张明叔兄弟饮宴投壶的情景，在欢乐游戏中阐释了自己的投壶理念。诗云：

喜君午际来，凉雨正纷泊。
呼奴扫南轩，壶席谨量度。
轩前红蘤开，蒙下鸣泉落。
必争如五射，有礼异六博。
求全怯垂成，倒置畏反跃。
虽无百骁巧，且有一笑乐。
交飞觥酒满，强进盘飧薄。
苟非兴趣同，珍肴徒绮错。

投壶在隋唐时已经传入朝鲜、日本等东亚各国。《隋书》记载朝鲜半岛百济的风俗时说："俗尚……投壶、围棋、樗蒲、握槊、弄球之戏。"《高丽史节要》卷八记载：高丽睿宗丙申十一年（1116）十二月，相当于北宋政和六年，睿宗命大臣讲解《礼记》，并说："投壶古礼也，废已久矣。宋帝所赐其器，极为精备，将试之，卿等可纂定投壶仪，并图以进。"说明宋朝皇帝曾将投壶送给高丽国王，朝鲜也曾恢复投壶礼仪。投壶在日本则几经盛行和衰落，奈良时期（710—794）投壶之戏传入日本，日本古书《本朝世纪》记载，天皇曾经打听正仓院收藏的唐朝投壶的具体玩法，如今在奈良正仓院还收藏唐代铜投壶和矢 23 支。这件铜投壶非常精美，壶体涂金，雕刻山水、人物、花鸟、云朵纹饰，纤巧流动，壶颈微短，与司马光《投壶新格》一书所载的投壶形制不同，反映了从汉代到宋代以后投壶形制的演变。大约到德川幕府时（1603—1867）投壶再度流行，甚至出版了专门的投壶著作。这时期日本出现一种新的游戏形式，名叫"投扇兴"之戏。"投扇兴"游戏仿效投壶，用具是扇子、木枕、蝶形三种。蝶是形如银杏叶子，两边坠铃铛的小牌子，木枕是桐木做的四柱形小台子。游戏的人跪在地毯上，距小台子一米多，将展开的折扇向小牌子投去，将它击落便算得胜。

日本正仓院藏唐代投壶

三、中国象棋的定型

中国象棋的形制，经过北周象戏、北宋的七国象棋以及"广象戏""大象戏"的发展演变，至北宋末年逐步出现了棋盘纵十路，横九路，有河界、九宫格，棋子32只，有将、车、马、炮、卒等棋子的象棋，中国象棋逐步趋于定型。

宋人曹勋在记述北宋徽、钦二帝被金朝掳去情况的《北狩见闻录》中说：赵构的生母韦妃，曾用象棋子，外面包着黄罗，把康王（**赵构当时是康王，后为宋高宗**）字帖于将子上，并焚香祈祷说："今三十二子俱掷于局，若康王字入九宫者，主上必得天位。一掷，其将果入九宫，他子皆不近。"天津博物馆藏宋代画家萧照绘制的《中兴瑞应图卷》，第一段画的就是韦妃用象棋子占卜的情节。可见，北宋末年象棋的形制与现代象棋没有太大差别了。它不但有"将"，有"九宫"，而且一共有32枚棋子。

近年来的考古发掘，曾出土众多宋辽金元时期的象棋遗物。1972年江西安义县出土了一副宋代末年的铜象棋，共32枚，有将、士、相、车、马、炮、卒。棋子正面铸有楷书阳文，背面铸有与阳文相应的各种象形图案。福建泉州宋代沉船、四川江油、河南开封、甘肃西和县等都出土过宋代象棋子。中国历史博物馆藏宋代铜质象棋子，呈圆形，共32枚，正面铸阳文楷书，背面铸有相应的图案。将的图案是一位头戴展脚幞头，身穿战袍，腰挂长剑的武将；象是一头身披毡子的大象；车是一人推一人拉的双轮车；砲是一架抛石机。象棋棋子

宋代萧照《中兴瑞应图卷》（局部），天津博物馆藏

字体刚劲有力，图案造型逼真，反映了宋代象棋棋子制作的高超水平。2002年在甘肃武威西夏墓中发现一枚铜象棋棋子，一面是汉文"士"，另一面是西夏文。1985年在吉林省农安县发现的金代窖藏中，出土一枚铜质象棋子，面铸楷书"卒"字。1956年，在元大宁路故城遗址（今内蒙古自治区乌达盟宁城县大明城）出土铜质象棋棋子，共将、士、象、车、马、炮、卒七种，一面是图像，一面是文字。杭州南宋官窑博物馆和景德镇民窑博物馆收藏有宋代制作象棋子的陶范模，非常珍贵。这些考古象棋棋子遗存说明中国象棋在各民族聚居地区广泛流行，反映了古代各民族之间的文化交流。

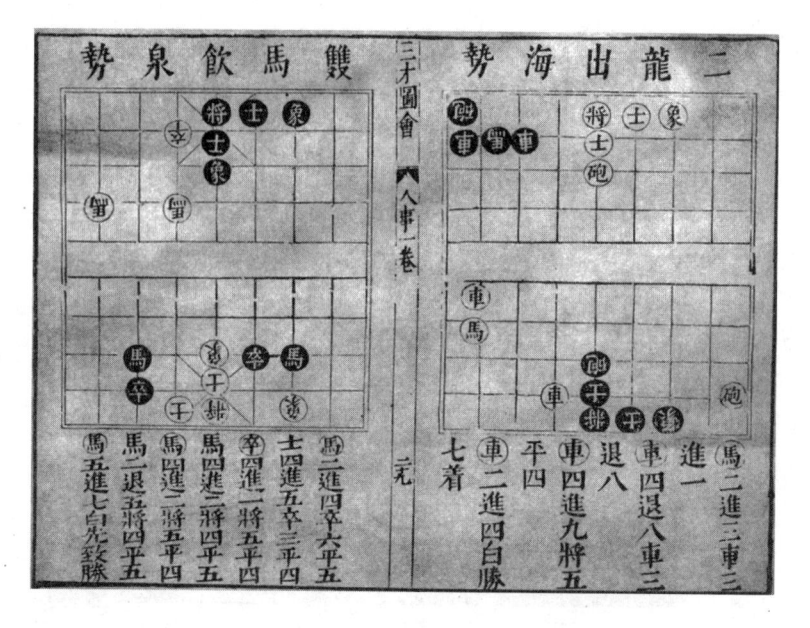

明代王圻、王思义辑《三才图会》收录的象棋谱

　　到南宋和元代，中国象棋进一步定型和发展，其艺术性和娱乐性都大大加强，受到当时人们的喜欢。南宋的都城杭州出现专门制作象棋的手工业者。从《西湖老人繁胜录》等中得知，当时杭州的商铺中出售象棋棋子和象棋棋盘，象棋用具的普及说明象棋活动已经成为人们娱乐生活中的重要内容。元代象棋活动的普及程度绝不逊于前代。在山西洪洞县水神庙壁画中，有一幅下象棋图：二人正在聚精会神地下象棋，二人旁立观看，另外有二人刚刚赶来，形象极为生动。元话本《快嘴李翠莲记》中有一段话云："人人说道好女婿，有财有宝又豪贵；又聪明，又伶俐，双六、象棋、通六艺。"好女婿的标准之一就是会下象棋，象棋成为元代市民阶层游艺技能的重要内容。

山西洪洞水神庙元代壁画《下象棋图》

　　南宋及元代的象棋形制，在这一时期的诗文中也有所反映。南宋诗人袁说友《与副伴王领卫论弈象》诗云："轻兵三十二，一著见安危。匹马渡河日，单车驰敌时。棘门漫儿戏，泚水付枰棋。小试平戎手，将军更出奇。"同时代的诗人刘克庄对象棋颇为爱好，作《象弈一首呈叶潜仲》长诗，诗云："小艺无难精，上智有未解。君看橘中戏，妙不出局外。屹然两国立，限以大河界。连营禀中权，四壁设坚械。三十二子者，一一具变态……"这两首诗都是描写宋代象棋的珍贵史料。从诗句中可以看出当时棋制与今已别无二致，如棋盘有界河、九宫，有棋子共32枚，有车、马、将等各种棋子。南宋张明中有首《赠棋客黄尤工象棋》诗，说明当时已经擅长象棋的高手。南宋人陈元靓编的《事林广记》是一部日用百科类书，书中收录了两个象棋全局和一个残局，以及"象棋子法"和"象棋十诀"等象棋理论，这是现存最古老的象棋口诀和棋谱。

南宋抗元民族英雄文天祥十分喜欢下象棋。明代朱国桢《涌幢小品》说："文丞相嗜象弈，……暑日喜溪浴，与周子善于水面以意为枰，行弈决胜负，愈久愈乐，忘日早暮。"文天祥与周子善在水中不用棋盘口弈象棋，也就是下盲棋，可见文天祥象棋水平之高。文天祥抗元失败，被俘后囚禁北京牢狱中，除了读书写诗外，仍然下象棋，可以说，象棋陪伴他一生。

中国象棋在北宋末年基本定型，并开始传入朝鲜、日本等亚洲国家。明清两朝，来华的朝鲜使团往来频繁。使团有关人员将其在华时的所见所闻著录成书，在朝鲜统称为《燕行录》。清代乾隆年间朝鲜使者《燕辕直指》卷五记载：中国的象棋"将不方行，士不正行，车行如我法，炮遇敌将击乃用梯，象行田，马行以日，卒有进无退"。朝鲜李朝时期，象棋依旧称为"象戏"，棋子和棋盘与中国的象棋相同，只是棋子的位置和走法略有不同，比如"象"和"马"的位置与中国象棋正好相反，"象"可以过河等。如今韩国称象棋为"将棋"。

四、蒙古草原上的棋戏

在宋元之际，在八八象棋、广象戏等一系列变革后，定型为现行的中国象棋，在我国北部边疆地区，蒙古族人民创造了极具民族特色的蒙古象棋，一直流传至今。学术界普遍认为，蒙古象棋和国际象棋同出一源，来自波斯象棋。大约在13世纪，随着成吉思汗蒙古大军

211

横扫欧亚大陆，中西文化交流进入繁盛时期，波斯象棋传入蒙古族聚居地区，在民间广泛流行起来。

蒙古象棋的棋盘纵横九条线，64个格，黑白相间，与唐代的八八象棋的棋盘相同（与国际象棋的棋盘也相同）。棋子双方各16个，共32个，与北宋末年定型的中国象棋的棋子数相同。棋子名目是塔、车、马、炮、驼、卒。蒙古象棋塔相当于汉族象棋的将帅，居中的右边，炮居中的左边。车、马、驼分列左右，卒横在最前面。棋子都放在方格之内，不在线上，而且都是立体的，雕刻成各种形状。如，"塔"雕刻成蒙古王公形象，"车"为马拉棚车形，"卒"多刻成摔跤、奏乐、读书等侍从形象，"马""驼"则刻成各自的形象。我国的象棋棋子在唐代是立体的，到北宋中叶改为平面。蒙古象棋则保持唐代象戏的旧制。北京故宫博物院藏有木制彩漆蒙古象棋，立体棋子，形态各异，共32枚，双方各设有将、后、炮、马、车、象、卒，将雕刻为清代骑马武将，顶戴花翎，身穿黄马褂，背佩弓箭袋。炮是狮子形，车为马拉棚车形，车内端坐一人，马做成站立的马形，象则是骆驼形，卒的形象一边是清朝官员，另一边是僧侣。内蒙古博物院收藏有清代至民国时期的数套蒙古象棋，包括清代木雕彩绘施酮油蒙古象棋、红木莲座蒙古象棋和民国方桌式蒙古象棋。这些珍贵的蒙古象棋雕刻细腻，造型生动，印证了蒙古族棋类游艺的传承和清代各民族间的文化交流。

蒙古象棋的玩法也很有趣，马可以横行六格，驼可斜行，不限格，卒子直行，到底后可回头走，其作用相当于车。直到塔被吃，才算决出胜负。蒙古象棋最初在蒙古族贵族和僧侣中流行，后来传入民间，所以直到明清两代才被汉文文献记载。如今在内蒙古，蒙古象棋有了很大的发展，成立了蒙古象棋协会，经常举行比赛，大草原上牧民们围坐对弈，传承着悠久的民族游艺文化。

蒙古象棋，北京故宫博物院藏

在蒙古草原上，还广泛流传着一种叫作"鹿棋"的游艺活动。内蒙古自治区境内的蒙古牧民称鹿棋为"鲍格因吉勒格"，而在杜尔伯特草原上，因其棋子用髀骨（嘎拉哈）做成，故又称其为"孛根吉拉嘎"。

古鹿棋棋盘历史悠久。1948年至1949年，蒙古人民共和国境内的蒙古古都哈剌和林的窝阔台汗宫中，出土了一件鹿棋棋盘，其格式与现代流行的鹿棋完全一样。窝阔台汗宫名曰万安宫，建于1235年，说明鹿棋是当时宫中的娱乐项目，距今有六七百年的历史。1981年在内蒙古霍林河矿区金代界壕边堡遗址中也出土一件鹿棋棋盘，以方砖刻画而成，宽18厘米，残长5厘米。

鹿棋棋盘古今变化不大，通常棋盘呈方形，由5条经纬线和6条斜线交叉成四个"米"字形方格。在相对的两侧各有一座"山"（蒙古语称"乌拉"），一个成尖顶形，一个成平顶形。棋子是两只"鹿"和24条"猎狗"。一方持"鹿"子，另一方持"狗"子。对弈之前，两枚"鹿"子分别置于棋盘的两端外线两山入口处，8枚"狗"子占据棋盘内线8处。

对弈开始，执"鹿"子的一方先走，跳过一只"狗"，这只"狗"就算被吃掉了。但遇到两只"狗"横在前面，"鹿"不能跳吃，只能向空白处移动。执"狗"子的一方每次可在棋盘上添放一子，设法造成两"狗"相连的局面，阻止"鹿"跳吃和移动。"鹿"尽量跳吃"狗"，"狗"尽量围困"鹿"。如果24枚"狗"子放完，"鹿"子仍然畅通无阻，没有被困死，则"鹿"子方胜；如果"狗"子把"鹿"子赶到山上，不能再走，则"狗"子方为胜。

鹿棋充分体现了蒙古族草原围猎的生活，具有浓郁的民族气息。鹿棋下法简捷，通俗易懂，又变化多端，饶有趣味，所以深受蒙古人民的喜爱。

在内蒙古霍林河矿区金代界壕边堡遗址中还出了两件连棋棋盘和棋子。连棋，也就是九子棋，它的起源同样非常古老，可以追溯到公元前1400多年的古埃及，曾经风靡世界，至今不衰。金代蒙古草原上流行的连棋，比西方传统的九子棋多出了四角的斜线，是一种变种，叫十二子棋。传统九子棋每人九子，轮流置子于棋盘交叉点上，设法使三子连成一线，即可吃掉对方未成线的一子。直到一方少于三子，则另一方获胜。十二子棋比九子棋更复杂和激烈。蒙古族棋类游戏的发展历史非常悠久，而且与西方棋类游戏的相互联系非常紧密。

五、李清照与《打马图经》

提到李清照，便会想起她那"莫道不消魂，帘卷西风，人比黄花瘦"清丽凄凉的词句。李清照，号易安居士，山东济南人，是我国古代杰出的女作家。她多才多艺，不仅词、诗、文有很深的造诣，工书善画，精通音律，而且对博弈之类的游艺颇有研究。她在南宋绍兴四年（1134）写的《打马图经序》中说："予性喜博，凡所谓博者皆耽之，昼夜每忘寝食。"她玩博戏着了迷，常常忘记了吃饭睡觉。

她在序文中，对宋代博戏的发展状况做了总结，提出了自己的游艺思想。她认为，游艺的最高境界在于专心致志，只有贯通棋理，精心一艺，便可使自己的技艺达到极妙的地步，即所谓"慧则通，通则无所不达；专则精，精则无所不妙"。她举出一连串生动的事例来证明：庖丁解牛，莫不恰中节理，一会儿就把一头庞大的牛肢解完毕；郢人举起斧头，迅速把一个人鼻尖上的一抹白粉砍掉，而鼻子毫无损伤；音乐家师旷辨音的能力特别强；离娄能察秋毫之末于百步之外。这些绝妙的技艺都是专心致志、锲而不舍的结果。李清照认为，这一点上至学习圣人之道，下至博戏娱乐，莫不适用。正因为李清照具有潜心笃志、孜孜以求的认真态度，所以她对中国古代博戏的研究和发展做出了许多贡献。

李清照对古代博戏下过一番整理工夫，搜集了许多博具，但"靖康之难"金军灭亡北宋，李清照随丈夫金石学家赵明诚逃到南方，"流离迁徙，尽散博具"。李清照在《打马图经序》中根据自己多年的研究，对宋代博戏的状况做了概述。她说：当时长行、叶子、博塞、弹棋等已失传，樗蒲、鼗融等已渐趋废绝，选仙图之类的游戏单纯靠运气，不能启发人的智慧。只有围棋、象戏最流行，但又仅供二人玩，也有缺陷。李清照认为，"打马"游戏简明有趣，可以几人一齐玩，是"博弈之上流，闺房之雅戏"。

李清照十分推崇的"打马"是一种什么样的游戏呢？据李清照根据民间打马活动整理编写的《打马图经》记载：宋代的打马游戏有三种，有一将十马的打马称作"关西马"；没有将，只有二十马的称作"依经马"。这两种打马游戏流行已经很久。到宋徽宗宣和年间（1119—1125），有人把"关西马"和"依经马"相互结合，创制"宣和马"的玩法。"关西马"和"宣和马"因没有史料流传下来，现在我们已无法知道它的玩法，而"依经马"因为李清照的喜爱，将它的图谱、玩法记录下来，写成《打马图经》，才使我们可以了解"依经马"的玩法。李清照的《打马图经》实际上只是打马游戏中有关"依经马"的著作。

"依经马"所用的棋盘与象棋盘完全一样，四周绘有九个关隘，分别以地名和官署名来命名，如："赤岸驿"（今陕西大荔县西南）、"玉门关"（今甘肃敦煌西北）、"函谷关"（今河南灵宝东北）等都是地名，而"太仆寺""飞龙院""沙苑监"都是古代掌管养马的官署。关隘之间各有八站，分别以古代名马的名称来命名。玩的人用三枚骰子，按所掷点数之和行棋，行棋中可以走数步，可以倒退，还可以打掉别人的马。谁先将自己的 20 个棋子，闯过九道关隘，走到终点，便是胜利者。

唐代铜质贞观十骥打马格钱，福建博物院藏

打马所用的"马"，也就是棋子，称为"打马格钱"，最早出现在唐代，现存的打马格钱主要是宋元时期的遗存。富贵之家的打马格钱用犀角或象牙刻成，普通人家则用铜铸成。棋子大小如铜钱，一面雕刻各种姿态的马图，一面刻有文字，包括名将和名马的名字，如齐将田单、秦将白起、赵将廉颇、蜀将马超等；名马则更多，如赤兔、汗血、乌骓、渥（wò）洼、赤骥、绿耳、渠黄等名马。史书上记载：西汉武帝时，从西域的大宛国得到一种良马——汗血马。相传它是天马的后代，可以一日千里。"渥洼"在今天的甘肃省安西县，是党河的支流。相传古时候，人们在这里得到一种神马，称这种马为"渥洼"。"赤骥"、"绿耳"和"渠黄"，相传是周穆王的三匹良马，属于有名的"八骏"。这些名马图所雕刻的骏马或奋蹄疾驰，或缓辔徐行，矫健骁悍，十分可爱，宛如一幅幅精彩动人的骏马图。

打马游戏盛行于宋元两代。宋徽宗《宫词》云："一局平分出四边，到窝仍与度关先。终朝打马为娱乐，不顾频输万亿钱。"南宋诗人陆游曾有"冷落秋千伴侣，阑珊打马心情"的词句。南宋《西湖老人繁胜录》中说当时杭州市井中有专卖"打马图"的商人。元代散曲中也提到这种游戏。《逞风流王焕百花亭》杂剧第一折中，小二哥夸赞书生王焕："此生世上聪明，今时独步，围棋、打马、投壶、蹴鞠，……九流三教事都通，八万四千门尽晓。"此外，在元代杨朝英编的《太平乐府》、明朝无名氏辑《盛世新声》等散曲集中也提到了打马。

除了李清照的《打马图经》外，宋朝还有多种打马著作。如郑寅的《打马图式》、无名氏编的《打马格局》、谢景初的《打马格》和宋迪的《打马格》等。这说明宋代打马游戏十分流行，有不少人研究它并写成著作。可惜的是，除李清照的《打马图经》外，其他著作未能流传至今。

明朝以后，打马依然流行于南方。明末清初时的学者周亮工在《书影》一书中说：他的朋友杭州人陆骥武在福建重刻李清照的《打马图经》，并用犀象蜜蜡制作打马钱，一度在福建等地颇为流行。明朝皇宫中流行一种"走马"游戏，便是打马的变种。到清朝以后，打马游戏便逐渐失传了。

六、宋徽宗的马球诗

北宋靖康二年（1127），金朝大将粘罕、斡离不率兵攻陷汴梁，掳走宋徽宗和宋钦宗，灭亡了北宋。五月十九日，徽宗等人行到真定府（今河北正定）后，金人邀徽宗入球场观看打马球。金人请徽宗赋一首马球诗。徽宗勉强作诗云："锦袍骏马晓棚分，一点星驰百骑奔。夺得头筹须正过，无令绰拨入邪门。"诗句中隐约流露出一股哀怨之情。不久，金将斡离不在途中打球为乐，岂料受寒生病而死。这件事记载在《三朝北盟会编》和《北狩见闻录》中。在金朝建立前，马球已经自契丹人那里传入女真人中。《金史·礼志》记载："射柳、击毬之戏，亦辽俗也，金因尚之。"1983年，在山西襄汾县曲里村一座金元墓葬中，发现了12块彩绘马球砖雕，形态各异，栩栩如生地刻画了人们头扎软巾，身着长袍，足蹬马靴，左手执缰，右手执偃月形球杖，追逐击球的真实形象。曲里村墓属于平民墓葬，也用马球来装饰墓室，说明打马球在民间非常普及。元朝傅若金《金人击鞠图》诗云："古来北方善骑射，材力往往矜豪雄。吾观金人击鞠图，意气已欲横土中。"

金元时期打马球砖雕，山西襄汾曲里村金元墓出土

辽代的马球源自中原地区。《辽史·穆宗本纪》记载：辽穆宗应历三年"汉遣使进球衣及马"。汉是指五代时建国在太原一带的北汉。辽代称马球为"击鞠"，金代则多称"击毬"。辽金两代时，上至皇帝大臣，下至士兵百姓都热衷于击鞠，其风靡程度堪比唐朝。以《旧唐书》与《辽史》《金史》作个比较，《旧唐书》中讲到与击鞠有关的史料有22条，《辽史》提到击鞠就有40次，《金史》讲到击毬也有41次。可见击鞠在辽金两代非常盛行。契丹人、女真人都以游牧为主，有着骑射传统和尚武精神，所以马球深受他们的喜爱。

辽圣宗耶律隆绪通晓音律，善诗文绘画，汉文化水平很高。他痴迷击鞠，曾经"击鞠无度"。谏议大夫马得臣，专门上奏章切谏，说："今陛下以球马为乐，愚臣思之，有不宜者三，故不避斧钺言之。窃以为君臣同戏，不免分争，君得臣愧，彼负此喜，一不宜。跃马挥杖，纵横驰骛，不顾上下之分，争先取胜，失人臣之礼，二不宜。轻万乘之尊，图一时之乐，万一有衔勒之失，其如社稷、太后何？三不宜。"辽圣宗对马得臣大加赞赏，从此击鞠、狩猎之事大为收敛。《辽史·马得臣传》记载了这件事。

辽代马球所用的球是皮的，杖用藤的，与中原地区木制的球和球杖不同。1990年，在内蒙古敖汉旗宝国吐乡辽墓中发现一幅《马球图》壁图。图上共有五位契丹人，正在手执球杖，骑马争夺飞起的红色马球，五人中有三个戴白帽，一个戴绿帽，另一个把头发盘系在头上，球门摆在两端，骑者奔驰追逐，举杖争抢，充满动感。赤峰市敖汉旗七家辽墓、河北省宣化市辽墓也出土马球图壁画。这些壁画为了解辽代马球活动提供了珍贵的历史资料。金代击鞠的规则基本沿袭辽代旧制。《金史》卷三十五记载："击毬,各乘所常习与,持鞠杖。杖长数尺,其端如偃月。分其众为两队,共争击一毬。先于毬场南立双桓,置板,下开一孔为门,而加纲为囊,能夺得鞠击入纲囊者为胜。"金代马球所用的球大小如拳,用软木制成,外饰红漆,球杖为偃月形,与唐宋两代马球用具基本一致。

到了元朝,马球仍然是人们生活中重要的娱乐活动。《析津志》记载元大都的马球情况说:击鞠都用上等骏马,装饰漂亮的雉尾璎珞和银铃,先是一马前驰,将用皮革缝成的软毯子掷在地上,群马争骤,各以长藤柄毬杖争抢。然后打入球门,中者为胜。元代名臣王结《文忠集》中说:当时"颇闻人家子弟,多有不遵先业,游荡好闲,或蹴鞠、击球;或射弹、粘雀"。可见,踢球、打球是民间的一种消闲娱乐。《元宫词》中云:"王孙王子值三春,火赤相随出内门。射柳击球东苑里,流星骏马蹴红尘。"就是说王子王孙也参加马球活动。元初大将张弘范在《淮阳集》中有《击球》诗:"锦绣衣分上下朋,画门双柱耸亭亭。半空彩杖翻残月,一点绯球并落星。"这首诗生动地描述了当时打马球的情景。中国的马球活动,经辽、金、元三朝并没有中断,而是继续发展,其风俗传至明朝,到清初,马球就基本绝迹了。

七、中国古代的"高尔夫球"

学术界对高尔夫运动起源问题争论不休,苏格兰、荷兰、日本、中国等国家的学者都认为高尔夫最早起源于自己的国家。从现代高尔夫运动的发展历史来看，普遍公认现代高尔夫运动起源于14世纪苏格兰，但是为什么一些国家还在讨论高尔夫的起源问题呢？这是因为球类游戏起源最早，一些国家历史上存在与高尔夫相近的球类游戏。在欧洲出现高尔夫球的二三百年前，中国也有一种用球杖击球，以将球击入球穴多少定胜负的游戏，名叫"捶丸"，是中国古代的"高尔夫球"。

捶丸之戏盛行于宋金元明四朝，但它最早源于唐代的"步打球"。唐代帝王、贵族爱好马球，由于骑马击球的奔腾迅猛，往往发生摔伤事故，因而为了适应贵族妇女不善骑马的需要，出现了一种徒步持球杖打球的游戏方法，名叫"步打"。唐代诗人王建《宫词》诗中有"殿前铺设两边楼，寒食宫人步打球。一半走来争跪拜，上棚先谢得头筹"的诗句，说明这种用球杖击球的步打，在一千多年前的宫廷妇女中已经十分流行。

宋元之际，步打逐渐发展为捶丸之戏。宋代宫廷中常常专门为皇室贵族举行捶丸活动，供他们游乐。捶丸活动也受到儿童的喜爱。宋代苏汉臣《庭院婴戏图》绘有两个儿童各持小杖击球的生动形象，上有乾隆御题诗一首，诗云："汉臣人物称精工，多作货郎官布事。此幅却看具别撰，蕉阴球击双童戏。"元代宁志斋老人所著《丸经》叙中也说：宋徽宗和金章宗都喜好捶丸。在山西洪洞县水神庙明应王殿的壁画中，有一幅绘于元朝泰定元年（1324）的《捶丸图》。图上，在云气和树石之间的平地上，两位身穿红袍的男子，手持球杖，各据一方。左一人俯身做击球姿势，右一人侧蹲注视前方地上的球穴。稍远处有两个侍者各持球棒，全神贯注地观看双方捶丸。这幅壁画生动地反映出元代捶丸的真实情况。

宋代苏汉臣《庭院婴戏图》摹本，原本北京故宫博物院藏

元世祖至元十九年（1282），一位以"宁志斋"为书斋名字的老人，总结过去和当时捶丸活动的方式和规则，著成《丸经》一书。这本书共二卷，三十二章，详细记述了捶丸的场地、用具、活动人数、方式、裁判规则等。宁志斋老人认为捶丸有益健康，尤其是对终日坐读、筋骨不舒的文人士大夫，可以"养其血脉，以畅四肢"。从事捶丸活动，先要选择有凸、凹、坡、坎等地形富于变化的场地，掘好一定数目的球穴，然后按分班对抗、多人对抗或二人单打三种形式，确定活动方式。活动开始，在离球穴60至100步的地方，用鹰嘴状或橘瓣状球杖将球击入球穴。三杖内击入者得一筹，如有犯规者，则少

计一筹或倒扣一筹,最后以得筹多少定胜负。《丸经》是中国捶丸活动的唯一专著,因此显得十分珍贵。

  捶丸之戏,在明代的较大城市中仍很常见。明朝人周履靖在重印《丸经》跋中说:他年轻时游历全国城镇,看见许多人都玩捶丸。明宣宗朱瞻基亦爱好捶丸之戏。北京故宫博物院藏有一幅《明宣宗行乐图》长卷,其中一段,描绘朱瞻基亲自下场捶丸的情景,为明代的捶丸活动留下了直观生动的记录。明代著名画家杜堇临摹五代周文矩《宫中图》创作长卷《仕女图卷》,描绘宫廷女子的休闲娱乐场面,有蹴鞠、弹奏、写真、梳妆、戏婴,也有几个仕女在林中玩捶丸的画面,展现了明代仕女丰富多彩的生活面貌。明宪王朱有燉《元宫词》写到宫廷捶丸,诗云:"苑内萧墙景最幽,一方池阁正新秋。内臣净扫场中地,官里时来步打球。"

明代杜堇《仕女图》(局部),上海博物馆藏

及至清代，捶丸之戏在中国急剧衰落，甚至绝迹。清朝末年，随着西方列强的侵入，现代高尔夫运动逐渐传入中国。

中国的捶丸与近世欧洲所流行的高尔夫球有不少相似之处，如都有球穴，都用带有弯头的球杖，以击入球穴多少定胜负等。学术界对欧洲高尔夫球是否源于中国的问题存在争论，一种观点认为，在蒙古帝国军队大举西侵时候，欧亚交通洞开，中西文化交流日益增多，捶丸之戏由来往于东西方之间的人带到了欧洲，逐渐在荷兰、英格兰等国传开，对现代高尔夫球的出现产生了深刻影响，表明捶丸是现代高尔夫球的始祖之一。另一种意见认为，捶丸虽然与现代高尔夫运动有诸多相近之处，但是有一点明显区别，即高尔夫是双手握杆进行击打，场地是宽阔的郊野平原或山地，而从传世的捶丸图来看，捶丸是单手挥杆的，场地多是庭院，因此，捶丸与现代高尔夫运动的起源并不相同。

八、婴戏图中的童戏

游戏是儿童的天性，是儿童成长过程中出自本能的有意识的活动，所以儿童的游戏是中国游艺史中重要的内容。儿童游戏题材的绘画在我国有着悠久的历史，学术界称之为"婴戏图"。婴戏图，顾名思义，就是表现儿童玩乐、游戏活动的绘画作品。婴戏图，用图画的形式展现了古代儿童们所从事的各种游戏和玩具，真实地呈现出古代社会生活的面貌，形象与文字互相印证，解决了史料中许多困惑，成为研究古代儿童游戏的珍贵资料。

中国儿童题材绘画的历史非常悠久，严格意义上的婴戏图产生于南北朝时期。《历代名画记》记载，南朝画家顾景秀、江僧宝都画过《小儿戏鹅图》。唐代擅长画儿童的画家则很多，如张萱、周昉、韩滉、戴嵩等人，《宣和画谱》等画史著作记载，唐朝人婴戏图作品有《村童戏蚁图》《逸牛戏童图》《牧童弈棋图》《小儿放鸢图》等。宋代时，婴戏图绘画艺术达到顶峰，画家之多，作品之多，取材之广，技巧之高，都为历代所不能比拟的。宋代市民阶层不断扩大，绘画风尚突破了描绘宫廷和贵族生活的限制，世俗生活趣味的写实主义作品成为主流，婴戏图在宋代绘画体系中具有重要地位，出现了刘宗道、杜孩儿、苏汉臣、李嵩、陈宗训等优秀的婴戏图画家。

北宋时，刘宗道最擅长画"照盆孩儿"，也就是孩儿用水盆戏水，画面"以水指影，影亦相指，形影自分"。人像倒影在水中，相映成趣。杜孩儿是北宋徽宗年间的画家，以画婴孩闻名，竟被人们忘记了真名。可惜的是，像刘宗道、杜孩儿一样，许多画家没有画作流传下来。

苏汉臣是两宋时期杰出的宫廷画家。史籍中缺乏苏汉臣详细的生平事迹，只知道他原是河南开封人，北宋沦亡后，徙居浙江钱塘，曾任北宋宣和与南宋绍兴画院中的待诏。他最擅长画婴戏，历代著录书目中记载苏汉臣婴戏图多达30多幅，包括《秋庭戏婴图》《重午戏婴图轴》《杂伎戏孩册》《灌佛戏婴图》《四婴图》《折桂婴儿图》《婴儿斗蟋蟀图》《婴戏图》《二童斗促织》《孺子放风筝》《货郎图》《浴婴图》《扫象图》《百子嬉春图》《蕉阴击球图》《桂丛婴戏图》等。苏汉臣的绘画风格属于宋代院体，重视写生，强调形似与法度，呈现造型准确，笔法严谨，色彩鲜艳的特点。明代顾炳在《画谱》中对其评价极高："汉臣制作极工，其写婴儿，着色鲜润，体度如生。熟玩之，不啻相与言笑者，可谓神矣。"清代戴文灯《洞仙歌·苏汉臣卖符图》词写道："古今人物，最婴孩难写。意态娇憨质而雅。记苏家擅此，别样才情。"

苏汉臣传世的作品中，《秋庭戏婴图》《冬日戏婴图》两幅作品现藏台北故宫博物院，学术界公认为苏汉臣真迹。其他作品是否是苏汉臣所作存在争议，包括《长春百子图》《灌佛戏婴图》《婴戏图》《百子嬉春图》《杂伎戏孩册》《货郎图》等画作。明清两代模仿苏汉臣作品的仿本众多，或是依据原作的临本，或是按照苏汉臣绘画风格的仿本，这些作品流传至今都成为探讨宋代儿童游戏状况的珍贵史料。

宋代苏汉臣《秋庭戏婴图》，台北故宫博物院藏

《秋庭戏婴图》绢本，高179厘米，宽108厘米，画上有乾隆御览之宝、石渠宝笈等十方印玺。画面上奇石耸立，芙蓉和雏菊盛开，花园内秋色浓郁，姐弟俩在桌上全神贯注地玩"推枣磨"游戏。画面的另一张圆几上，散放着刚刚玩过的转盘、小佛塔、陀螺、围棋棋子等玩具，一对铜钹随意放在草地上。苏汉臣以高超的笔法描绘出宋代儿童游戏的场景，真实地记述了当时玩具的形态。乾隆在此图上题诗云："庭院秋声落枣红，拾来旋转戏儿童。丹青讵止传神诩，寓意原存相让风。"

清代姜壎临仇英《婴戏枣磨图》（局部），南京博物院藏

　　"推枣磨"是一种古老有趣的玩具，孩子们选用一枚大枣，插上三根牙签作为立足，另一头将枣肉削去，露出枣核尖。另外用一根长

第六章 宋辽金元游艺

点的竹片，两头各插一枚枣子，两头的枣子必须重量相等，把竹片放到枣核尖上，轻轻一推，就可以转动。因为两枚枣儿旋转，形似两人推磨，所以名曰"推枣磨"。推枣磨的设计符合物体平衡和轮转的原理，取材于日常生活用品，体现出古代儿童的想象力和创造力。清代孔广镛、孔广陶合编的《岳雪楼书画录》中著录一幅苏汉臣《二童赛枣图》，说明孩童们玩推枣磨是要赌输赢的，奖品就是枣儿了。晚清画家胡锡珪有《元宵儿戏图》，图中两个孩童在比赛推枣磨，身边放了许多赢来的枣儿。很可能明清两代时推枣磨还有流传，明万历定陵出土的刺绣百子衣上绣有推枣磨的图案。

宋代苏汉臣《冬日戏婴图》（局部），台北故宫博物院藏

《冬日戏婴图》绢本，高196厘米，宽107厘米。画面有两个衣饰考究的孩童，似乎也是姐弟俩，在花园里游戏。玩物是一只黑白花

229

小猫，女孩手持一面方格锦旗来回摇摆，小花猫则随着他们手中的小旗、羽毛的摆动左右跳跃，孩子们和小猫其乐融融，毫无寒意。姐弟的神情、猫儿跳跃的姿态都描绘得细腻逼真、情趣盎然，体现了苏汉臣婉媚清丽的画风和精妙入微的描画功力。此图生动地说明，宋代家猫已经融入人们的家庭生活中，成为儿童们喜爱的宠物。

台北故宫博物院藏传苏汉臣《长春百子图》，描绘了儿童荡秋千、骑竹马、斗草、观画、下围棋、捉鸟、钓鱼、观鱼、划船、采莲、扑蝶、斗蟋蟀、蹴鞠、捉迷藏、耍刀枪、玩傀儡、弹琴、歌舞等游戏的情景。画面上户外庭院，四季景色分明，孩童尽兴玩耍，呈现出欢欣祥和气氛。《婴儿斗蟋蟀图》表现了四个小男孩聚精会神地蹲着斗蟋蟀的神态。后人说："桂树菊花，石栏外婴孺四，蹲踞斗蟋蟀，天机烂漫。"《水戏图》再现了宫廷教坊中女童演出的情景，明代易恒题诗曰："水戏新番小妓精，教坊初进未知名。立机倒运飞丸起，绝胜银盘弄化生。"《捕鱼图》描绘的是儿童戏水捕鱼的活动，清代诗人田雯《题苏汉臣画》云："十数婴儿妙入神，水边游戏任天真。翻嫌点尔童心减，冠者何须五六人。"

宋代，货郎是受人欢迎的流动小商贩。他们手摇拨浪鼓，头插商标，走村串乡，贩卖家庭零碎用品和儿童玩具。台北故宫博物院藏苏汉臣《货郎图》，南宋画家李嵩也擅长画《货郎图》，现今李嵩有四幅《货郎图》传世。对《货郎图》所售货物统计分析，现可以辨认的儿童玩具有：小鸟、鸟笼、小鱼、拨浪鼓、小竹篓、香包、不倒翁、泥孩儿、小壶、小罐、六角风车、雉鸡翎、小鼓、纸旗、小花篮、竹笛、竹箫、铃铛、转盘、木刀枪、竹蛇、面具、小灯笼、风筝、小竹椅、拍板、棒槌、扑扑噔、不倒翁、铜铙、皮毯、围棋、小骰子，等等，可见宋代玩具的种类繁多和儿童游戏的丰富多彩。

明人仿苏汉臣《货郎图》，普林斯顿大学艺术博物馆藏

宋代许多著名画家都画过以儿童游戏为题材的作品。比如，善画人物的画家田景《童子弈棋图》，画二个童子下围棋，"一则乘胜而矜夸，一则败北而悔沮"，形象栩栩如生。宋代佚名画家的《斗蟋蟀图》流传至今。画面上三个孩子在做斗蟋蟀前的准备，一个提着蟋蟀笼子在察看蟋蟀的动静；一个侧着耳朵在继续寻找草丛中蟋蟀鸣叫的方位；另一个伏在地上等候着，似乎是斗蟋蟀的评判者。南宋大画家马远所画《蟋蟀图》既不描绘捉蟋蟀，也不画斗蟋蟀，而只画一堵高墙

和一个孩童，孩童手提笼子，把耳朵紧紧地贴在墙壁上，认真地寻找着，这可谓独具匠心。

宋代人们喜欢在屏风、带具、瓷枕等民间器物上画戏婴图。宋代邵博《邵氏闻见录》记载：他的父亲，北宋理学家邵雍在朋友家，见一个枕屏上绘有一幅小儿迷藏图，于是题诗于上云："遂令高卧人，欹枕看儿戏。"宋代磁州窑和耀州窑以出产戏婴图瓷枕闻名于世。河南济源市出土宋代婴戏傀儡瓷枕，图中有三个童子，一个敲锣，一个吹笛，另一个坐在绣墩上，提着一根木杖，杖上有三根丝线悬一个木偶，古时叫悬丝傀儡。河北博物馆藏磁州窑宋代白地黑花婴戏纹瓷枕，两位身穿花衫、腰系缎带的童子，相对跳跃，神情紧张，原来其中一个孩童的头上落了一只鸟。绘画笔触简练，情趣盎然。宋代磁州窑瓷枕上还有放风筝、骑竹马、捶丸、垂钓、摔跤、赴鸭等图案。陈万里先生著《陶枕》一书中，收录宋板球图陶枕，枕上画一个小儿，手持一带柄板的东西，在做击球游戏。球板的形状很特别，如同一把张开的扇股，下部连接在柄上，可以一仰一俯地打球。这种球戏在文献中还未见到任何记载，人们习惯上称它为"板球"。美国纽约大都会博物馆收藏一件南宋时期的八角银盘，采用金属錾刻工艺，高浮雕刻画一幅宋代夏日庭园婴戏图，庭园花草茂盛，池塘莲荷开，八个孩童嬉戏玩耍，有骑竹马、撑荷伞、蹴鞠、戏猫和演剧等，生动再现了南宋时期孩童游戏的场面。

宋辽金时期的陶瓷枕流行婴戏图案，陶瓷枕婴戏图质朴无华，挥洒自如，寥寥数笔，便将儿童游戏时的神情表现出来，展现了宋代儿童天真无邪、朝气蓬勃的精神面貌，表达了人们对生活的希望与憧憬。

南宋庭园婴戏图银盘,纽约大都会博物馆藏

九、闲时节打髀(bì)殖

元代流行一种古老的儿童游戏,名叫"打髀殖"。关汉卿《哭存孝》杂剧第一折《后庭花》曲说:"他饿时节挝肉吃,渴时节喝酪水,闲时节打髀殖,醉时节歪唱起。"意思是说:饿的时候就抓肉吃,渴的时候就喝酪水(一种乳制品),空闲的时候就玩打髀殖,醉的时候就胡乱唱歌。李寿卿《伍员吹箫》杂剧第一折费无忌念白道:"我如今着我大的孩儿费得雄,他也是个好汉,常在教场中和小的们打髀殖耍子。"郑德辉《三战吕布》杂剧第一折孙坚念白:"某正在本处与小厮每打髀殖。"

从这些元杂剧唱词说白来看,"打髀殖"是人们闲暇时所进行的一种游戏,而且参加的人大多是儿童。那么,它究竟是一种怎样的游戏呢?

髀殖或髀石是汉语，蒙古语称为"石阿"或"失阿"，称"打髀殖的"为"石阿勒扎灰"。蒙古语的"髀石"即羊、獐、鹿等动物的蹄腕骨，也叫"羊距骨""羊拐子"或"背式骨"，打髀殖，又叫"击髀石"。清代高宝铨《元秘史李注补正》卷三，解释髀石："蹄腕之骨而莹泽如玉，故名曰髀石耳。"有时候为了增加髀石的重量，增加抛掷距离，要在髀石里灌入铜锡，或者用铜仿制髀石。明清时又称髀石为"贝石""嘎拉哈"。

在古代，人们收集各种哺乳动物的蹄腕骨，略加修饰后用作游戏玩具的风俗非常广泛。在距今3300多年古埃及图坦卡蒙的墓葬中，伴随古埃及的塞尼特棋一同出土了多件羊髀骨。这些髀骨的作用极有可能是塞尼特棋使用的"骰子"。古罗马、古希腊时期也流行髀骨游戏，在大英博物馆、纽约大都会博物馆、雅典历史博物馆等博物馆中都收藏这一时期的髀骨，主要是绵羊或山羊的髀骨，也有狼的髀骨，除骨质的髀骨外，还有铜制、铅制和玻璃的仿制品。在古埃及、古罗马、古希腊，人们利用髀石自然形成的凹凸面，用于占卜或游戏。骰石是最早具有骰子功能的用具，在各种游戏中以投掷髀骨决定行棋的步数。髀骨游戏流传了几千年，至今世界许多国家依旧保留着打髀骨的游戏。

髀骨源自远古人们的游牧生活。古代游牧民族发现动物的髀骨具有独特的形状，髀骨分四面，每两面一凹一凸，投抛之后，不同凹凸面意味着不同的信息，古人用其占卜吉凶。游戏时的偶然性或不确定性，会给人们带来惊喜和愉快感，于是古人闲暇时髀骨便成为玩具。从世界各国现存或考古发现的髀骨来看，大部分髀骨都被装饰过，埃

第六章 宋辽金元游艺

及图坦卡蒙墓的髀骨被染成黑白两色，中亚地区出土的髀石则有多种颜色，古罗马、古希腊多按髀骨形状，制成铜质、铅质等髀骨。

古希腊的羊距骨，哈佛大学艺术博物馆

中国髀石的历史同样非常悠久，从历史文献和考古资料来看，"打髀殖"游戏最迟在先秦时期，在广阔的北方草原的各民族地区流行，只是名称和游戏规则略有差别。在新疆东天山北麓，考古学家发现了众多古代游牧文化的遗址，年代跨度从史前青铜文化时期到汉代，涉及大月氏、匈奴、吐火罗、鲜卑、突厥、回纥、汉等多个民族，比如克尔木齐文化遗址、哈拉墩遗址、巴里坤东黑沟遗址等中出土大量的"髀石"，部分出土的髀石经过修饰，刻有纹饰，钻有孔槽，并且有青铜仿制的髀石，与髀骨同时出土的还有石陀螺等。1900年，英国考古学家斯坦因对中国和田地区进行考古发掘，在汉晋遗址发现了许多"羊的膝关节骨，通常涂成粉红色"。斯坦因并不清楚其用途，

235

认为是一种简陋的骰子。大量考古资料证明，早在三千多年前，中国北方游牧民族中已经流行"打髀殖"的民间游戏。新疆是古代连接中原与西域乃至欧洲的重要枢纽，髀石同时出现在多民族文化遗址中，反映了当时中外游艺文化的渗透和融合。

汉代以后，打髀殖的游戏一直流行于北方各民族中间，尤其受到儿童们的喜欢。1955年内蒙古呼和浩特市染山沟北魏墓中出土一件铜制髀石。《突厥语大词典》是11世纪新疆喀喇汗王朝著名的维吾尔族学者马哈茂德·喀什噶里编写的。书中收录许多游戏的词汇，其中髀石一词，释文是玩游戏时羊髀石正面朝下。到辽金元时期，打髀殖或叫"击髀石"的游戏依然盛行。元人撰写的《契丹国志》上说：宋真宗时，晁迥出使契丹回来对真宗说，契丹国人喜欢用铜或石打野兔，髀骨就是打兔所用的工具，是"以狍鹿之骨角或灌铜而成也"。《辽史·游幸表》记载："辽穆宗应历六年（956），与群臣冰上击髀石为戏。"皇帝也会玩击髀石。内蒙古地区一些辽金墓葬也出土玉髀石和铜铸的髀石，说明髀骨已经成为贵族的玩物。

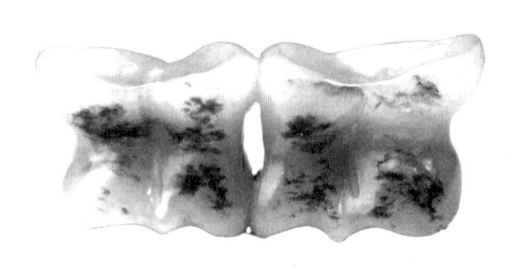

金代玉髀石，英国东亚艺术博物馆藏

《元史·太祖本纪》记载，元太祖成吉思汗出行路过一座山，在山下看见几个牧童放着几百匹马。他们正在"击髀石为戏"。可见，"打髀殖"是蒙古草原上流行的儿童游戏。一枚好的髀石是很珍贵的，可以作为礼物互相馈赠。《元朝秘史》中记载：铁木真11岁时与结义兄弟札木合在斡难河冰上打髀石，札木合将一个狍子髀石送给铁木真，铁木真则将一个铜灌的髀石回赠给札木合，表示两人亲如兄弟。

打髀殖的玩法有许多种。据清代杨宾《柳边纪略·四》记载，先把髀殖堆放在地上，再击之，击中者，尽取所堆。《蒙古吉林风土记》记载："旧俗以蹄腕骨随手摊掷为戏，视其偃仰横侧为胜负，小者以髀，大者如鹿，莹泽如玉。儿童妇女，围坐摊掷以相乐，以薄圆击之，则曰'怕格'。又有较远之戏，趋冰上，以中为胜，名曰'撒罕'。"可见，打髀殖的玩法至少有三种：一是以髀石的俯仰横侧的变化来决定胜负；二是将髀石堆在一起，用薄圆形的物品来击打髀石，以击中多少来决定获得髀石多少，取得髀石最多的一方获胜，这种玩法用于短距离，名叫"怕格"；三是在冰上举行的击髀石，方法与"怕格"相近，这种游戏活动名叫"撒罕"。第一种玩法发展成为后世的"抓子儿"；而第二、三种玩法则类似中原地区流行的"击壤"游戏。

在中国游艺史上，打髀殖是极具民族特色的游戏，传承了数千年，至今依然没有消亡，受到北方多个古代民族所喜爱，这是其他游戏种类无法与之媲美的。打髀殖体现出古代游牧民族的智慧，凝聚着我国多民族共同创造的优秀文化传统。

十、"我识南屏金鲫鱼"

自晋朝，红、黄色的金鲫鱼被人们发现之后，经过五百多年，到宋朝时，鲫鱼的变异有了新的发展，产生灰白、赤、黄、白身红鳍等颜色的金鱼。佛教寺院放生池中的金鱼已经走向民间，从寺院畜养的神奇之物变成供人玩赏的宠物。

浙江是中国金鱼的起源地之一。在宋代杭州六和寺、玉泉寺、兴教寺，湖州精舍寺等寺院放生池中都有人工喂养的金鲫鱼。宋代葛立方《韵语阳秋》记载，北宋初年，诗人苏舜钦曾游访六和塔所在的六和寺，听僧人讲寺内的金鱼池中有数条色彩艳丽的五色金鱼。苏舜钦十分高兴，他伏在桥栏上等了很久，金鱼深伏水底不肯露面，最后苏舜钦遗憾地写下了"松桥待金鲫，竟日独迟留"的诗句。苏轼读过苏舜钦的诗句，不解其意。元祐四年（1089），苏轼出任杭州知府后，也来观赏六和寺金鲫鱼，投喂饼饵，等了许久，才见金鲫鱼。苏轼感慨道：读苏舜钦诗已过去四十年了，才知道诗中"迟留"之意。金鲫难进易退，又不贪食，所以寿命很长。不久，诗人孔平仲在《游六和寺》诗中写道："金鱼在何处，演漾戏平陆。鳞鬣老愈黄，点漆作双目。忆为儿童时，尝剧此池旁。闻人说金鱼，已谓百岁强。"金鱼遨游在绿水之中，想起儿童时候，常蹲在池旁，听老人讲金鱼的故事，据说已经有一百多年了。可见，六和塔下的金鱼已有悠久的历史了。

杭州仙姑山北的玉泉寺的金鱼在宋代已享有盛名。玉泉寺原名清涟寺，相传开创于南齐建元年间（479—482），因寺内有一股清碧如玉的泉水，得天独厚的自然条件使这里成了金鱼生活的天堂。宋朝人吴自牧在《梦粱录》中讲到玉泉寺的金鱼："青芝坞玉泉池中盛有大者，且水清泉涌，巨鱼游泳堪爱。"游客坐在池上的亭廊间，品着寺僧待客的香茶，观赏着百余尾金鱼，衔尾而游，忽东忽西，上下纵跃，怡然自乐。宋代高僧道济《题玉泉》诗云："人来初不睹真龙，但见金鲫浮沈中。昂头摆尾得其所，我疑便是池中龙。"描写的正是玉泉寺里的金鲫鱼。

苏轼在杭州任职时，曾来到南屏山慧日峰下的兴教寺，看到了金鱼池中遨游的金鱼，不禁写下"我识南屏金鲫鱼，重来拊槛散斋余"的诗句。南屏山兴教寺中的金鲫鱼，在苏轼题诗之前就已名闻杭州城。当时人惠洪在《冷斋夜话》中说："西湖南屏山兴教寺池，有鲫鱼十余尾，皆金色，道人斋余，争倚槛投饵为戏。"苏东坡题诗后，兴教寺金鲫鱼更名噪一时，上至达官贵戚，下至平民百姓都纷纷慕名来观赏。

明代嘉靖五彩鱼纹瓷罐，亚洲博物馆藏

绍兴八年（1138）杭州成为南宋都城之后，民间追求奢侈玩乐风气的兴盛，使得金鱼更加成为人们玩赏的宠物。所以宋代戴埴在《鼠璞》一书中说："南渡驻跸，王公贵人园池竞建，豢养之法出焉。有金银两种鲫鱼，金鳅时有之，金鲫为难得。"宋高宗赵构是个玩家，琴、棋、书、画、踢球、放鸽子、养金鱼，等等，几乎无所不玩。1162年，他做了太上皇，住在德寿宫。宋人周密在《武林旧事》中记载：宋高宗在德寿宫中修建了一个金鱼池，广十余亩，名叫"泻碧"，命人从杭州以及离杭州200里外的昌化县千顷山下龙池捕捞金银鱼，充实到泻碧中。红、白、黄、花斑等各色金鱼成群结队，在荷花丛中遨游，令人赏心悦目。赵构经常在宫女、太监的簇拥下，站在泻碧池旁，投饵戏鱼。

在皇帝的影响下，南宋的达官贵人养金鱼成风，争先恐后地凿池蓄玩。有时，一尾名贵金鱼，相互抬价争购，花费白银百两。宋宁宗开禧二年（1206）四川宣抚副使兼陕西河东招抚使吴曦前往四川上任，竟专门用三只大船装满西湖水，把家养的金鱼运往四川，为使金鱼在四川和路途中平安无事，他还带去杭州的养鱼行家，随船照料。南宋时，金鱼已从半家养化状态完成向完全家养的转变，从池养变成缸盆饲养，成为书桌上的观赏玩物，不断地培育、杂交，已经变异出许多新的品种，如金色、银色和带有各色花斑的玳瑁鱼。

为了适应人们玩赏金鱼的需要，民间的金鱼养殖业也应运而生。市场上有各色金鱼、鱼虫、养鱼用具出售。杭州城西钱塘门外有专门饲养出售金鱼的人家，人称"鱼儿活"。这时，金鱼已经作为商品，成为人们可以买卖的玩物。

第六章 宋辽金元游艺

清代恽冰《锦鲤图》

南宋恭帝德祐二年（1276），元将伯颜率军攻入杭州，封府库，收史馆、秘阁图书、宫中衮冕（**皇帝礼服**）、宝玩、辇乘等物，运往大都（**今北京**），并派人将德寿宫等处的金鱼连同池水，一齐运往大都，成为元朝统治者的玩物了。在此之前，金朝在灭北宋时，也曾将汴梁宫廷中的金鱼运往北京。至此，北京开始有了金鱼，到明清两代发展成为北方金鱼饲养的中心。

十一、贾似道与《促织经》

畜养蟋蟀用来争斗的游戏始于唐代，《负暄杂录》记载：斗蟋之戏始于唐玄宗天宝年间，长安富贵人家用象牙笼养蟋蟀，赌注高达万金。宋代是中国斗蟋蟀史上最著名的时代，斗蟋蟀游戏已经走出宫墙

241

豪门，成为百姓所喜爱的日常娱乐活动。《西湖老人繁胜录》中记载了当时京城杭州斗蟋之风的盛况。书中说：每到秋天，在御街北侧的寿安坊（俗名官巷）就有专门买卖蟋蟀的集市，乡下的农民争先恐后地捉蟋蟀，拿到这里来卖。卖蟋蟀的方式也很特殊，先是摆下擂台，让蟋蟀相互争斗，哪一只连赢两三只，便可卖一两贯钱，如果蟋蟀个头大，甚至可卖到一两银子。集市天天都有，直到十月底，天寒才罢休。当时，杭州市民养蟋蟀成风。他们养斗蟋蟀的用具很讲究，有捉蟋蟀时用的过笼、罩子，养斗蟋蟀用的各式笼子、苠草等，光是笼子就有银丝笼、金漆笼、黑退光笼、瓦盆竹笼、板笼等许多品种。

当时，斗蟋蟀尤其受到儿童们的喜爱。南宋诗人张镃（1153—1235）有一首《满庭芳·促织儿》词，回忆自己少年时，提着灯笼蹑脚轻声捉蟋蟀，在花堂之上斗蟋蟀的情景。词中写道："儿时，曾记得，呼灯灌穴，敛步随音。任满身花影，犹自追寻。携向华堂戏斗，亭台小，笼巧妆金。今休说，从渠床下，凉夜伴孤吟。"宋末元初杨公远在《促织用前韵》诗中同样描写儿童捉蟋蟀、白天斗蟋蟀、晚上听鸣叫的情景。诗云："儿童探穴戏搜寻，隐迹苔阶深复深。见敌有时能勇斗，无情终夜只清吟。"宋元时期画家常以儿童斗蟋蟀为题作画，苏汉臣是南宋著名的画家，擅长婴戏图，历代书画目录中著录苏汉臣描绘儿童斗蟋蟀的作品有《婴孩斗蟋蟀图》、《二童斗促织》、《婴儿斗蟋蟀图》和《婴儿斗促织图团扇》等多幅。清代卞永誉编《式古堂书画汇考》卷三著录《婴儿斗促织图团扇》说："团扇，绢本，着色，桂树菊花石栏外，婴孺四蹲踞斗蟋蟀，天机烂熳。"

清代焦秉贞《春园游戏图册》斗蟋蟀，费城艺术博物馆藏

斗蟋蟀是人们喜爱的娱乐活动，可是在豪门官宦那里却超出了娱乐的范围，成了相互夸耀财富的工具。南宋词人姜夔（1163—1203）作有《齐天乐·蟋蟀》词，词序说："蟋蟀，中都呼为促织，善斗。好事者或以三二十万钱致一枚，镂象齿为楼观以贮之。"当时的富贵官宦之家，为了买一只能斗的蟋蟀，竟花费二三十万，养在象牙镂刻成的蟋蟀笼里，可谓是极其奢侈的游戏。

南宋时，不仅官宦百姓，甚至僧人亦好斗蟋。相传，"鞋儿破，帽儿破"的活佛济公曾养过一头"一根须短，一根须长"的蟋蟀，因它勇猛善斗，便将它比作五代名将王彦章，称之为"王铁枪"。蟋蟀死后，济公非常伤心，专门写了一首《鹧鸪天·瘗促织》词。词中寓以禅理，幽默诙谐。词曰：

促织儿，王彦章，一根须短一根长；只因全胜三十六，人总呼为"王铁枪"。休烦恼，莫悲伤，世间万物有无常；昨夜忽值严霜降，恰似南柯梦一场。

蟋蟀死了，人们为它伤感，作文祭悼，爱好蟋蟀的人去世后，也抛不开蟋蟀，甚至把蟋蟀用具作为随葬品，大概是想在阴间继续玩蟋蟀吧。1966年镇江市一座南宋古墓中出土了三个蟋蟀过笼，两个呈腰长形，长7厘米，两头有洞，是斗蟋蟀时用的。一个为长方形，上面有花纹，一头有洞，是捕捉蟋蟀时用的。这三个蟋蟀过笼正是当时养斗蟋蟀盛况的佐证。

宣统元年《图画新闻·贾似道第二》斗蛐蛐，选自中国艺术博物馆数据库

第六章 宋辽金元游艺

宋代斗蟋蟀历史上有位赫赫有名的人物，名叫贾似道。他是南宋时期的权臣，虽然擅权误国，声色犬马，但却是一位难得的艺术鉴赏家和养蟋蟀的专家，他写的《悦生所藏书画别录》和《促织经》成为书画鉴藏界和养蟋蟀领域的经典名著。后世戏称沉迷于斗蟋蟀的人为"贾似道第二"。

贾似道（1213—1275），字师宪，号悦生、秋壑，浙江台州天台县人。他的父亲是当时抗金名将贾涉，姐姐做了宋理宗的贵妃，嘉熙二年（1238）中进士，到宋度宗时，被封为太师，当上掌管国家大权的平章军国重事。这位平章大人疏于国事，酷爱斗蟋蟀，自号"半闲老人"。《续资治通鉴》记载：宋度宗咸淳六年（1270），"时蒙古攻围襄、樊甚急，似道日坐葛岭，起楼阁亭榭，作半闲堂。……尝与群妾踞地斗蟋蟀，所狎客戏之曰：此军国重事耶？"当蒙古军大举南下围困襄樊时，军事紧急，贾似道却在他私邸里，与姬妾趴在地上斗蟋蟀。贾似道骄奢淫逸、玩物误国，人称"蟋蟀平章"。贾似章因斗蟋蟀误国事的行为被后人所不齿，许多文学作品中多有描述和抨击。清代诗人沈德潜的《西湖嬉春词》诗云："葛坞旧为师相宅，半闲堂外断人行。蟋蟀斗余军务了，不应更说救樊城。"张士楷《过木棉庵》诗："景定咸淳事已非，湖山灯火夜深辉。但闻蟋蟀三秋斗，谁问襄樊六载围。"1275年，贾似道被贬广东，行至漳州木棉庵时被监押使臣所杀。

贾似道对养斗蟋蟀很有研究，又善于总结唐代以来民间斗蟋蟀的经验，编写了世界上最早的一部关于蟋蟀的专著《促织经》。这部著

245

作对研究斗蟋史和中国昆虫学具有重要的价值。

《促织经》的原本今已不传，传世版本颇多，以天一阁藏明嘉靖丙午刊本最早，常见的是经明朝人周履靖增补的本子。全书分上、下两卷，分论赋、论形、论色、论养、论斗、论病六类，每类又分子目，体例完整，蔚为大观。他在书中介绍了数十种蟋蟀的形态、颜色，做了比喻性的命名，认为蟋蟀的优劣与栖息地的环境有着密切关系，出于荒山野地的蟋蟀最佳。好的蟋蟀要具备"四像"："钳像蜈蚣钳，嘴像狮子嘴，头像蜻蜓头，脚像蚱蜢脚。"从颜色上也可鉴别蟋蟀的好坏，大体是"白不如黑，黑不如赤，赤不如黄，黄不如青"。他根据民间的经验，提出了优质蟋蟀的五种类型，称作"五绝"。比如：红头青颈，翅金色的蟋蟀为一绝；紫色，青项浓厚，紫翅又带皱纹的蟋蟀也是一绝。

贾似道还在书中论述了蟋蟀争斗时的规则、饲养方法和疾病的防治，总结了不少宝贵经验。特别是有关蟋蟀繁殖方法的论述，更是前无古人。《促织经》不仅首次系统科学地总结了有关蟋蟀的遴选、决斗、饲养等方面的经验，为研究古代昆虫学、游艺史提供了翔实的史料，而且开了后代蟋蟀研究的先河。明清以后所编写的众多蟋蟀谱，在体例、内容上无不受到这部《促织经》的影响。1993年，当代著名学者王世襄纂辑17种南宋至民国蟋蟀谱汇编出版《蟋蟀谱集成》，是目前最全的中国蟋蟀史研究的文献集成。王世襄赋诗戏云："喜得虫经十七章，辑成自笑太荒唐。亲朋问讯难开口，只说编修古籍忙。"

十二、分茶游戏

北宋宣和二年（1120）十二月癸巳，宋徽宗赵佶在汴梁延福宫与亲王侍臣们饮宴游乐，"器皿肴品，瑰奇精致，仙韶执乐，和音曼声"。又至景龙门观灯，再入平成殿赏玩鼎彝珍宝。自称"通百艺"的徽宗兴致极高，命近侍取来茶具，亲自碾茶，用沸水注汤，经他用茶筅（xiǎn）慢慢地搅动，过了一会儿，茶碗中茶汤之上浮动着白色的乳沫，在碧绿清澈的茶汤衬托下，好似显现出疏星淡月的图景。这件事记载在时任尚书左丞李邦彦写的《延福宫曲宴记》中。宋徽宗玩的这种游戏，名叫"分茶"，又叫"茶百戏"，是中国古代一种独特的饮茶游戏。它主要流行于宋代的文人、僧侣中，是当时人们喜爱的一种茶文化消遣娱乐活动。

分茶游戏大约开始出现于唐末五代时期。陶谷，字秀实，陕西彬县人，五代至北宋初年人，他在《荈茗录》中谈到当时的"茶百戏"，书中说："茶至唐始盛，近世有下汤运匕，别施妙诀，使汤纹水脉成物象者。禽兽虫鱼花草之属，纤巧如画，但须臾即就散灭。此茶之变也，时人谓茶百戏。"茶百戏确是十分神奇，简单的茶汤，经游戏者的搅动，汤面上竟会出现禽兽、虫鱼、花草之类的图像，而且细腻工巧，宛如精心描绘的花鸟画。其中的奥妙在哪里呢？

原来，宋代时的饮茶方式与现在不同。当时，人们多把茶叶制成团茶、饼茶，称为"龙团""凤饼"。饮茶时，将团茶碾碎，添加一些香料，然后稍加一定量的水，调成浓膏状，最后提瓶将沸水注入茶盏内，同时使用茶具在盏中搅动，边注水边搅动，让水与茶彼此交融，泡沫泛起。所以，古代人饮茶很讲究茶汤的颜色，以纯白如乳为最好。这与现今用散茶冲泡的饮茶方式不一样。由于宋朝时饮茶讲究注水、搅动的效果，所以，一些饮茶高手便可以令汤面上的汤花幻化成各种形象，久而久之，就形成一种饮茶时的游戏活动。

陶谷《荈茗录》记载：北宋初年，山东金乡县有位名叫福全的和尚，精通分茶之戏，具有"茶匠通神之艺"。他能够"注汤幻茶，成一句诗，并点四瓯，共一绝句，泛乎汤表"。在茶汤中变幻出文字，而且可成一首绝句，可谓叹为观止的绝技。福全和尚在茶汤中变幻花草鱼虫之类，唾手可得。因此常有施主上门求教。福全很是得意，曾自吟道："生成盏里水丹青，巧画工夫学不成。却笑当时陆鸿渐（**陆羽，字鸿渐**），煎茶赢得好名声。"夸耀自己的"分茶"技艺，可与茶神陆羽相比。

明代仇英《写经换茶图卷》，克利夫兰艺术博物馆藏

"分茶"除了指茶艺游戏外,也是宋代城市中面食店的名称。宋人诗词中吟咏"分茶"的颇多。王之道有《西江月·和董令升燕宴分茶》词,陈与义也有《与周绍祖分茶》诗。诗人杨万里(1127—1206)写有一首有名的《澹庵坐上观显上人分茶》诗,生动描绘了他在澹庵先生(胡铨,字澹庵)家观看和尚显上人分茶的情景。诗中写道:

　　　　分茶何似煎茶好,煎茶不似分茶巧。
　　　　蒸水老禅弄泉手,隆兴元春新玉爪。
　　　　二者相遭兔瓯面,怪怪奇奇真善幻。
　　　　纷如擘絮行太空,影落寒江能万变。

意思是说,分茶与煎茶一样地好,煎茶却没有分茶那样巧妙。显上人是精通茶艺的高手,在南宋隆兴年间(1163—1164)的元旦为我们展示分茶技艺。茶水相遇,在名贵的兔毫盏中变幻出奇奇怪怪的形象来,有如碧空白云,或寒江倒影。和尚显上人玩分茶的高超技艺已达到炉火纯青的地步。

南宋大诗人陆游嗜好饮茶,写过200余首茶诗,后人给予"续茶经"的美誉,他也常玩分茶自遣。他在《临安春雨初霁》诗中写道:"矮纸斜行闲作草,晴窗细乳戏分茶。"把"戏分茶"与"闲作草",也就是与草书艺术相提并论。宋词人向子諲有《浣溪沙》一首,说有位赵总持"能着棋、写字、分茶、弹琴"。把分茶与琴、棋、书等技艺并列。宋人周密在《西湖游幸记》中记载南宋淳熙年间西湖的各种杂技游艺表演,将"分茶"与吹弹、杂剧、投壶、蹴鞠、风筝等并列,这表明南宋时分茶技艺被视为一种表演艺术。

分茶的茶艺游戏在宋代达到极盛,同时也传到北方的金朝。《金朝宫词》有诗云:"弹棋赌酒更分茶,炉有清香墨有华。消得清闲天上福,风济不让赵官家。"元代散曲中也偶见"分茶"的曲词。商衟(dào)《戏三英》中有"王厨家食店里饭罢,张胡家茗肆里分茶"的曲词。由于饮茶方式的改变,大约在元代以后,分茶这朵茶艺奇葩就逐渐消失了。2009 年福建武夷山茶学专家章志峰恢复了分茶技艺,被列入武夷山市非物质文化遗产。

十三、狮猫的故事

在中国游艺体系中,宠物驯养是重要的组成部分。宠物猫的出现是继家猫出现之后又一件具有划时代意义的事件。自然界的野生猫出于觅食的本能,为了更方便地捕捉到老鼠,逐步从森林原野中走出来,进入人类的聚集地;与猫的行为相适应,人类也为了抵抗老鼠对庄稼的破坏,在不断地寻找老鼠的天敌,于是猫与人类发生了关系。家猫的出现改变了猫的发展轨迹,也极大地改变了人类农业史。人类普遍地饲养家猫之后发现,经过人工饲养繁育后的猫,性格变得温顺,皮毛亮丽,愿意与人亲近,是难得的玩赏之物。人类对猫的功能需求从物质转向了精神,猫成为饲养培育、鉴赏品玩的对象,倾注了人类的情感和精神寄托,猫的本质发生了根本改变,猫与鼠的争斗让位于猫与人类的友情,从此猫具有自然和社会的双重属性,成为人类文化史的组成部分。

中国家猫的出现不晚于唐代，唐代宫廷和贵戚之家畜养的猫已与普通家猫不同，已经有了专供人们玩赏的宠物猫。宋代陶谷《清异录》记载，唐武宗作颖王时，府邸中畜养了十种玩赏的珍贵动物，其绘制的《十玩图》中就有猫，起名"鼠将"。唐代冯贽《记事珠》中说：唐湖州刺史张博畜养了七只名猫，价值昂贵，名叫东守、白凤、紫英、怯愤、锦带、云团和万贯。后唐时琼花公主养雌雄两只名猫，雪白的叫"御花朵"，黑色白尾的叫"麝香媮（yú）妲己"。人们给自己宠爱的猫儿起了这些美妙动听的名号，说明在人们眼中这些猫儿已经不再普通，而是满足人们精神需求、供人玩赏的宠物猫。

中国本土猫的形体特征，短毛身短，灵敏活泼，善于捕鼠，如宋代陆佃《埤雅》所言"狸身而虎面，柔毛而利齿，以尾毛腰短、目如金银及上颚多棱者为良"。中国古代"与虎同属""猫狸并称"的狸猫与后世以波斯猫为代表的长毛猫完全不同。大约在宋代时，一种长毛身大、温顺可爱、不善捕鼠的长毛猫才传入中国，因为长毛猫的形态像狮子，所以人们称为"狮猫""狮子猫"。狮猫传入中国的确切时间无法确定，从历史文献中看，宋代已有许多畜养狮猫的记载，狮猫应在宋代或更早时候就已传入中国。

古代的狮猫并不等同于现代的波斯猫或者临清狮子猫，因为现代波斯猫1860年才由英国人以阿富汗土种长毛猫和土耳其安哥拉长毛猫为基础进行选种繁育而成的新品种，而临清狮子猫则是波斯猫与鲁西狸猫的杂交品种。古代文献中的"狮猫""狮子猫"是广义上长毛猫的统称，至于"波斯猫"的名称则出现很晚，最早出现在清代早期所编著的《日下旧闻考》《皇朝通志》等著作中。狮猫来自西亚地区的波斯国或者尚不能确定的地区。狮猫与本土狸猫同为中国古代长毛猫和短毛猫两大代表性品种。

"狮猫"一词出现在宋代。陆游在《老学庵笔记》中讲："一种狮猫，形如狮子。"南宋《咸淳临安志》说："都人畜猫，长毛白色者，名狮猫。盖不捕鼠，猫徒以观美，特见贵爱。"由此可见，南宋时人们已经畜养了狮猫，而狮猫与以往的家猫不同，长毛白色，令人喜爱，畜养的目的已不是捕鼠，而是"徒以观美"的玩物。清代徐珂编《清稗类钞》对狮猫有较准确的描述，"狮猫以京师为多，状如狮，故得此名，有金钩挂玉瓶、雪中送炭、乌云盖雪、鞭打绣球等百余种，纯白者不多见。柔毛有长四五寸者。两眼必以异色为贵，名雌雄眼，都人尝以之与狮狗并称"。现在狮子猫一般专指临清狮子猫，起源于山东临清，长毛，大多为白色，少数为黄色或褐色，体态比一般猫大，以一黄一蓝的鸳鸯眼最为名贵，形似狮子，温顺宜人，易于饲养。

狮猫是家猫中的名贵品种，多是皇家权贵之家畜养。陆游《老学庵笔记》记载了一段秦桧孙女崇国夫人寻找狮猫的故事。崇国夫人，人称童夫人，钟爱一只狮猫，却偶然遗失。秦桧责令临安府府尹曹泳限期寻回。期限到了，狮猫仍然不见踪影。临安府竟然抓捕了秦府周围的邻居民家，欲治罪找猫的官兵，官兵惶恐，派人将全城所有的狮猫都抓来了，但都不是童夫人的狮猫。官兵无奈贿赂了秦宅的老仆，询问狮猫的貌样，绘图张贴在街市茶肆之中，依然毫无踪影。府尹曹泳只好贿求秦桧的小妾，用一只黄金铸成的金猫相送，方才罢手。可见秦桧权倾朝野、肆意横行的卑劣行径。《南宋襍事诗》卷七有诗云："童夫人尚有童心，雪色狮猫爱鼠深。堂上氍毹（qú shū）春不管，伺他风蜨（dié）卧花阴。"当权者这种依仗权势、胡作非为的事绝非个案，元朝至正十五年（1355）两浙宪司卢姓官员"忽失一猫，令东北隅官搜捕之"。

清代闵贞《狮猫图》，纽约大都会博物馆藏

狮猫的体态优美，性情温顺，自古受到人们的宠爱，文人雅士咏诗作画描绘狮猫，留下许多诗文和画作。北宋神宗熙宁年间（1068—1077）的宫廷画家王凝，工画花竹翎毛，笔力精劲，设色典雅，形神兼备，尤善画鹦鹉、狮猫。《宣和画谱》记载御府中藏有王凝所绘《绣墩狮猫图》。元代程钜夫《题武仲经知事狮猫画卷》诗描绘收藏家武仲经所藏《狮猫画卷》便是从宋代宫廷流传出来的，诗中"金丝色软坐常温，饱食深宫锦作墩"两句描写的就是深宫中饱食的狮猫懒散地伏卧金丝绣墩上的情景。《剑南诗稿》卷六十五，陆游有《鼠屡败吾书偶得狸奴捕杀无虚日群鼠几空为赋》诗，诗注曰："道士李胜之画捕蝶狮猫，以讥当世。"史籍中查寻不到道士李胜之的事迹。《猫苑》的作者黄汉认为李胜之极可能就是五代画猫名家李蔼之。李蔼之，陕西华阴人，号金波处士，善画山水泉石，尤喜画猫。北宋御府藏有李蔼之戏猫、雏猫和醉猫等图十八幅。

元代程钜夫狮猫诗书影

到明清两代，狮猫主要还是宫廷贵戚之家的玩物。明代皇宫中有专门的"猫儿房"，畜养着许多名贵的猫。清代震钧《天咫偶闻》卷十中说："诚以狮猫为京师尤物，上自宫掖，及士大夫，及红闺俊赏，无不首及于此。"《猫苑》中说："狮猫，历朝官禁卿相家多畜之。"咸丰元年五月，太监白三喜竟派自己的侄子白大私入宫廷中取走狮猫，事发被查。清代第一女词人顾太清畜养了一只名贵的狮子猫，龚自珍为此写下一首有名的《忆北方狮子猫》诗："缱绻（qiǎn quǎn）依人慧有余，长安俊物最推渠。故侯门第歌钟歇，犹办晨餐二寸鱼。"

宋代以后，狮猫从宫廷逐渐传入民间，寻常人家也有了畜养狮猫的机会，这使狮猫成为明清小说中的一个角色，《金瓶梅》《醒世姻缘传》《聊斋志异》等明清小说中有多段精彩纷呈的狮猫故事。

《金瓶梅》中有多处对白狮子猫、玳瑁猫和黑猫的描写，在推动小说情节、塑造人物形象方面具有特殊的艺术功能，其中白狮子猫是潘金莲与李瓶儿争斗的重要工具。《金瓶梅》的原文是："都说潘金莲房中养活的一只白狮子猫儿，浑身纯白，只额儿上带龟背一道黑，名唤'雪里送炭'，又名'雪狮子'，又善会口衔汗巾儿拾扇儿。西门庆不在房中，妇人晚夕常抱着他在被窝里睡。又不撒尿屎在衣服上。妇人吃饭，常蹲在肩上喂他饭，呼之即至，挥之即去。妇人常唤他是'雪贼'。每日不吃牛肝干鱼，只吃生肉半斤，调养得十分肥壮，毛内可藏一鸡蛋。甚是爱惜他，终日抱在膝上摸弄，不是生好意。因李瓶儿、官哥儿平昔好猫，寻常无人处，在房里用红绢裹肉，令猫扑而挝食。"后来，白狮子猫惊死了李瓶儿的儿子官哥。

《醒世姻缘传》是明末清初一位名叫西周生的书生所著，叙说了晁家姻缘报应的故事。晁家的公子晁大舍是个贪婪自私、挥霍无度的花花公子，他在街市上遇到一个卖狮子猫的人，"只见一个金漆大大的方笼，笼内贴一边安了一张小小朱红漆几桌，桌上一小本磁青纸泥金写的《般若心经》，桌上一个拱线镶边玄色心的芦花垫，垫上坐着一个大红长毛的肥胖狮子猫，那猫吃得饱饱的，闭着眼，朝着那本经睡着打呼卢。那卖猫的人说道：这猫是西竺国如来菩萨家的，只因他不守佛戒，把一个偷琉璃灯油的老鼠咬杀了，如来恼他，要他与那老鼠偿命。亏不尽那八金刚四菩萨合那十八位罗汉与他再三讨饶，方才赦了他性命，叫西洋国进贡的人捎到中华，罚他与凡人喂养，待五十年方取他回去。你细听来，他却不是打呼卢，他是念佛，一句句念道观自在菩萨不住"。卖猫人开价三百两银子，一番讨价还价，晁大舍竟用了五十两银子买回这只狮子猫。实际上，晁大舍上了大当，当时极好名色的猫也只用三四十个钱，普通的猫打呼噜的发音也类似念佛的声音，红毛狮子猫的毛竟然是用颜色染的，"到了年时三四月里，退了毛，换了个白狮子猫"，老鼠根本不怕红毛狮子猫，"好几个老鼠巴着那红猫的笼子偷饭吃哩"！《醒世姻缘传》是中国古代杰出的世情小说，这段对狮猫的描写细腻有趣，栩栩如生，生动地再现了明末清初的社会风貌。

狮猫是由海外传入中国，确切的传入时间和国家已难考证。《大明一统志》和明代张升所著的《瀛涯胜览集》中记载，"暹罗产狮猫"。明代罗懋登写的古典小说《三宝太监西洋记》描写罗斛国上贡的礼单中有"白狮子猫二十只"，白狮子猫"其洁如雪"。暹罗就是现在的泰国。罗斛国是吉蔑人（高棉人）在今中南半岛湄南河下游建立的国家，定都罗斛（今泰国华富里），曾是疆域包括泰国、马来西亚等地东南亚的大国。东南亚可能是狮猫传入中国的地区之一。

狮猫与波斯原产猫的联系最为紧密，从古代诗文中可以推测一些蛛丝马迹。元代诗人王恽写了一首《狮猫》诗，收录在《秋涧集》中。诗曰："何年变体自条支，锦烂修毛见两酾。梦里鼠山京观了，午栏花影淡离离。"诗中第一句"何年变体自条支"的意思是说：狮猫与众不同，它是什么时候改变了原来的貌样，它来自远方的条支国。古条支国位于两河流域，包括波斯（安息）西部和部分叙利亚地区。《魏书·西域传》讲，"波斯国，都宿利城，在忸密西，古条支国也"。《隋书·西域传》也说："波斯国，都达曷水之西苏蔺城，即条支之故地也。"波斯国和条支国的疆域大体相当，诗句中讲狮猫来自条支国，一定程度上印证了中国长毛猫的渊源。现代波斯猫的产生是人类干预与繁育的结果，而原产于波斯高原地区的长毛猫则是在宋元时候传入中国，中国人称之为"狮猫"。

清代郑璋《白猫》诗云："玉狸海外来千里，月兔天边堕五更。误入名园人不见，梨花香里只闻声。"黄汉所著《猫苑》中说："狮猫，产西洋诸国，毛长身大，不善捕鼠。"又引清代桐城人姚龄庆所言，姚柬之任揭阳县令，"于番舶购得一猫，洁白如雪，毛长寸许，粤人称为孝猫"。揭阳临近东南沿海，相邻的潮汕地区自古便是对外交通的重要港口。中国与东南亚和中亚各国有着悠久紧密的贸易往来，"番舶"装载着香料、象牙等货物来到中国换取丝绸、瓷器等。古代人为防止老鼠对船舶和货物的破坏，有带猫航行的习俗，狮猫正是通过番舶的途径传入中国的。

清代佚名《狮猫图》，选自 ArtBase 中国艺术品图片库

  狮猫的故事不仅反映了中国从家猫到宠物猫的发展进程，而且也说明了中外文化交流的深度和对中国社会生活影响的广度。狮猫的传入和与中国本土猫的杂交繁育，使中国猫的品种进一步丰富，临清狮子猫与狸花猫成为中华田园猫的代表。自宋代开始，狮猫就是中国最受人们喜爱的宠物猫，诗词歌赋、小说绘画中都留下狮猫的身影和故事，极大地丰富了中国宠物畜养文化史的内涵。

第七章 明清游艺

明清两代（1368—1840，鸦片战争前）是中国古代游艺的定型和转型时期。这一时期的游艺明显地分为两个阶段。

第一阶段，明代游艺仍然呈现繁盛的景象。明朝中期以后，由于生产水平的提高，社会分工的扩大和国内外市场的开拓，商品经济有了很大发展。随着商业城市的增加，市民阶层日益壮大。这些都促进了明代娱乐游艺活动的发展。商品经济的发展和活跃，打破了僵化凝固的封建社会秩序，人们的思想观念也随之发生了巨大的变化。因而，明代社会上享乐游艺之风盛行。明代张燮《清漳风俗考》说：当时"人无贵贱，多衣绮绣，意气相诡，华形相鲜。……若夫行乐公子，闲身少年，斗鸡走马，吹竹鸣丝，连手醉欢"。明人黄佐《泰泉乡礼》卷二说：当时人"嬉笑无度，及意在侵侮。或驰马击鞠，与虽不赌财物，而铺牌演戏，弈棋双陆，玩弄骨董，雅好弹唱，广收花石，猎养禽鸟，作诸无益者"。可见，蹴鞠、马球、纸牌、弈棋、双陆、养鸟等是明代人喜爱的游艺活动。在这种风气的影响下，中国古代的游艺有了长足的进步。

第二阶段，清代是中国古代游艺的转型时期。清王朝建立后，不仅注重本民族的游艺活动，提倡骑射、冰嬉等活动，而且重视对中国传统游艺项目的继承和总结，使清代社会流行各种游艺活动，宫廷游艺愈加精致华丽，呈现康乾盛世的大国风范，民间游艺更加世俗化，原属于文人士大夫的游艺走向普通民众的日常生活中，城乡间出现了更多的游艺场所和更加广泛的艺人阶层，虽然诸多马球、捶丸、双陆等游艺处于停滞和衰退的状态，有的甚至濒于湮没的境地，但是更多的游艺活动融入人们的日常生活，形成广为流行的社会风俗。清代中期开始，西方的近代游艺传入中国，明清游艺进入转型时期，中国游艺发展史开始进入近现代发展的新阶段。

明清两代游艺的特点主要表现在：第一，上承数千年中国古代游艺的传统，到明清时期呈现出"定型"的特点。第二，中国古代的部分游艺开始衰落，同时也产生诸多冰嬉、七巧板等新游戏种类。第三，程朱理学的发展，限制了游艺的自由发展，游艺所体现的精神风貌远不如唐宋时代那样开放和激昂。第四，西方近代游艺活动开始传入我国。

一、《明宣宗宫中行乐图卷》赏析

明宣宗朱瞻基（1399—1435）在位时期，政治稳定，经济繁荣，国力强盛，与明仁宗并称"仁宣之治"。明宣宗既是有作为的帝王，又是才华横溢的艺术家、诗人，精于绘画、书法、诗文，是中国历史上少有的文武双全的帝王，北京故宫博物院藏有一幅《明宣宗宫中行乐图卷》，描绘了明宣宗在宫中行乐的情景。此图卷高36.8厘米，长690厘米，没有作者款识，是当时供奉内廷的画院画家所作。全卷绘画工整细致，真实地描绘了明代皇帝与近臣进行射箭、蹴鞠、马球、捶丸、投壶等游艺活动的情景，是目前所见为数不多的表现明代宫廷游艺的形象资料。

全图共分六段。第一段描绘的是朱瞻基身着华服坐于亭内，观看射箭。数人持弓于亭前，一人正举箭欲射。明宣宗自幼受明成祖栽培，擅长骑射，即位重视武备训练，常外出游猎习射，并在皇城东苑建射箭场地，教习侍卫射箭。故宫博物院另藏有《宣宗射猎图》和商喜所绘《宣宗行乐图轴》，描绘了明宣宗郊野山林间射猎的场景。

第二段描绘的是蹴鞠的场面。明宣宗照例坐于亭内，观看亭前数人蹴鞠为乐。明朝初年，朱元璋在加强专制统治的过程中曾严令禁止军人踢球、下棋。顾起元《客座赘语》记载："洪武二十二年三月二十五日，奉圣旨，在京但有军官、军人学唱的割了舌头，下棋、打双陆的断手。蹴圆（踢球）的卸脚。"但似乎这道圣旨并没有真正执行，在宫廷和民间，踢球、下棋等仍然盛行。宣宗朱瞻基非常喜欢蹴鞠。明人陆容《菽园杂记》卷一记载："太监王敏，本汉府军余，善踢鞠。宣庙爱而阉之。"宣宗因为喜欢善于蹴鞠的王敏，竟然"阉为内侍"，可见宣宗酷爱蹴鞠到了不择手段的程度。明宣宗有御制诗集传世，其中有首《蹴鞠》诗："密密清荫皆贝官，锦衣花帽蹴东风。最怜宛转如星度，今古风流气概同。"明武宗朱厚照也是一个喜欢蹴鞠的皇帝，他建造了"豹房"，和亲信的宦官一道蹴鞠娱乐。相传曾有江洋大盗张茂冒充宦官"出入豹房，侍上蹴鞠"。蹴鞠也是宫女的娱乐活动。明末诗人王誉昌所写的《崇祯宫词》中有"天边自结齐云社，一簇彩云飞便停"，描写的是宫女蹴鞠的情景。

画面的第三段和第二段联系较为紧密，表现的是打马球的场面。朱瞻基双手扶膝坐在椅子上，神情专注。球场上，一人乘马举旗向前奔跑，后面一人挥舞球杖驰向球门，身后数骑持杖等待上阵。二骑间有一球门，长方形，下部有一椭圆形洞孔，如将球打入洞中，则获胜。明成祖朱棣注重击球、射柳的活动，并纳入礼志中。据《续文献通考》记载，明成祖曾在永乐十一年、十三年、十四年分别三次亲临东苑观看群臣击球、射柳。词臣们纷纷赋诗吟咏马球的盛况。王绂《端午赐观骑射击球侍宴》描写当时的球场设在东苑，绿草如茵，"万马骞腾鼓吹喧，五云缭绕旌旗展"。皇帝下达旨意，分成两队竞技，倏然间，"马蹄四合云雾集，骊珠落地蛟龙争"。击球如闪电，呼啸如霹雳。诗人认为观看马球是"共言此乐人间无"。

第四段描绘的是捶丸的场面。朱瞻基亲自下场，手持球杆立于场中，挥杆击球。面前是两株树梢扭结的松树，架成一座别致的球门。球门两侧有长方形球场，共有10个球窝，窝旁立有彩旗。宣宗及侍从手中所持的球杆，前部呈鹰嘴状，类似现今的高尔夫球杆。图中所绘的场地面貌，旗、窝及击丸的球杆，侍从的位置，都与元代宁志斋老人的《丸经》相吻合，说明明代的捶丸活动是依照《丸经》规则进行的。捶丸在明代社会中也十分盛行。明代周履靖在《丸经》的题跋中说，他年轻时，走过许多大小城市，看到不少青年在玩捶丸。周履靖认为捶丸是一种"收放心，怡神情，动荡血脉，畅其四肢"的有益身心的娱乐活动。明代杜堇画的《仕女图》长卷描绘了明代士大夫阶层女子的日常游艺生活，有捶丸、蹴鞠、写真、弹奏、戏婴，其中一段画面，松柏参天，庭院幽静，场地中正在进行捶丸游戏。三个仕女持杆准备击球入洞，两个女侍各捧着两支球杆陪侍左右，松树下一个女侍环抱着捶丸袋，说明当时捶丸的球杆有不同规格，而女侍类似现代高尔夫运动中的球童。

《明宣宗宫中行乐图卷》（局部），北京故宫博物院藏

第五段画的是投壶。朱瞻基坐于亭前，右手持矢欲投，前置一壶，三支贯入壶中，三支散落地上，数名太监侍奉左右。投壶在明宫廷中十分流行。明代皇帝经常到西苑的万春亭，与后妃诸臣投壶取乐。《明宫词》有诗云："上苑春回草树芳，殿前玉女侍东王。骁壶博得天为笑，遮莫人间见电光。"在民间，投壶以花样难度的投法为上乘。《金瓶梅》小说中写西门庆与潘金莲投壶，就有过桥翎花、二乔

观书、杨妃春睡、乌龙入洞等花样投法。沈榜在《宛署杂记》中记载：苏宣自幼善于投壶，创出新奇投法数十种，被人誉为"投壶绝"。

第六段画的是朱瞻基乘六人肩舆在群侍的簇拥下，起驾回宫。

《明宣宗宫中行乐图卷》真实地记录了明代宫廷游艺活动的情景，为目前所见为数不多的表现明代宫廷游艺活动的绘画作品，显得弥足珍贵。

二、宣德蟋蟀罐的前世今生

在中国历代帝王中，明宣宗朱瞻基确实是极为独特的，他骁勇善战，即位之初便平定汉王之乱，知人善任，整顿朝政，实现了"仁宣之治"。他工于书画，诗文造诣很高，而且多才多艺，兴趣广泛，喜欢从事蹴鞠、捶丸、投壶等游艺活动，沉迷于斗蟋蟀、斗鹌鹑，畜养猫犬、鹁鸽等动物。明宣宗既是太平天子，又是"游戏皇帝"。

自明代以来，史书中不乏对明宣宗沉迷游戏的批评，连邻国朝鲜李朝也有所耳闻。《朝鲜李朝实录》记载，朝鲜籍的宦臣尹凤多年身处皇宫，常将明朝宫廷的情形传回朝鲜李朝，而且并不避讳。宣德三年尹凤说："今皇帝（宣德帝）燕于宫中，长作杂戏。"宣德六年又说："帝好游戏，至一旬不谒皇太后。"尹凤的观察印证了中国史书的记载。皇甫录著《明记略》时距宣德年刚过了三十多年。书中记载：

宣庙好促织之戏，遣取之江南，其价腾贵至十数金。时枫桥一粮长，以郡遣觅得其最良者，用所乘骏马易之。妻妾以为骏马易虫，必异，窃视之，跃去矣。妻惧，自缢而死。夫归，伤其妻，且畏法，亦缢焉。

这是一件真实的故事。苏州府枫桥的一位粮长，被府衙遣派去捕捉蟋蟀。明朝初年设立粮长制度，在江南产粮州县每一万石设一区，选用粮长督收田赋。这位粮长认为蟋蟀是奇货可居的好东西，就用所乘骏马换来一只好蟋蟀，准备献给皇帝获取赏赐。不承想，他的妻子好奇，偷偷打开蟋蟀罐观看，结果蟋蟀跑了。结果夫妻俩被迫自缢。明宣宗好蟋蟀之戏引发的百姓悲剧，在清代蒲松龄写的《促织》故事中也有生动的描写。

当时苏州是主要为官廷进贡蟋蟀的地方。明代王世贞《王弇州史料》中收录明宣宗给苏州知府况钟的敕诏。"宣德九年七月，敕苏州知府况钟：比者内官安儿吉祥采取促织。今所进促织数少，又多有细小不堪的。以敕他每于末进运，自要一千个，敕至，而可协同他干办，不要误了，故敕。"宣德皇帝为了采办玩物而给地方官下敕诏，责备采办的蟋蟀数少质差，不堪使用，要求速办一千只蟋蟀，宣宗的敕诏语言直白急迫，足见其痴迷到了何等程度。帝王的不良嗜好，造成"上有所好，下必甚焉"的风气，贪官污吏采办蟋蟀敲诈民财，弊政给人民造成灾难，使社会奢靡之风盛行。

中国饲养蟋蟀始于唐代，装盛蟋蟀的器具是一种用金属丝编制的笼，大约在南宋时出现陶质蟋蟀盆。至明代，蟋蟀饲养和斗戏出现了各式各样的专门虫具，如养盆、斗盆、过笼、水槽、葭草、探筒等。

蟋蟀罐中的养盆通常是陶质带盖的桶式罐子。因为蟋蟀喜欢较为阴暗的环境，透气好的陶罐则成为饲养蟋蟀的用具。斗盆则多为瓷质，体形比养盆大，圆形或方形，也称为"方栅""比笼"。

清代仿宣德澄泥蟋蟀罐

宣德蟋蟀罐是中国蟋蟀罐中的绝世名品。为满足宫廷养斗蟋蟀的需要，明宣宗命景德镇御窑厂烧制瓷制的斗盆，由苏州陆墓镇烧造澄泥养罐。陆墓镇位于苏州北部，今改名陆慕镇。从永乐时起陆墓镇设有御窑，专门为宫廷烧制金砖。陆墓镇的土质上乘，呈金黄色，坚细如同澄泥，非常适合烧制蟋蟀罐。从宣德年间开始，陆墓镇出产的澄泥蟋蟀罐名扬天下。明代李诩《戒庵老人漫笔》记载："宣德时苏州造促织盆，出陆墓邹、莫二家。曾见镂雕人物，妆采极工巧。"说明宣德御制的蟋蟀罐工艺极为精致。宣德澄泥蟋蟀罐以戗金蟋蟀罐最有名，"戗金"就是先在器物上雕刻图案花纹，然后在雕痕中填金的工艺。清代诗人吴伟业写有《宣宗御用戗金蟋蟀盆歌》。传世的宣德御窑澄泥蟋蟀罐很少，只在少数博物馆中有收藏。故宫博物院收藏了一件宣德澄泥蟋蟀罐，高8.8厘米，直径12.3厘米，罐身雕刻婴戏图和树木、花卉、栏杆、祥云等纹饰。沈阳故宫博物院也收藏一件明宣德款婴戏纹澄泥蟋蟀罐。著名学者王世襄先生在《秋虫六忆》中记述了宣德狮纹蟋蟀罐。此罐高11厘米，直径14.5厘米，罐身雕太狮少狮，俯仰嬉戏，侧有绣球，彩带飞扬，罐盖亦雕双狮滚绣球，罐底素面，刻阳文"大明宣德年制"楷书款。这件宣德狮纹蟋蟀罐成为鉴别其他宣德年款澄泥蟋蟀罐的标准器。美国纽约大都会博物馆收藏一件宣德款澄泥蟋蟀罐，罐盖款识为"大明宣德年叶氏监制"、"王通和造"和"蟋蟀草堂"。王通和是清末的匠人，所造蟋蟀罐常刻宣德年号，大明宣德蟋蟀罐真品传世稀少，市面上所见多是清代以后的仿品。

清代蟋蟀过笼，纳尔逊艺术博物馆藏

宣德年间，江西景德镇御窑厂负责烧制皇家所需的青花瓷蟋蟀罐，所产宣德官窑蟋蟀罐传世量极少，非常珍贵，在明代晚期与宋徽宗官窑的价格相当了。明代沈德符《万历野获编》说："今宣窑蟋蟀罐甚珍重，其价不减宣和盆也。"如今全球传世的宣德官窑蟋蟀罐不过数件，故宫博物院收藏有宣德仿汝釉蟋蟀罐，上海博物馆藏有宣德青花白鹭黄鹂纹蟋蟀罐。日本户粟美术馆藏有宣德青花怪兽纹蟋蟀罐，1989年苏富比拍卖行上拍了一件宣德黄地青花瓜纹蟋蟀罐。

清初仿宣德青花婴戏图蟋蟀罐，纽约大都会博物馆藏

1993年，景德镇陶瓷考古研究所发掘珠山明代御窑厂遗址时，发现大量碎瓷片，经复原完整，共计21件蟋蟀用具，包括青花瓷蟋蟀罐、青釉蟋蟀罐和青花过笼，纹饰非常稀见，除龙凤、海兽、竹梅、花卉外，还有鹰犬、天马、莲池珍禽、黄鹂白鹭等，盖底和圈足有"大明宣德年制"款识。虽然这些碎片都是官窑贡品的落选者，但仍然精美异常，做工讲究，纹饰新颖丰富，显示出明宣宗对烧造蟋蟀罐等用具的用心和投入。宣德蟋蟀罐的辉煌也只持续了十年，宣德

十年（1435），明宣宗病死，太皇太后张氏下令："将宫中一切玩好之物、不急之务悉皆罢去，革中官不差。"（明代李贤《天顺日录》）太皇太后张氏此举不仅停止了各御窑厂烧造蟋蟀罐，甚至有可能毁掉了宫中诸多玩物包括蟋蟀罐。这是宣德蟋蟀罐传世很少的原因。近六百年的光阴，精美而奢华的宣德蟋蟀罐承载了中国斗蟋蟀历史上的一段辉煌，成为中国陶瓷艺术史上的珍品。

清代赵子玉澄泥蟋蟀罐，选自 ArtBase 中国艺术品图片库

明宣德以后，斗蟋蟀逐渐从宫廷游戏体系中退出，成为民间市井休闲娱乐的一种方式。民间烧造蟋蟀罐借鉴官窑器的工艺，出现了两大名家系列，即万礼张蟋蟀罐和赵子玉蟋蟀罐。万礼张蟋蟀罐始于明代，有多种款识，如万礼张造、秋虫大吉、怡情雅玩等。清代赵子玉是一代名匠，继宣德蟋蟀罐之后开创了新的流派，他烧制的蟋蟀罐，澄泥细腻，润滑如同肌肤，挺拔俊美，制作精工，盖腔相扣，严丝合缝。蟋蟀罐虽是娱乐玩物，但其制作工艺繁杂考究，上乘的蟋蟀罐堪

比名窑瓷器。如今，苏州陆慕镇御窑厂恢复烧制金砖和仿宣德澄泥蟋蟀罐，传承着古老的文化和高超的技艺。

三、由盛至衰的蹴鞠活动

蹴鞠活动是明代各种球戏活动中最为流行的一种，除了宫廷内盛行外，在民间也是消闲娱乐的重要内容。沈德符《万历野获编》说：当时"士大夫享太平之乐，以其聪明寄之剩技"。京城驸马王昺、锦衣卫都督张懋忠等人"蹴鞠俱精绝"。嘉靖名士李开先，因为得罪了阁臣严嵩被罢职回家，闲暇无事，便以作曲、下棋、蹴鞠消磨时光。明末人南生鲁在浙江当观察使，请谢彬画像，刘复补画山水，记录自己的生活，名为《六真图》，其中有蹴鞠图，画主人与两少年蹴鞠戏。吴梅村写诗说："我笑此翁何太奇，弹琴蹴鞠皆能为。"明代王圻、王思义辑《三才图会》中有一幅三人踢球的蹴鞠图，蹴鞠者都是长袍阔袖、髯须飘拂的文人学士貌样，说明蹴鞠深受士大夫们的喜爱。

在下层社会，蹴鞠开展得更为广泛。沈榜在《宛署杂记》中记载：明嘉靖至隆庆年间"京城八绝"，其中有苏宣投壶绝、阎子明围棋绝、张京象棋绝和郭从敬踢球绝。郭从敬是显灵宫道士，"时以踢球自娱，久之惯熟，遂为一时绝技。或自弄一球，能使球沿身前后上下，终日飞动不坠；或兼应数球，能随诸敌人缓急轻重，应接不谬"。现藏上海博物馆的明代画家杜堇的《仕女图》中，有妇女踢球的画面，画面上没有球门，是一种三人踢球的玩法。明代钱福《二姬蹴毬》诗生动逼真地描写了当时女子蹴鞠的场景。诗云：

清代顾洛《蹴鞠图》摹本，原本四川博物院藏

蹴鞠当场二月天，仙风吹下两婵娟。
汗湿粉面花含露，尘扑蛾眉柳带烟。
翠袖低垂笼玉笋，红裙斜拽露金莲。
几回踢罢娇无力，恨杀长安美少年。

诗中把两位对踢的民间女子的装束、情态、动作，描写得栩栩如生，令人有呼之欲出之感，可谓是杜堇《仕女图》最好的注脚。

自元明两代以后，蹴鞠成为青楼女子必须掌握的才艺之一。元代关汉卿散曲《女校尉》描写的就是青楼女子与客人一起蹴鞠的场景。元代萨天锡也写过一首《妓女蹴鞠》的散曲，被誉为16世纪社会生活风俗画的小说《金瓶梅》第十五回描写了西门庆与嫖客、妓女踢球的情景，以及当时专门侍奉别人踢球的"圆社"情况，反映了元明时期蹴鞠的社会风俗和青楼风月的关系。抄录一段：

  西门庆打发架儿出门，安排酒上来吃。桂姐满泛金杯，双垂红袖，肴烹异品，果献时新，倚翠偎红，花浓酒艳。酒过两巡，桂卿与桂姐，一个弹筝，一个琵琶，两个弹着，唱了一套"霁景融和"。正唱在热闹处，见三个穿青衣黄扳鞭者，谓之圆社。手里捧着一个盒儿，盛着一只烧鹅，提着两瓶老酒："大节间来孝顺大官人贵人。"向前打了半跪。西门庆平昔认的，一个唤白秃子，一个是小张闲，那一个是罗回子。因说道："你每且外边候候儿，待俺每吃过酒，踢三跑。"于是向桌上拾了四盘下饭、一大壶酒、一碟点心，打发众圆社吃了，整理气毬齐备。西门庆出来外面院子里，先踢了一跑。次教桂姐上来，与两个"圆社"踢。一个揸头，一个对障。拘踢拐打之间，无不假喝彩奉承。就有些不到处，都快取过去了。反来向西门庆面前讨赏钱，说："桂姐的行头，比旧时越发踢熟了，撇来的丢拐，教小人每凑手脚不迭。再过一二年，这边院中，似桂姊妹这行头，就数一数二的，盖了群，绝伦了。强如二条巷董官女儿数十倍。"当下桂姐踢了两跑下来，使的尘生眉畔，汗湿腮边，气喘吁吁，腰肢困乏。袖中取出春扇儿摇凉，与西门庆携手并观，看桂卿与谢希大、张小闲踢行头。白秃子、罗回子在傍虚撮脚儿等漏，往来拾毛。亦有朝天子一词，单道这踢圆的始末为证：

"在家中也闲，到处刮涎，生理全不干，气毯儿不离在身边。每日街头站，穷的又不趋，富贵他偏羡。从早晨只到晚，不得甚饱餐。转不的大钱，他老婆常被人包占。"

明代还有儿童蹴鞠活动。明代瓷器上多绘有儿童蹴鞠图，有二人场和三人场的蹴鞠图。图画中的动作活泼异常，栩栩如生。明代李时勉《清明》有两句诗描写儿童的蹴鞠，诗云："轻裘骏马谁家儿，东阡西陌纷相随。斗残蹴鞠忽归去，还向高堂纵歌舞。"

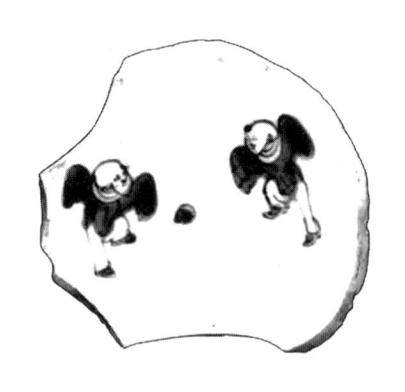

明青花蹴鞠婴戏图残片

明代蹴鞠主体的游戏方式是以不设球门的"白打"。满人入关后，清廷提倡满族的传统游艺，而对其他则不重视，因此清代球类活动进一步衰亡。宫廷中极少进行蹴鞠一类的娱乐活动，仅在民间偶有所见。

《聊斋志异》中描写善良的狐女小翠与王府公子玩耍时，只见小翠"刺步作圆，蹋蹴为笑，着小皮靴，蹴去数十步，给公子奔拾之"。这里提到的"圆"即是球，乃是用皮革做成的，小翠踢球时专门换上"小皮靴"，说明清初女子蹴鞠时有专门的运动鞋。清康熙年间，北京白云观每逢燕九节（正月十九）都有蹴鞠会。《燕九竹枝词》中有："旅思偏从春日长，芳郊不自禁游缰。笙歌队里击球社，珠箔丛中走马场"的诗句。在清代的瓷器上也多有儿童蹴鞠图。但到清中叶以后，这种蹴鞠史料便很少了，说明我国古代传统的蹴鞠已完全衰落了。

四、珍贵的明清游艺文物

明清两代流传下来丰富多彩的游艺文物，使我们可以从中了解明清两代游艺活动的繁盛，因而是十分珍贵的。

明代宫廷围棋相当盛行。明代的帝王从太祖朱元璋到崇祯帝朱由检大多会下围棋。故宫博物院现藏有一个明代的棋牌桌。该桌为长方形，通体黑漆，桌面用活榫衔接，可以折叠，合拢是四足木桌，打开后为八足棋桌。中间桌面上有一活心板，板背绘有黄地黑线的围棋盘。棋盘对角旋有两个圆口棋盒，内装料制棋子一副。盘下壁内抽屉里又放有骨牌、纸牌、筹码和骰子。此桌设计巧妙，做工精良，既是一件难得的珍贵明式宫廷家具，又是当时宫中游艺活动的实用见证。

清代帝王、后妃也大都喜欢围棋，以示风雅。故宫博物院珍藏牙雕《月曼清游图册》，根据宫廷画家陈枚创作的《十二月仕女景图册》制成，反映了乾隆时代宫中嫔妃生活的丰富多彩。全册共12开，分别描绘嫔妃们一年十二月的节令活动，其中二月名为《闲亭对弈》，春天和风暖阳下，桃花乍发，藤萝、翠石环绕。三个女子在亭内对弈，侍女们端来茶点。清高宗弘历题诗云："胭脂匀缀小桃枝，别苑春和二月时。镜户团圞（luán）清昼永，楸枰斜倚共敲棋。"这说明清代围棋活动在清代宫廷中是非常盛行的。

晚清的慈禧太后也好下围棋。北京故宫博物院藏有一幅《文宗孝钦皇后弈棋图》。这幅绘画描绘了咸丰帝与当时还是懿贵妃的慈禧太后在花园中下围棋的场景。图中慈禧坐在雕花的绣墩上，紫檀木方桌上摆有精致的棋具，木胎朱髹漆棋盒，晶莹润泽玉制棋子。慈禧太后身着满族服装，佩戴珠宝金凤簪和翠玉耳环，足穿花盆底鞋，面含微笑，怡然自得。她右手拈着棋子，正准备落子。咸丰帝相陪对弈，右拇指套翠玉扳指，腰挂金壳怀表。这幅图显然是慈禧太后垂帘听政后命宫廷画师所绘。

故宫中的一些殿堂庭院中至今还保留着不少当年清宫围棋的实物。如养心殿后殿内炕桌上陈设着一副精致的棋具。木胎髹漆的棋盒，青、白玉石制成的围棋子，是当时帝王的常用之物。建福宫花园、乾隆花园中还有刻有围棋盘的石桌。在故宫博物院数字文物库检索到众多清代的围棋文物，如红木嵌玉团寿纹围棋盒、竹根八卦纹围棋罐、黄漆描金边围棋盘、白玉碧玉围棋子、居易堂围棋新谱等。可以想见清代宫廷围棋盛行的情景。

第七章 明清游艺

清人绘《文宗孝钦皇后弈棋图》，北京故宫博物院藏

白玉、碧玉围棋子，北京故宫博物院藏

在明清墓葬中，也时常有围棋文物出土。1970年，在山东济宁邹城明鲁荒王朱檀的墓葬中出土一副围棋。出土围棋子356枚，黑子175枚、白子181枚，为料制。棋子分别装在木胎黑漆的圆棋盒里，盒上画金色勾连雷纹。棋盘为四折硬纸，四周裱以纸边。这副围棋造价低廉，便于携带、存放，很可能是朱檀生前常用之物。

1985年，在山西运城地区明代万历年间兵部尚书刘敏宽父母合葬墓中出土黑色围棋子三枚。棋子是涂釉陶瓷。现存河东博物馆。近几年，在江苏、浙江、北京、河北等的明清墓葬中也有围棋文物出土，棋子有料制的，有陶瓷制的，也有玉石制的。这反映了当时围棋活动的普及程度。

在明代，双陆是与围棋并盛的棋类活动，清代则主要流行于宫廷中。故宫博物院收藏有多套明清时期的双陆棋具。明代掐丝珐琅狮纹双陆棋盘，造型规矩，装饰精美，为明代御用监所造，是难得的传世孤品。明代木制双陆局，用紫檀木制成小炕几式。盘面为长方形，四框两旁装楠木长方屉。双陆局面用螺钿镶嵌成局，正中为月牙城，两侧各6点，共12路（亦称梁）。双陆子共黑、黄两色，黑子用紫檀木制成，黄子用黄杨木制成；黑子15枚，黄子12枚（缺3枚）。双陆子状似捣衣槌。此外，故宫还藏有明代的素面象牙双陆子、象牙染雕花卉双陆子、珐琅双陆子和青、白玉双陆子。

清代的双陆文物保存最好，其中以乾隆年间制的双陆棋具最为精致。全套双陆棋具，由玉质双陆子30枚、骰子5粒、一套牛角质叶子牌、20根乌木筹、8根方形牙筹棍、12根扁圆筹棍、39根黄杨木筹棍、4根牙牌、20根细牙筹棍、镇纸、珐琅小碗各一个组成。这些东西装在一个长13厘米、宽10.4厘米、高2.5厘米的紫檀木盒中。这套双陆棋具堪称稀世之宝，只是可惜双陆棋盘不知何时丢失了，确是一件憾事。

这些双陆文物反映明清宫廷盛行双陆游戏的情况，也说明到清末，这种游戏已逐渐不被人重视了，许多棋具变得残缺不全了。

山西博物馆收藏了20件明清时期的铜投壶，分三孔和五孔投壶，有云纹、人物纹、雷纹、四兽纹，纹饰精美，各具特色。北京故宫博物院也藏有4只投壶，都是清乾隆年间御制，其中有三只壶为双耳，一只壶带四个耳。这4只投壶整体造型凝重，古朴雅致，工艺精湛，代表了清代投壶的最高水平。1986年在四川绵阳市的一处明代窖藏中发现一件铜质投壶。直口，口旁置二贯耳，长颈呈六棱柱形，鼓腹也呈六棱形，壶高42厘米。这个窖藏文物十分丰富，有瓷制的罐、碗、杆、钵、盒、盘、瓶，以及紫砂壶、锡壶、酒壶、温酒灶等。据此推测这些遗物是茶馆酒肆的成套用具，说明当时酒肆茶馆中把投壶作为一种游戏的项目。

明清宫廷也盛行投壶，作为宫廷礼仪制度的一部分，与民间的纯娱乐性质迥然不同。投壶也是文人游宴雅集的重要内容。镇江博物馆和美国纽约大都会博物馆各藏明代宫廷画家谢环《杏园雅集图》，描绘了明代正统年间杨士奇、杨荣、杨溥、李时勉等九位名臣在杨荣府邸杏园雅集的情景，画面中绘有围棋桌和体形硕大的投壶。

清代乾隆御制铜投壶，北京故宫博物院藏

第七章　明清游艺

北京故宫博物院藏清乾隆御制铜投壶，高44.5厘米，腹径20厘米，口径6.7厘米，通体凸雕花纹，有夔龙纹、连叶纹、连珠纹、如意纹和缠枝纹，寓意"吉祥如意""富贵高洁"，中间方形四面为乾隆皇帝的御制诗文，诗云："文士风流非所慕，先王制作至今存。诗歌狸首乐惟雅，酒奠丰觞语戒喧。宾主雍容欢既洽，降升揖让节堪论。哨壶枉矢虽微物，我欲因之一讨源。"落款是"乾隆戊辰御制并题"。乾隆戊辰为乾隆十三年，1748年。乾隆皇帝重视投壶的制作是因为这是先王礼制的传承，体现了雍容欢娱和礼伐揖让的古代儒家思想，所以他说投壶和矢虽然微小之物，但是也要探寻古代投壶的渊源。

故宫博物院收藏投壶所用的矢，有彩漆竹矢和木矢两种。两种矢的矢柄都削成鸭嘴形，占全矢长度的五分之一。彩漆竹矢做工最精细，式样也考究，柄上饰描金漆海棠花纹，矢头呈圆状，头上缠麻丝约1厘米高，防止矢头破裂。每副矢12支。这些精致的投壶和矢是研究明清投壶活动的珍贵实物资料。

流传至今的明清游戏文物种类繁多，存量很大，主要保存在国内外各大博物馆中。以北京故宫博物院为例，保存着大量明清珍贵的宫廷游戏文物，如乾隆款仿哥釉象棋子、黄杨木及紫檀木雕填彩八宝纹象棋子、雕漆彩色蒙古象棋、万历款五彩海水云龙纹六棱蟋蟀罐、康熙青花博古图蟋蟀斗盆、清匏制象牙盖蝈蝈笼、象牙麻将牌、水浒人物图纸牌、漆木花卉纹空竹、雕桃核玩具、磁州窑玩具，等等，难以详尽。清代晚期，西方的一些游艺玩具也传入紫禁城中，比如北京故宫博物院藏有欧洲生产的洋娃娃、洋铁轨道小火车、小风扇、洋人仕女扑克牌和各种洋积木，其中，一套法国产积木玩具，由大小不等、形状各异的木块组成，用来搭建各种建筑造型。积木装在一个漆木盒中，共36块，盒面上印有法文"JEU DE COUNSTRUGTION"，意思是建筑游戏。

法国产积木玩具，北京故宫博物院藏

五、从马吊牌到扑克牌

纸牌是中国传统的游艺活动之一。玩纸牌是一种锻炼人们智力的游艺，可提高人的思维和判断力，是人们劳作之余及茶余饭后很好的消遣活动。所以纸牌自唐代产生之后，历千百年而不衰，深得人们的青睐。

明代时，在唐宋叶子戏的基础上又产生了马吊戏。马吊，又写成"马掉"。据说是因为玩马掉牌时，必须四人共玩，分为四垒，各自为战，若缺一人就像马失掉一足一样，不可行，所以又名"马掉脚"。马吊牌与叶子戏二者有相似之处，均为纸制，玩法也大同小异。明人对此游戏的喜爱程度远胜过前代，许多文人投身其中，难以自拔。而且著书立说，对马吊牌总结研究，如潘之恒的《叶子谱》、冯梦龙的《马吊牌经》等。

《水浒叶子·豹子头林冲》，选自中国艺术博物馆数据库

清代斗纸牌的游戏愈演愈烈，玩纸牌成风，达到无以复加的程度。这一时期纸牌的种类也愈加纷繁，除马吊牌外，又出现了斗虎、麻雀牌等新品种，其玩法也多种多样。后来"麻雀牌"与象牙制成的

宣和牌相结合，衍变为盛行至今的"麻将牌"。麻雀牌最初为纸质，后才变为用木、骨、象牙等材料，纸制麻将现今仍有流行。

现今北京故宫博物院收藏的名目繁多、质地优良、形制精巧的纸牌，主要是清宫造办所制作的。主要有两种。一种的图形为"老千""白花""红花"，以及"幺万"至"九万"，"幺饼"至"九饼"，"幺条"至"九条"。每种图形4张，共计120张。另一种为《三国演义》《水浒传》中的人物，30个人物各有4张，亦是共120张。每张牌呈长方形，长9.3厘米、宽2.3厘米，黑边、白地，中绘人物像。这些人物神态各异、形象生动。纸牌上、下方绘有各种符号，分别代表万万贯、千万贯等各种纸牌术语。有的纸牌上还写有宋江、武松、呼延灼、阮小五等人物的名字。这种纸牌用料极精，印上图案后，多罩以竹皮色、紫色、绿色、黄色等，两面挂胶。纸牌滑润，富有弹性，结实耐磨。

《水浒传》人物纸牌，北京故宫博物院藏

第七章 明清游艺

清代,王公大臣及其帝、后、妃、嫔等都嗜好纸牌游艺。《清稗类钞》说:"康熙时,士大夫喜马吊。"《啸亭杂录》讲述了一段大臣玩纸牌的生动故事。王云锦,字海文,江苏无锡人。清康熙四十五年(1706)的状元,授职翰林院修撰。雍正初年,王云锦在朋友家玩叶子戏,忽一张纸牌丢失了。第二天,王云锦上殿见雍正帝。雍正帝问他昨夜玩了什么?王云锦如实回答。雍正帝笑道:"不欺圣上,真是状元出身的人呀!"从袖中取出那张丢失的牌。原来是雍正派人监视大臣活动,从王云锦处偷来的。可见雍正帝对群臣的监视和控制。清后期,"麻雀之风,起自宁波沿海一带,后渐染于各省,近数年来京师遍地皆是,……肃亲王善耆,贝子载振皆以善麻雀为自豪"。慈禧等后妃也颇好玩麻雀牌。奕劻常派两女入侍,带数千金与慈禧玩麻将,可是,奕劻只能输不能赢。

晚清吴友如《点石斋画报》中《作叶子戏》,选自中国艺术博物馆数据库

中国纸牌曾在元明之际流传到国外，对欧洲发明扑克牌产生了影响。到清代，54张的西洋扑克牌则开始传入中国，并逐渐为国人所接受和喜爱。故宫博物院收藏有数副从欧洲传入的扑克牌，十分珍贵。这些扑克和现行的扑克相差无几，只是尺寸略小，长6.7厘米、宽3.5厘米，也分红桃、方块、梅花、黑桃四种，每种13张。扑克上的主图案为西洋少女的半身彩色油画肖像、军人肖像、土著人肖像等三种。该扑克造型精美，做工考究，是难得的游艺佳品。扑克的背面注有英文"德国印制"的字样。

故宫博物院所收藏的纸牌和扑克牌清晰地显示了明清两代由盛行中国传统纸牌到出现近代西方扑克牌的发展过程，为我们提供了晚清中西文化交流的实物证明。

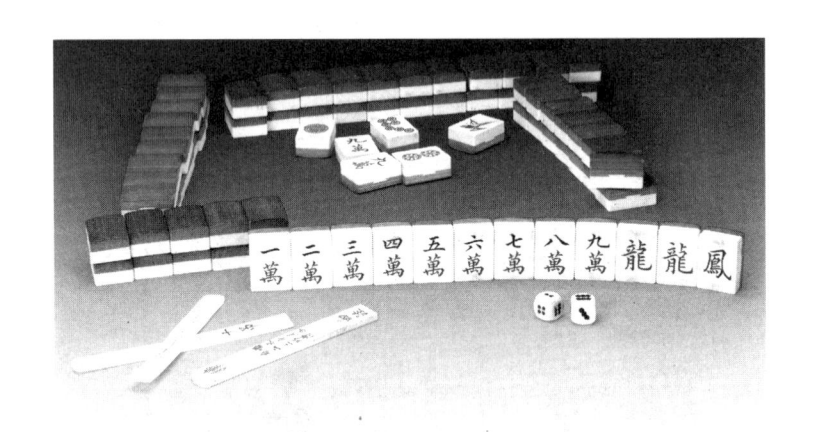

清宫骨质麻雀牌，北京故宫博物院藏

麻将也源自马吊牌，其内在结构与游戏规则与明清时期的纸牌相同，只是材质改为骨制立体的形状。直到现代，麻将与纸牌都一直同时流行。麻将产生后，迅速风靡全国，成为中国人最喜爱的休闲娱乐活动之一。故宫博物院收藏多套清宫麻将，有玉质、象牙、骨质等多种，一般以象牙为面，竹木为背，选材精美，制作考究。宫廷麻将与民间麻将不同之处，将民间麻将中的"中、发、白"改为"龙、凤、白"，体现了皇家的尊贵。

六、天花喷礴的奇妙烟火

燃放烟火是中国传统的节日娱乐活动，大型的烟火燃放是一门融合科学和技巧的表演艺术，小的烟花则是人们欢度佳节、休闲娱乐的玩具。中国是黑火药的故乡，也是世界上最早制造烟花爆竹的国家。在近代以前，中国的烟火艺术水平领先于世界，其场景之盛和烟花之妙，令人叹为观止。

明朝文学家张岱在《陶庵梦忆》卷二《鲁藩烟火》，记述了万历年间山东兖州鲁王府燃放烟火的情景。

> 殿前搭木架数层，上放黄蜂出窠、撒花盖顶、天花喷礴。四旁珍珠簾八架，架高二丈许，每一簾嵌孝、悌、忠、信、礼、义、廉、耻一大字。每字高丈许，晶映高明。下以五色火漆塑狮、象、橐驼之属百余头，上骑百蛮，手中持象牙、犀角、珊瑚、玉斗诸火器，器中实千丈菊、千丈梨诸火器，兽足蹴以车轮，腹中

藏人，旋转其下。百蛮手中，瓶花徐发，雁雁行行，且阵且走。移时，百兽口出火，尻亦出火，纵横践踏。端门内外，烟焰蔽天，月不得明，露不得下。

　　身入灯中、光中、影中、烟中、火中，闪烁变幻，不知其为王宫内之烟火，亦不知其为烟火内之王宫也。

　　"烟火"专指民间娱乐用的烟火，古代也称为花炮、火戏、焰火。中国的火药烟火最迟在北宋就已经出现。《东京梦华录》记载，宋徽宗时在宝津楼前呈百戏、放爆仗。南宋时关于烟火的记载非常多。南宋《嘉泰会稽志》记载浙江绍兴"惟除夕爆竹相闻，亦或以硫黄作爆药，声尤震厉，谓之'爆仗'"。《西湖志余》记载，宋孝宗淳熙十二年（1185）的元宵节，皇宫里共燃放了百余架烟火，孝宗乘小轿亲自到宣德门观看。《武林旧事》记载："至于爆仗，有为果子、人物等类不一。而殿司所进屏风，外画钟馗扑鬼之类，而内藏药线，一爇连百余不绝。"说明南宋时火药烟火已经达到相当水平，形成从宫廷到民间的节令风俗，将烟火制成果子、人物的形象，在屏风中隐藏火药表明后世烟火架子、烟火盒子已经出现。

　　当时杭州有专门卖药线和烟火的店铺，出现了擅长放烟火的艺人。元代学者赵孟頫写有一首《赠放烟火者》诗云："人间巧艺夺天工，炼药燃灯清昼间。柳絮飞残铺地白，桃花落尽满阶红。纷纷灿烂如星陨，㸌㸌喧豗似火攻。后夜再翻花上锦，不愁零乱向东风。"描绘了燃放烟火时，亮如白昼，爆花满地，万紫千红的逼真情景。

　　明清两代是中国传统烟火技艺的鼎盛时期，烟火的花色品种更为繁多,制作和燃放技艺精巧高超。正如明代鲁藩王府的烟火,分为烟火架和烟火盒子两种,并且出现烟火帘的形式,烟火盒子制作成各种瑞兽和珍宝的形制,由车子承载,行进中燃放。黄蜂出窠、撒花盖顶、天花喷礴、千丈菊、千丈梨都是烟火的品种。明代的烟火种类已经有几百种。《宛署杂记》卷十七说:当时的烟火,"有声者,曰响炮,高起者,曰起火。起火中带炮连声者,曰三级浪。不响不起,旋转地上者,曰地老鼠。筑打有虚实,分量有多寡,因而有花草人物等形者,曰花儿。名几百种,其别以泥函者,曰砂锅儿。以纸函者,曰花筒。以筐函者,曰花盆。总之曰烟火云。"明代的烟火大都制成盒子状,所以又称放烟火为"放盒子"。有的盒子多至五层,能施放出绶带鸟、葡萄架、珍珠帘、长明塔等美丽的图案,施放起烟火,硝烟弥漫,光影五色,甚至连星月也看不清了。明朝人瞿佑《烟火戏》诗云:"天花无数月中来,五色祥云绕绛台。堕地忽惊星彩散,飞空频作雨声来。"说的是无数烟花从天而降,好似从月亮中来的一样,五色的烟花像云朵一样降落,绽放烂漫的火星,发出巨大的声响。《金瓶梅词话》卷四十二回,"豪门拦门玩烟火,贵客高楼醉赏灯"描写了明代江南民间的烟火盛况,值得一读。

一丈五高花桩,四围下山棚热闹。最高处一只仙鹤,口里衔着一封丹书,乃是一枝起火。起去萃山律一道寒光,直钻透斗牛边。然后正当中一个西瓜炮迸开,四下里人物皆着,膺剥剥万个轰雷皆燎彻。彩莲舫,赛月明,一个赶一个,犹如金灯冲散碧天星;紫葡萄,万架千株，好似骊珠倒挂水晶帘箔。霸王鞭，到处响亮；地老鼠，串绕人衣。琼盏玉台，端的旋转得好看；银蛾金弹，施逞巧妙难移。八仙捧寿，名显中通；七圣降妖，通身是火。黄烟儿，绿烟儿，氤氲笼罩万堆霞；紧吐莲，慢吐莲，灿烂争开十段锦。一丈菊与烟兰相对，火梨花共落地桃争春。楼台殿阁，顷刻不见巍峨之势；村坊社鼓，仿佛难闻欢闹之声。货郎担儿，上下光焰齐明；鲍老车儿，首尾迸得粉碎。五鬼闹判，焦头烂额见狰狞；十面埋伏，马到人驰无胜负。总然费却万般心，只落得火灭烟消成煨烬。

《金瓶梅词话》插图《玩烟火》，选自中国艺术博物馆数据库

第七章 明清游艺

好一场烟火表演，由点燃仙鹤丹书开始，到十面埋伏结束，西瓜炮、轰雷、彩莲舫、赛月明、紫葡萄、霸王鞭、地老鼠等28种烟火相继燃放，可谓是火树银花、争奇斗艳，足见明代烟火技艺的高超。

清代宫廷燃放的烟火多由内务府花炮作负责制造，皇帝重视烟火制造和燃放，委派监修官，燃放地点、数量等都由皇帝钦定。每逢元宵节，皇宫、西苑、南海子和圆明园等处都燃放烟火。乾隆二十九年（1764）朝鲜使者受邀到圆明园观看烟火，将所见盛况记录在《燕行日记》中，圆明园的山高水长楼前，草坪宽阔平坦，几十架烟火按一定的设计布置。当下午申时，乾隆皇帝入座后，先施放瓶花。顷刻间，"无数架阁砲响齐起，如天崩地陷，四面八方火光烛地，烟焰迷空"。万炮齐鸣，声震如雷，光如闪电，五彩缤纷，金蛇狂舞。"炷绳引火延于盒地，则盒自坠地而无数红灯纚纚而垂，各成字形，或作万国来朝，或作圣寿无疆等字，点画宛然。"施放的烟火能够呈现出日月、海水、奇花、仙人、金凤、文字等各种形状。清代汪懋麟《元夜禁中观放烟火歌》，以生动的文字描绘了御苑中瑰丽的烟火。诗云：

> 便殿前头竿百丈，彩绳高系青天上。
> 银花火树齐开张，珠斗明星尽奔放。
> 金鹅赤凤无不有，玉女仙人各奇状。
> 云中宝塔何嵯峨，海上蜃楼起烟浪。
> 更有奇花次第爇，千枝堕地生金莲。

火山吞吐走日月，急如万弩离箭弦。

爆竹声中作霹雳，铁马攻战相回旋。

夜静笙歌转清彻，两傍侍臣时叫绝。

民间的烟火虽然比不上宫廷的烟火，但也相当精致，各种花样的烟火皆全。清人潘荣陛《帝京岁时纪胜》中记载，清代北京的烟火有一盒内装有几个故事花样的，不管是人物还是翎毛花草，都非常逼真。勋戚富贵之家，在元宵节之夜都少不了放烟火取乐。清代朝鲜使臣在《燕辕直指》写有一篇《纸砲记》，记载北京除夕至元宵节燃放花炮的场景："纸砲或称纸灯，源出于爆竹。自除夕至元宵，满城人家无夜不放。其制糊纸为桶，大小长短不一，内贮焇药而筑之伏线引火，火才著桶，火便爆发，发响甚洪亮。……有一个大桶中藏四五小桶，大桶爆发，小桶迸出飞射半空，如流星火箭者，或盘旋如十数条火蛇，芒焰涨天，灰烬落地。"《金瓶梅》第二十四回写道："天上元宵，人间灯夕。……经济与来兴儿，左右一边一个，随路放慢吐莲、金丝菊、一丈兰、赛月明。"《红楼梦》第五十四回描写荣、宁二府在正月十五燃放烟火的情形，所放烟火有满天星、九龙入云、飞来十响等各色花炮。一般平民百姓过节玩弄的主要是地老鼠、竹节花、霸王鞭、泥桶花、大梨花、千丈菊之类，小孩子则玩小黄烟。当时街上有车推担挑卖烟花的小贩，边走边唱："滴滴金，梨花香，买到家中哄姑娘。"唱词所说的"滴滴金""梨花香"是几种价廉的烟花。

清代西洋速写《元宵爆竹图》，伦敦韦尔科姆收藏馆

西式花炮在晚清传入中国。1938年编《北京市志稿》称："今则国外输入之花炮，色彩益奇丽。"中国古代烟火多属中低空焰火，高空烟花则传自国外。刘鹗《老残游记》就描写了来自东洋的礼花弹。

中国古代烟火技艺受限于统治者对火药的管控，烟火配方和制作缺乏系统的总结，从南宋末元初人陈元靓《事林广记》最早记载烟火配方，直到清乾隆年间，医药学家赵学敏（1719—1805）编纂中国第一本烟火专著《火戏略》五卷，内容包括烟火源流、品种、配方、制作方法和禁忌，将烟火分为烟火、筒花、游戏三大类，爆竹、翠火、药线炸药、梨花、菊花、鸟兽、鳞虫、术幻等34类，记录烟火配方487则。此书原稿本现藏天津图书馆，是对古代烟火技艺的集大成之作。

烟火的制作需要多门技艺，火烟的不同配比和巧思设计，使烟火呈现出动植物、人物、吉祥文字等图案和色彩，体现了中华民族的聪明才智。五颜六色的烟火给人们带来了无限的快乐,所以人们说,"此乐人间岂易得",表达了人们对幸福生活的热爱和向往。

七、从《群婴斗草图》说起

清代宫廷画家金廷标,字士揆,浙江乌程人,乾隆南巡时召入宫廷供职,可惜十年后就亡故了。金廷标画技高超,山水花卉、人物佛像无不精湛,深受乾隆的赏识,几乎每幅作品都有御题诗跋,甚至一幅作品多次题咏。如今北京故宫博物院里收藏金廷标《群婴斗草图》,有乾隆御题诗:"垂杨奇石草芊萋,红绿倾篮斗贾低。赤子之心爱生意,名言那识有濂溪。甲申夏日御题。"此图描绘了儿童斗草的场景。画面上清溪流畅,绿柳垂荫,十个男孩在青草湖石间斗草。他们有的在找草,有的正在争斗,输了的垂头丧气,赢了的兴高采烈。此图笔法典雅工整,设色艳丽,人物传神生动,正如乾隆对金廷标的评价:"绘事不难难得神,精描粗写每超伦。足称世画无双画,可惜斯人作古人。"

斗草亦称斗百草,顾名思义,就是以各种花草相斗来决胜负的游戏。古往今来,斗草之戏流行于全国各地,北京叫"拔根儿",东北叫"勒筋儿",江浙一带则称"斗老将"。斗草的起源与古代采草药治病有直接的关系。古人采集各类花草,辨别药性,逐渐形成在每年五月初五,遍采草药,煮汤沐浴以防疾病的习俗,这也就是端午节的由来。人们在采药的过程中互相比试,看谁采得多,谁的植物知识丰富,斗草游戏也就自然而然地产生了。

第七章 明清游艺

清代金廷标《群婴斗草图》，北京故宫博物院藏

斗草游戏起源的确切时代，学术界的说法并不一致。《诗经》中有一篇《周南·芣苢（fú yǐ）》，描写古人欢快地采摘芣苢的场景。关于《芣苢》篇的主题是什么，后代学者争论不休，其中，汉代申培在《诗说》中认为，就是古代儿童斗草嬉戏时所唱的歌谣。芣苢就是车前草，车前草长茎有韧性，是后世人们斗草时常用草种。清代女词人

295

顾太真《迎春乐词》描写春天儿童斗草、放风筝的场景，所采的草就是苄苴、茵蔯。词云："暖处有，星星细草，看群儿，缘阶寻绕，采采茵蔯苄苴，提个篮儿小。"

南北朝至明清时期，端午节风俗有"蹋百草"的活动，这与斗百草的起源有关。南朝梁人宗懔《荆楚岁时记》说："五月五日，谓之浴兰节。荆楚人并蹋百草。又有斗百草之戏。"《古乐府》也有"阳春二三月，相将蹋百草"的诗句。"蹋"与"踏"同。"蹋百草"也叫蹋百草露水，是古代端午节一种禳灾风俗。在端午的早晨，人们纷纷赤脚到有露水的草地上行走，让足部沾满清凉的露水，古人认为端午日的露水有祛毒的作用。这种风俗使人们对大自然的草木植物有了更多的认识，久而久之，人们在"蹋百草"活动中增加休暇娱乐的内容。唐代韩鄂《岁华纪丽》中说："端午结庐蓄药，斗百草，缠五丝。"唐代徐坚编类书《初学记》，引用《荆楚岁时记》并注释说，蹋百草是"今又有斗百草之戏"。可见到唐代"斗百草"才演变成一种娱乐游戏活动。

唐宋两代时，斗草游戏非常盛行，似乎是一年四季，无论男女老幼都乐此不疲。斗草的魅力和情趣被诗人们记录下来。儿童自然是斗草的主角，白居易《观儿戏》诗曰："弄尘复斗草，尽日乐嬉嬉。"贯休《春野》诗中写道："牛儿小，牛女少，抛牛沙上斗百草。"陆龟蒙《自遣》诗也有："稚子不知名品上，恐随春草斗输赢"的诗句。宋代范成大《四时田园杂兴》诗云："青枝满地花狼藉，知是儿孙斗草来。"陆游《遣兴》："闲投邻父祈神社，戏入群儿斗草朋。"满地尽是花草枝叶，就知道是儿孙们在斗草，放牛娃抛下牛儿不管，埋头玩斗草，遇上名贵的草种竟然不知道名字，引得大人也来参加。

第七章 明清游艺

清代改琦《斗草仕女图轴》，常熟博物馆藏

明清两代的斗草游戏已经形成清明节令风俗，出现了较为完整的游戏规则和新玩法。金廷标的《群婴斗草图》描写的正是春天踏青时节，儿童们相聚嬉戏斗草的景象，为我们提供了斗草游戏在采集、比斗等具体方法上的形象资料。斗草的方法，主要有"文斗"和"武斗"两种。文斗是众人采到花草后聚在一起，一人报出自己的花草名，其他人各以手中的花草名来对答，还要求对仗，比如："狗耳草"对"鸡冠花"之类。当一个人报出的花草名，其他人都对答不上时，这个人就赢了。《红楼梦》第六十二回"憨湘云醉卧芍药裀，呆香菱情解石榴裙"中，早春时节，香菱、芳官、藕官、蕊官等在草地上斗草，斗法就是文斗。

"外面小螺和香菱、芳官、蕊官、藕官、荳官等四、五人，都满园顽了一回，大家采了些花草来兜着，坐在花草堆中斗草。这一个说：'我有观音柳。'那一个说：'我有罗汉松。'那一个又说：'我有君子竹。'这一个又说：'我有美人蕉。'这个又说：'我有星星翠。'那个又说：'我有月月红。'这个又说：'我有《牡丹亭》上的牡丹花。'那个又说：'我有《琵琶记》里的枇杷果。'荳官便说：'我有姐妹花。'众人没了，香菱便说：'我有夫妻蕙。'荳官说：'从没听见有个夫妻蕙。'香菱道：'一箭一花为兰，一箭数花为蕙。凡蕙有两枝，上下结花者为兄弟蕙，有并头结花者为夫妻蕙。我这一枝并头的，怎么不是？'荳官没的说了。"

这段文字，绘影绘声，口吻毕肖，把一群女孩子们斗草的情态笑貌，写得传神极了，显示了文学大师的浑厚笔力。

当时也有以谁的花草最少见、名贵、吉祥来决胜负的。清人李声振《百戏竹枝词》有《斗草》诗云："一带裙腰绣早春，踏花时节小园频。斗他远志还惆怅，惟有宜男最可人。"诗前李声振作序说：古代人很早就有斗草的游戏，是"以吉祥而少见者取胜"。诗中的"远志""宜男"都是草名。"远志"被古人引申为有远大的志向，但最终也比不过"宜男"，因为"宜男"又叫"忘忧草"。人生在世，谁无忧伤？如果人达到忘忧的境界是最可贵的。所以，斗草时，谁得了忘忧草，谁就稳操胜券了。"文斗"充满着文学的趣味，在优雅的游戏中增长植物学的知识。

明代斗彩婴戏杯，克利夫兰艺术博物馆藏

"武斗"的方法是两人持草相对，每人两手各持一草（或花）茎的一端，让双方的草茎相勾搭，然后用力一拉，谁的草茎被拉断就是输家。金廷标的《群婴斗草图》表现的正是斗草游戏中这种"武斗"的情景。在文献中缺乏有关"武斗"记载的情况下，此图对此做了真实而细致的描绘，显得十分珍贵。

《群婴斗草图》共画有10个男孩，图的左下方有3个，一个蹲着身子在拔草，两个对面站着正在斗草。他们所拔的和用来斗的是车前草的花茎。图中部，5个男孩围成一圈儿，中间二人在斗，其他人在旁观看助兴。正在斗的男孩中，一人的竹篮中花草还满，另一个篮中则已经用完了，他们之间的空地上散落着一片残枝败叶，表现他们已经斗了好久了。范成大诗中所写的"青枝满地花狼藉，知是儿孙斗草来"正是这种"武斗"之后的景况。还有两个男孩在远处找草，然后用衣襟兜着花草赶来参加。《群婴斗草图》细致地描绘儿童斗草游戏中的"武斗"全过程，为我们了解古代斗草之戏提供了宝贵的形象资料。

一般说来，"文斗"较适合于文人或闺阁仕女们，"武斗"则更多地流行于男孩子之中。但无论"文斗"还是"武斗"，对于人们增长植物知识和诗文辞赋，亲近认识大自然，陶冶性情都很有益处。斗草是一项历史悠久、健康绿色的游艺活动。

八、丰富多彩的儿童游戏

　　杨柳儿活，抽陀螺；

　　杨柳儿青，放空钟；

　　杨柳儿枯，踢毽子；

　　杨柳儿发芽，打拢儿。

这首明代童谣以杨柳在四季中不同的变化，说出了儿童们的各种游戏，展示出儿童们活泼可爱的童心。

第七章 明清游艺

明清两代的儿童游戏有很大的发展，游戏项目繁多，有跳百索、摸瞎鱼、抽陀螺、放空钟、踢毽子、踢石球、掷贝石、打栊（lóng）栊、放风筝等，以及各种玩具。游戏是儿童的天性，所以儿童游戏的生命力最强。明清时代的许多童戏一直流传至今，仍受到儿童们的喜爱。

跳百索，就是今天的跳绳。明人沈榜《宛署杂记》卷十七记载：农历正月里，"儿以一绳长丈许，两儿对牵，飞摆不定，令难凝视，似乎百索，其实一也。群儿乘其动时，轮跳其上，以能过者为胜，否则为索所绊，听掌绳者绳击为罚"。古代人称绳子为"索"。沈榜所记的"跳百索"与现今的跳绳游戏中多人玩的跳大绳完全相同。游戏时，两个儿童相隔一定距离对面站立，飞快地甩动一根丈把长的绳子，其他儿童轮流从绳子上跳过去，跳不过去则为失败。

清代刺绣婴戏图，纽约大都会博物馆藏

明人仿苏汉臣《婴戏图》跳百索，弗利尔美术馆藏

到清代，跳百索的游戏仍然流行。清人彭蕴章为儿童玩跳百索写过一首歌谣：

太平鼓，声冬冬，
白光如轮舞索童。
一童舞索一童唱，
一童跳入光轮中。

儿童们一面敲着太平鼓，一面唱着这首跳百索歌，在这鼓声与歌声中，尽情地跳百索，童趣盎然。

摸瞎鱼，类似现今的捉迷藏。据沈榜《宛署杂记》记载，摸瞎鱼的玩法是：许多儿童围成一个圈，两个儿童走到中间，都用厚布蒙住眼睛。一人手里拿着木鱼敲击，另一人判断声音寻摸，以夺得木鱼，或将执木鱼的人推出场外为胜。然后胜者改敲木鱼，再换一人上场来摸，继续游戏。《光绪顺天府志》记载了另一种"摸虾儿"的游戏。玩法与"摸瞎鱼"略有不同，即执木鱼的人不用蒙目。"捉迷藏"的童雅游戏起源很早，相传唐明皇和杨贵妃就曾在月光下以锦帕裹目，互相捉戏。《全史宫词》写道："万几偷暇捉迷藏，锦帕蒙头绕曲廊。侧步回身夸便捷，手挥红汗渍香囊。"唐代诗人元稹在《杂忆》诗里确实写到了捉迷藏，诗句是"寒轻夜浅绕回廊，不辨花丛暗辨香。忆得双文胧月下，小楼前后捉迷藏。"说明唐代已经产生了捉迷藏游戏。

清代焦秉贞《春园游戏图册》捉迷藏

放空钟，空钟，也称空竹。抖空竹是北方传统的游艺活动，最早出现在明代中期。传统的空竹实际上包括两种玩具：在地上旋转的和在空中抖动的。明人刘侗、于奕正《帝京景物略》卷二说：当时的空钟外形像圆筒，一根木棒从中间穿过，作为转轴。筒侧有狭长的小口，空钟旋转时空气流入里面引起共鸣，并随着旋转的快慢而发出不同声响。速度快时声大如钟鸣，慢时如虫子振翅发出的嗡嗡声。放空钟时，一手执顶端系有细绳的竹尺，鸣声陀螺图将细绳缠绕在空钟柄上，然后用力拉绳，直到绳从柄上脱离，空钟便落地旋转，因而叫"放"空钟。

这种"空钟"，从前北京俗称"抽绳转"，天津人叫它"闷壶卢"，有的地方叫"地铃"。这实际上就是"鸣声陀螺"。

清代周培春民俗画《抖空竹》，费城艺术博物馆藏

第七章　明清游艺

到清朝，地上旋转的空竹不再流行，而改为抖在空中，嗡嗡作响的一种。成书于清嘉庆以后的《燕京杂记》中有："京师儿童中有抖空钟之戏，截竹为二，短筒中作小干，连而不断。实其两头，窍其中间，以绳绕其小干，引两端而抖搂之，声如洪钟，甚为可听。"这与现今儿童玩的空竹已别无二致。明末清初画家戴本孝游历北京，作《燕市辞》诗云："杨柳青青向玉河，春鞭处处打陀螺。客来也买空钟放，又听儿童柭柭歌。"

踢石球，北方冬季风高气寒，滴水成冰。一些贫苦儿童衣单袜薄，以踢石球取暖，活血御寒，后来演变成一种有趣的儿童游戏。清富察敦崇《燕京岁时记》中说："十月以后，寒贱之子，琢石为球，以足蹴之，前后交击为胜。盖京师多寒，足指酸冻，儿童踢弄之，足以活血御寒，亦蹴鞠之类也。"富察敦崇认为踢石球是古代蹴鞠的演变是有道理的。褚人获《坚瓠首集》写顽皮的孩童"馆童顽劣实堪羞，捉匕游河踢石毬"。

踢石球的方法是，将两只如弹丸大小的石球放在地上，一人先将其中的一只尽可能地向远方踢去，另一人接着踢剩下的一只，以靠近前面石球，然后再踢一脚碰击，击中为胜。

陀螺是一种非常古老的儿童玩具，在新石器时代就已经出现。陀螺又称"地黄牛""千千车""妆娍"等，样式也多种多样。抽陀螺，明清两代，抽陀螺是冬春季节较为普遍的儿童游戏。陀螺，形状像海螺，木头制作的最常见，有的还涂上颜色，旋转时形成一圈光环，十分好看。陀螺与"空钟"略有不同。《帝京景物略》说："陀螺者，木制如小空钟，中实而无柄，绕以鞭之绳，而无竹尺。卓于地，急掣其鞭，一掣，陀螺则转，无声也。视其缓而再鞭之，转转无复往。转之疾，正如卓立地上，顶光旋旋，影不动也。"

明朝时流行一种名叫"妆域"的陀螺玩具。它是用象牙做成圆盘，直径约四寸，盘上刻有山水人物等图案，圆盘中央装上一枚铁针。玩的时候，在平滑的桌面上用手旋转，以转动时间长短分出胜负。《清稗类钞》记载：黄小松收藏有一件明万历二十四年的妆域，非常精致，上面雕刻有仙山楼阁、奇花异草，"楼馆、山树、人物，皆镂空飞动"。普通百姓玩的妆域则用木头制作，《扬州画舫录》记载：江南的儿童"以木作妆域，上覆如笠，下悬如针，俗谓之碾转"。这种"妆域"的陀螺玩具，在20世纪七八十年代的商店里还有卖的，俗称"捻捻转"。

清朝初年，元璟借山和尚是当时有名的诗僧，写有《京师百咏》，描写北京儿童的各种游戏，有放空钟、踢石球、坐冰床、太平鼓等，其中，《鞭陀罗》诗以清新洒脱的语言，描绘出一幅当时北京小儿鞭陀螺的生动画面。诗云：

京师小儿玉瑳瑳，紫貂裹袖红锦靴。
嬉戏自三五，乐莫乐兮鞭陀罗。
香尘堆里，牛羊马骡，
鞭个走珠，鞭个旋螺，
随风辗转呼如何。
阿哥、阿哥！
明年带刀佩箭跃马金盘陀。

身穿紫貂袄，脚着红锦靴的俊俏小儿，三五成群地聚在一起抽陀螺。他们将陀螺抽着飞转，并抽出"走珠""旋螺"等花样。他们唱着"阿哥、阿哥！明年带刀佩箭跃马金盘陀"的歌谣，希望像父辈那样横刀跃马，征战四方。这显然是一群满族贵族小儿抽陀螺的群戏图。

明代佚名《货郎图》，印第安纳波利斯博物馆提供

明清时期儿童题材绘画非常繁荣，出现了一批擅长婴戏图的画家，作品风格多样，同时在瓷器、玉器、漆器、木器、玻璃器和制墨、刺绣、文房等艺术品上也流行婴戏图案，成为了解当时儿童游戏活动的形象资料。

九、嘎拉哈和抓子儿

嘎拉哈和抓子儿是清代民间流传的两种女孩子喜欢玩的游戏，也是具有特色的民俗玩具。

嘎拉哈，选自 ArtBase 中国艺术品图片库

"嘎拉哈"是满语，指的是羊、猪、鹿等胫骨与附骨之间的一块骨骼，学名叫"距骨"。因它略呈长方形，有四个面，玩时可以不断地变换四面的位置，十分有趣，所以逐渐成为一种儿童玩具。"嘎拉哈"源于古老的"打髀殖"游戏。中国北方各民族都曾经流行"打髀

殖"游戏，女真族和后来的满族则称为"嘎拉哈"。近年来，在黑龙江省绥滨县的金朝墓葬以及金朝五座都城之一的上京故城遗址（今黑龙江省阿城区南）中，先后发现用水晶、白玉和铜等雕刻的嘎拉哈，说明当时玩"嘎拉哈"还是很盛行的。清朝建立后，"嘎拉哈"游戏传到了全国各地，成为中国传统的民间娱乐活动之一。直到现在，许多北方地区的儿童还在玩这种游戏。不过，汉族称这种游戏为"抓羊拐"。

"嘎拉哈"的玩法各式各样，各民族的玩法也各不相同。清朝初年，徐兰在《塞上杂记》一书中记载道："嘎拉哈"分四面，凸出的一面称"珍儿"，凹进的一面称"鬼儿"，另外两面称"背儿"和"梢儿"。人们就利用这四个面的不同变换来进行游戏。玩时，二人把"嘎拉哈"若干抛在炕上，以珍、鬼、背、梢的顺序，用手指弹击，即珍弹珍、鬼弹鬼，同类对同类，打中则赢得一枚，如撞到其他，则算负，罚出以前所赢的，并改由对方玩。最后以所赢多少决胜负。这是清朝初年的玩法。到民国以后，主要流行一种"撂嘎拉哈"的玩法。用一个石子抛到空中，在未落下之前，用手迅速地把"嘎拉哈"，按珍、鬼、背、梢的顺序翻转，然后把石子接住，再抛，再翻，谁翻的次数越多，谁就是优胜者。此外，还有"拉珍儿""搬珍儿""打嘎拉哈"等许多玩法，锡伯族、藏族、蒙古族等民族都有自己独特的玩法。

"嘎拉哈"可以说是北方各民族的儿童游戏，在江南地区也有一种类似的游戏，叫"抓子儿"。抓子儿多是春节时玩的游戏。清代小说《林兰香》第十八回，描写元宵佳节的游戏。"外而仆童打太平鼓，唱踏灯词，点爆竹，放空竹。内而侍女弹口琴，抓子儿，猜灯谜，请姑娘各寻其乐。"《帝京景物略》卷二就记载了这种游戏。"女妇闲，手五丸，且抛且拾且承，曰抓子儿。丸用象木银砾为之，竞以轻捷。"富贵人家的闺秀儿童"抓子儿"用象牙子或杂银块当玩具，游戏的关键是手眼并用，动作敏捷，五个子儿要做到不停地"掷、拾、承"。民间的女孩们则用小石子、杏核、桃核等当作子儿，玩时把手中的子儿先向空中一掷，反手接住其中一枚。再把接住的这枚掷起，趁未落之际，很快抓起下面的子儿，还要把掷起的再接住。抓下面子儿时，有一定的规矩，有时规定第一次抓起一枚，第二次抓起二枚，递增上去，直到抓完为止。有时抓这个不能碰那个，抓这边不能碰那边。有时规定要隔几个抓几个，或一把都抓起。限制不同，玩法多样，十分有趣。《红楼梦》第六十四回有一段文字，生动描写了麝月、秋纹、碧痕、紫鹃、芳官、晴雯玩抓子儿的情节："宝玉遂一手拉了晴雯，一手携了芳官。进入屋内。看时，只见西边炕上麝月、秋纹、碧痕、紫鹃等正在那里抓子儿赢瓜子儿呢。"如今，在许多地方还保留着这种有趣的游戏活动。

"嘎拉哈"和"抓子儿"只是两种普普通通的儿童游戏，但却反映了中国民族文化的悠久和相互融合，以及富有艺术的创造力。

十、风靡世界的"唐图"（Tangram）

看似普通的几块纸板，却设计科学、构思巧妙、变化无穷，不仅凝结着中国人的聪明才智，而且流传于世界各国，这就是七巧板。七巧板是我国民间流传的拼板智力玩具。七巧板由一块正方形、五块等腰直角三角形和一块平行四边形组成，虽然结构简单，明白易懂，但是内藏奥妙，人们可以随意地拼出想要的图案，目前知道可拼成1600种以上的图案，从简单的图形到各种奇思妙想的图案。用七巧板拼组的飞禽走兽和人物造型，千姿百态，栩栩如生；用七巧板拼组的花卉器皿、房屋建筑等，神似实物，妙生情趣；至于用七巧板拼组的文字和装饰画，更是别具一格，引人入胜。人们乐此不疲，可以排愁解闷，启迪人们的智慧。世界上公认中国七巧板是东方最古老的智力玩具。

七巧板是中国的独创，源于文人墨客的闲适和巧思。从现有史料来看，七巧板的创造受到古代《燕几图》的启发。《燕几图》是中国历史上第一部关于家具的设计专著，成书于南宋绍熙五年（1194），由黄伯思编写。"燕几"就是宴筵上专用的几案，古代"燕"字通"宴"字。古代几和案常常并称，几是人们坐时依凭的家具，案是人们进食、读书写字时使用的家具。一般情况下，几案泛指桌子。唐朝人为宴请宾客的方便，将案几形制做了改造，创制了燕几，其特点是可以随宾客人数多少而拼组分合。宋代时，燕几仍然流行，黄伯思总结前人的经验，创制了新的燕几，撰著了《燕几图》一书。

黄伯思（1079—1118），字长睿，号云林子，福建邵武人，曾官至秘书郎，是宋代著名的书法家、鉴赏家，学识渊博，著述发明甚多。《燕几图》由二张长桌、二张中桌和三张短桌组成。这七张桌子可以组成76种宽窄不同、形式多样的格局，满足"宾朋多寡，杯盘丰约"的不同需要。燕几受到后世文人雅士们的青睐，许多人钻研改进燕几,力求简便多变。到明代时,江苏常熟人戈汕写了一本《蝶几谱》,成为七巧板直接的原型。《蝶几谱》与《燕几图》相比较的重要变化是,从七张桌子增加到十三张桌子,从只有方形,增加了三角形和梯形。《蝶几谱》组合的图形更富有变化,可以组合130多种图案,包括亭台、山岳、鼎瓶、蝴蝶、床帐、双鱼等形状。有趣的是,将蝶几样图取右半部,从中切割就变成了七巧板。

七巧板作为智力玩具的最终形成大约在明末清初。康熙年间刘献庭在《广阳杂记》卷三中记述,他看到一本名为《十三只做式图》的书,"其图以一平方面,截为十三块,或长方,或半长方,或锐角,或钝角,展转那移,互相拼凑,或为圭形,或为磬形,或为屋宇形,或为桥梁形,或为飞燕形,或为舞蝶形,此宇宙之殊形异相,总不出其范围矣"。显然这记述的就是《蝶几谱》。关键在于,刘献庭尝试用纸板或木板来演示这些图形,他说:"予意取一平方板,纵横界画,如棋罫然,而经纬皆以百分为率,以便算也。然后如其式而截之,增减离合。以度求数,数无遁情矣。"意思是说,取一平方板,按《蝶几谱》的经纬度数进行计算、描画、切割,结果是变幻多样的图案。这样用纸板切割图案的尝试,正是七巧板产生的起因。从实物摆放,到图谱设计,再到纸板拼组,宴会桌子拼组的家具设计的实用功能,逐步演变成只有七块小薄板构成的"七巧板"游戏。

清道光年间,一位名叫陆以湉的名医,在自己的读书笔记《冷庐杂识》卷一记述了七巧图的渊源。他认为,宋代有黄伯思《燕几图》和明代的《蝶几谱》,"近又有《七巧图》,其式五,其数七,其变化之式多至千余。体物肖形,随手变幻,盖游戏之具,是以排闷破寂,故世俗皆喜为之"。这段记载说明在清代中期，七巧板已经完成演变，成为民间喜爱的游戏玩具。

象牙雕七巧板，选自 ArtBase 中国艺术品图片库

七巧板在清代风靡一时，在文学作品中留下关于七巧板的描述。尹湛纳希（1837—1892）的小说《一层楼》第二十回，写到琴默在璞玉的房间看到七巧图，璞玉说："这叫七巧图，是新近出来的，昨儿一个朋友送我的。大小共七块铜，大三角两个，中三角一个，方的一个，斜角一个，（原文有脱文）七块不增不减摆出下列的这些图样来，看去虽然是一个玩艺儿，内中倒藏着些智慧。"第二十三回的回目就是"展才制赋七巧图，寻根究底九连环"，描写姑娘们斗草、玩七巧板、九连环的故事，故事中琴默作有一篇《七巧图赋》。尹湛纳希是我国蒙古族杰出的小说家和诗人。《一层楼》作于清朝末年，是

一部现实主义的长篇小说。书中多次讲到七巧板，说明七巧板作为新型游戏已经融入人们的社会生活中。光绪年间的《燕市货声》记载当时的各种叫卖吆喝声，挑担子卖玩具货郎的叫卖声中，就有"七巧图、吹筒箭、万花筒、升官图、围棋、红鱼、六地、骨牌、小弩弓、泥骰"等。

清代的文人热衷于对七巧板的钻研和创造新的玩法，出现了多部重要的七巧板著作。现存最早的七巧板书籍是清代碧梧居士潘氏辑印的《七巧图合璧》，出版于清嘉庆年间（1796—1820），还有桑下客著的《七巧新谱》和钱选青辑印的《七巧八分图》。道光年间，清代文学家吴锡麟之子创制了七巧书法，道光十三年（1833），吴清鹏在《笏庵诗钞》卷二作《集七巧字诗》记述了此事。到咸丰七年（1857）浙江慈溪严恒同样利用七巧板拼组字体，创制了独特的严氏七巧书法。七巧书法突破了以往七巧板以拼搭人物、器皿为主的传统，把书法艺术与七巧板巧妙地结合在一起，扩展了七巧板的表现空间，巧妙别致，具有很高的艺术品质。

从19世纪起，七巧板逐渐流传到了世界各地，受到人们的普遍喜爱。欧美各国把七巧板称作"唐图"，意思是中国的拼板游戏。1742年日本出版了七巧板著作《清少纳言智慧板》。1805年，欧洲出版了第一本关于七巧板的书，名叫《中国儿童新编七巧图》，书中有24张七巧图，并按字母顺序排列。从此，七巧板在欧美各国流传开来，成为当时最时髦的游戏。1815年前后，英国出版过一本《时尚中国玩具》，其中有323幅七巧板插图。1908年，英国词典编纂家詹姆斯·默里为《斯特兰德》杂志撰写的一篇文章中，考证了"唐图",英文"Tangram"一词的来源,他认为 Tangram 是由 tan（西方称中国为"唐"）和 gram（物的形状）拼成一个新词,出现在 1847—1864 年。

晚清吴友如《点石斋画报》《天然巧合》,选自中国艺术博物馆数据库

七巧板游戏在欧美各国的流传速度是令人惊异的。在 1818 年之前,美国、德国、英国、法国、意大利和奥地利都出版了有关七巧板的书籍。意大利出版的一本游戏书《中国谜解副刊》除了介绍七巧板的拼摆规则外,还介绍了中国的历史。书中讲道:"七巧板这种巧妙绝伦的游戏,证明了中国悠久的文明。"

七巧板中所含的数学知识特别受到欧美数学家的重视,英国著名科学史学家李约瑟博士在《中国科学技术史》中高度评价了七巧板,认为它与"几何剖分、静态对策、变位镶嵌等有关，也与多少世纪以来中国建筑师用在窗格上的丰富几何图案有关"。

1918年，美国出版的《时髦的中国之谜》一书中认为七巧板是一种普遍适宜的消遣游戏，男女老幼、高官显贵、平民百姓都可以玩，而且令正直的人们赞赏的，是它不像其他赌具那样，时常会输掉自己的钱财。书中还有一首《机巧的中国之谜》的诗，对七巧板推崇备至。其中写道：

就是说，在精神疲惫消沉的时刻，
只有在七巧板中才能找到舒适；
七巧板不知不觉地吸引了我们，
在忧郁中只有它能使你欢愉。

清代玉质七巧板，美国国家博物馆藏

现今在美国国家博物馆中收藏有中国清代玉质七巧板。在美国出版的《流行的中国拼板游戏》中记载：曾经显赫一时的法国皇帝拿破仑是个七巧板游戏爱好者，即使在被流放海岛后，还经常玩弄七巧板。这带动了一些人对七巧板游戏的特殊兴趣。如今，在欧美各国以及日本等国家，每年都有一些七巧板书籍和各种新颖的七巧板玩具问世，中国的"唐图"已经成为外国人日常消遣娱乐活动的一部分。

在七巧板之后，清代同治元年（1862），崇明县人童叶庚又创制了"益智图"，即十五巧板。1878年，童叶庚编的《益智图》刊刻出版，很快流传开来。故宫博物院收藏清代的《七巧图》和《益智图》。鲁迅先生对这种既可消遣娱乐又可锻炼智力的拼板游戏十分感兴趣，多次托人到杭州购买《益智图》《益智图千字文》。

古老的七巧板充满无穷的魅力，看似简单的七块板，却能通过巧妙的排列组合，拼排出众多生动活泼的图案。19世纪以来，国内外科学界和教育界不断加强对七巧板的研究，尤其是将七巧板应用于青少年教育实践中，开拓数学思维，提高艺术想象力和创造力。

十一、消寒迎春的"九九消寒图"

古时候，人们将冬至后的81天，分为9个段落，称作"冬九九"，也就是所谓数九寒天的由来。在寒冷的冬天，室外活动受到限制，人们为了充实自己的文娱生活，消磨因不能外出而带来的苦闷，便发明了"九九消寒图"这种高雅的消遣游戏。

"九九消寒图"究竟出现在何时？尚未见到确切的记载。南朝梁人宗懔所撰《荆楚岁时记》一书中有"俗用冬至日及九九八十一日，为寒尽"的说法，这是有关九九消寒风俗的最早记载。而最早记述"九九消寒图"的是元代诗人杨允孚的《滦京杂咏》。其中一首诗云：

"试数窗间九九图,馀寒消尽暖回初。梅花点遍无馀白,看到今朝是杏株。"杨允孚又注解说:"冬至后,贴梅花一枝于窗间,佳人晓妆,日以胭脂日图一圈,八十一圈既足,变作杏花,即暖回矣。"可见,"九九消寒图"的游戏,在宋元时期已经产生。

明代宫廷中盛行填画"九九消寒图"的游戏。《酌中志》记载:每年冬至节前,司礼监印刷许多"九九消寒图",由宫眷们贴在墙壁上。一般是画青梅一枝,为瓣八十一。自冬至日起,每日用丹笔染一瓣,过九天为一九,九个九天共八十一天,待瓣染尽则寒冬消逝,春天来临。有的在消寒图上还要书以"九九消寒歌",例如,一九,"冬至才过一九逢,家家闭户避寒风。风送雪花如斗大,飞来飞去满空中"。

西安碑林博物馆藏有一块刊刻于明代弘治元年(1488)的《九九消寒图碑》,上有秦藩青阳子的跋文,可见此碑原是明代秦藩王府之物。此碑环刻九幅图画,描绘了一九到九九的自然景象,并配有九九消寒诗。选择两首赏读:"二九,凛凛寒风刮地来,冰花妆就玉楼台。银瓶注酒歌金缕,谁叹征人尚未回。""九九,满园桃李斗妆新,粉蝶黄蜂往复频。紫陌东风游骑远,信知人与物皆春。"秦藩青阳子跋文认为:"九九消寒之图,盖取安静以养微阳之意。"意思是说冬去春来,阴阳交替是大自然的规律,人们需要顺应自然规律,扶阳抑阴,以欢愉祥和的心态,迎接九九阳气的复苏与旺盛。

后来,这块《九九消寒图碑》还与数位名人有缘。清代乾隆年间苏州才女吴楚霞重刻秦藩青阳子的《九九消寒图碑》,为此,著名学者词人王昶写了一首《一萼红·题九九消寒图》词,词的上阕云:

"展吴绡。见南枝绽雪,珠蕊发春朝。粉蝶谁知,翠禽欲语,罗浮远梦初销。胭脂匣、妆台乍启,将玉指、微注小樱桃。爆竹声中,传柑节里,日日亲描。"1924年鲁迅到西安讲学,购买了多件西安碑林拓本,其中就有《九九消寒图碑》。鲁迅在日记中专门写了《西安书账》。

清代宫廷中填画"九九消寒图"的游戏更加盛行,并在花样上愈加别出心裁。道光皇帝御制了一幅"九九消寒图"。上书"亭前垂柳珍重待春风"九字("垂"字与"风"字是繁体),每字都是九笔,符合九九之数。从头九第一天开始填起,逐日填廓,每字九笔,每笔一天,每填写完一字,便过一九,全句填完,九九八十一天也就过完了。用朱笔写完当天一笔后,还要在笔画上用白笔填写上当天的天气情况。"九九消寒图"如"过午狂风""天气清凉,微风扑面""终日凉风侵入皮肤,如刀刺""大雪纷飞"等。当一幅"九九消寒图"填写完,便成了一冬的天气记录。九九消寒图除供娱乐消遣之外,在当时还是记时、记录气候的工具。此外,还有书"春前庭柏风送香盈室"九字为一幅消寒图的。

清朝末年,末代皇帝溥仪退位之后,生活空虚无聊。他的侍臣编制了两种"九九消寒图"供他娱乐消遣。一种是"井"字形,九方格,每格内有九个圆圈,共为81个圆圈,一天画一个圆圈,九个圆圈画完,表示过一九。在圆圈内则用我国古代的阴阳鱼图案来表明天气情况。阴阳鱼由黑白两色组成,一个圆圈中,一半是黑,一半是白,构成阴阳相对,黑色象征阴天,白色象征晴天。在黑的一半中有一白眼,在白的一半中有一黑眼,形状似鱼,故名阴阳鱼。另一种

中国游艺史话

"九九消寒图"亦叫"消寒益气歌",共有九个方格,格内绘有九个圆圈,采用上点阴、下点晴、左风、右雨、雪当中的方法,在圆圈上加点来表示天气变化情况。每格又都有图名和歌词,所以叫"消寒益气歌"。

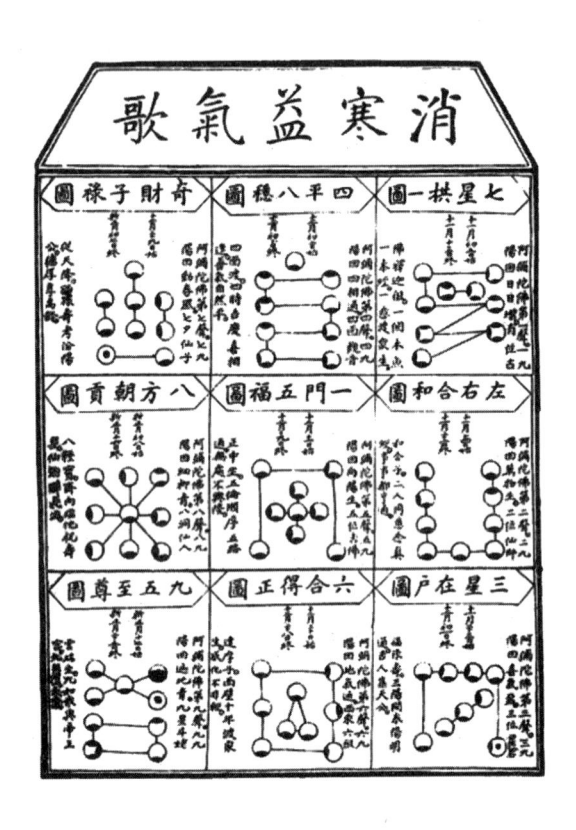

清代"消寒益气歌"

此外,还有"九九消寒诗图"等形式。诗图是每一九为四句诗,共36句。全诗252个字又环绕着"雁南飞哉柳芽待春来"九个字,组成葫芦、寿桃、花朵等形状,既可读咏,又可填画,很有艺术性。

第七章 明清游艺

例如中国第一历史档案馆藏有清宫的一幅"九九消寒诗图"。诗文如下:

> 头九初寒才是冬,三皇治世万物生,
> 尧汤舜禹传桀事,武王伐纣列国分。
> 二九朔风冷难当,临潼斗宝各逞强,
> 王翦一怒平六国,一统江山秦始皇。
> 三九纷纷降雪霜,斩蛇起义汉刘邦,
> 霸王力举千斤鼎,弃职归山张子房。
> 四九滴水冻成冰,青梅煮酒论英雄,
> 孙权独占江南地,鼎足三分属晋公。
> 五九迎春地气通,红拂私奔出深宫,
> 英雄奇遇张忠俭,李渊出现太原城。
> 六九春分天渐长,咬金聚会在瓦岗,
> 茂公又把江山定,秦琼敬德保唐王。
> 七九南来雁北飞,探母回令是彦辉,
> 黉夜母子得相会,相会不该转回归。
> 八九河开绿水流,洪武永乐南北游,
> 伯温辞朝归山去,崇祯无福天下丢。
> 九九八十一日完,闯王造反到顺天,
> 三桂令兵南下去,我国大清坐金銮。

这幅"九九消寒诗图",从三皇五帝讲到清朝建立,扼要地叙述了我国悠久的历史,提到了一些重大事件和重要人物,文字生动有趣，在娱乐消遣中学到了不少历史知识。

"九九消寒图"作为一种高雅的冬季文墨娱乐消遣，在中国古代游艺文化的百花园中，可谓是一朵别出心裁的奇葩。

十二、隆冬时节话冰嬉

在我国北方地区，汉族及少数民族很早就开始了各种冰上游艺活动。人们称冰上游艺活动为"冰嬉"。

据文献记载，明朝时，每到三九寒冬，冰封大地，皇帝便携皇族、嫔妃及侍从大臣到位于皇城内的太液池（今北京北海）乘冰床取乐。冰床，也称"拖床"，既是一种冰上滑行用具，又是一种冰上娱乐玩物。明嘉靖皇帝常坐冰床往返于太液池东西两岸。当时阁臣夏言曾有"胡床稳坐渡层冰"的诗句。《天启宫词》中载有一首冰床诗："西苑冬残冰未澌，胡床安坐柘黄衣。行行不藉风帆力，万里霜原赤兔飞。"注曰："西苑池冰既坚，以红板作拖床，四面低栏赤红色，窄仅容一人，上坐其中，诸珰（太监）于两傍用绳及竿前后推，往返数里，瞬息而已。"这描述了天启皇帝乘冰床取乐的情景。

清朝起于白山黑水之间，自古重视冰上活动，因此入关以后，冰嬉大为盛行，有"国俗"之称。清朝诸帝中，以乾隆皇帝最好冰嬉。《高宗御制诗集》中有不少关于乘冰床的诗句。《腊日坐冰床渡太液池志兴》诗中有"不知待渡霜花冷，暖坐冰床过玉津"之句。乾隆皇帝乘坐的冰床，用两条厚木板做成向上的翘头，钉上铁条。两板之间用木制横带固定，其上敷以平板，板上四角立柱，上支顶盖，翘檐飞角，周挂帷幔，上以龙凤为饰，里面铺着方裀茸燠，上放檀木坐榻，铺以貂皮坐褥。这比起天启皇帝坐的冰床华丽多了。

明清两代，冰嬉在北方的民间很普遍。民间的冰上之戏较之官方的冰嬉更加生动有趣。冰床是民间冰上之戏的主要内容之一。当时的人们，"将拖床结连一处，治酒陈肴于上，欢饮高歌，两三人牵引，便捷如飞"，真是乐趣无穷。清代杨静亭《都门杂咏》有首竹枝词这样描绘道：

十月冰床遍九城，游人曳去一毛轻。
风和日暖时端坐，疑是琉璃世界行。

清代民俗画《拖牀冰嬉》，选自 ArtBase 中国艺术品图片库

除冰床外，民间冰嬉还有不少花样。如滑冰、打滑挞、冰上蹴鞠等。在民间，滑冰是一种娱乐活动。清代北京的什刹海、积水潭等处，每逢冬季就有许多人前往滑冰。清潘荣陛《帝京岁时纪胜》中说："冰上滑擦者，所著之履皆有铁齿，流行冰上，如星驰电掣，争先夺标取胜，名曰溜冰。"《增补都门杂咏》写道："往来冰上走如风，鞋底钢条制造工。跌倒人前成一笑，头南脚北手西东。"善滑冰的人轻快地在冰面上飞驰，初学者在欢笑中跌个四脚朝天。

清代还有一种打滑挞的冰上游戏。据清人陈康祺《郎潜纪闻》记载：打滑挞的游戏是用水浇成冰山，高三四丈，莹滑无比。然后人们穿上带毛的猎皮靴，从顶上站立着滑下来，以到地不倒为胜。这种游戏既惊险又有趣，深受男子汉们的喜爱。故宫博物院藏清代金廷标《冰戏图》，描绘了孩童们结伴到冰面上嬉戏，小心翼翼地下到冰面上，相互搀扶，结果还是摔个仰面朝天，惹得岸上的同伴嬉笑。

清代还出现了滑冰与蹴鞠相结合的冰上蹴鞠。冰上蹴鞠主要盛行于宫廷中。《帝京岁时纪胜》说："金海冰上作蹵鞠之戏，每队数十人，各有统领，分位而立，以革为球，掷于空中，俟其将坠，群起而争之，以得者为胜。"在民间，冰上蹴鞠也有所流行。清人东岩居士在《帝京岁时纪胜补笺》中说："什刹海、护城河冰上蹵鞠，则皆人民练习者。"但是因为冰上足球的制度还不完备，所以发展得不广泛。

清代金廷标《冰戏图》(局部),北京故宫博物院藏

十三、"东方圣鱼"传四方

中国是金鱼的发源地,金鱼曾作为"友好使者",直接或间接地传播到世界各地,成为这些国家人民美化生活、观赏娱乐的重要爱物,被誉为"东方圣鱼"。

金鱼是由鲫鱼演化而来的特色观赏鱼类,在南宋以前大都被称

325

为金鲫鱼，饲养处在半家化状态，到南宋时经过人们不断的选育、繁殖和变异，基本上完成了金鲫鱼向金鱼的演化。明代以后，金鱼已成为大众化的观赏玩物，颜色鲜艳，体形小巧，富有美感的金鱼被养在陶制鱼缸或玻璃鱼盆中，摆放在庭院里和房间的书案上，形成社会风气。明代郎瑛《七修类稿》记载：嘉靖年间杭州养金鱼"人无不好，家无有不畜，竞争射利，交相争尚，多至十余缸"。明代屠隆《金鱼品》是中国最早的金鱼专谱，记载了近30个金鱼品种，其中一个金鱼品种"银管"在扬州、苏州、无锡等地竞相饲养。之后明代张丑《硃砂鱼谱》、屠隆《金鱼品》、清代蒋在邕《朱鱼谱》、句曲山农《金鱼图谱》等金鱼著作问世，表明中国金鱼已经成熟阶段，为后世留下科学研究的宝贵资料。

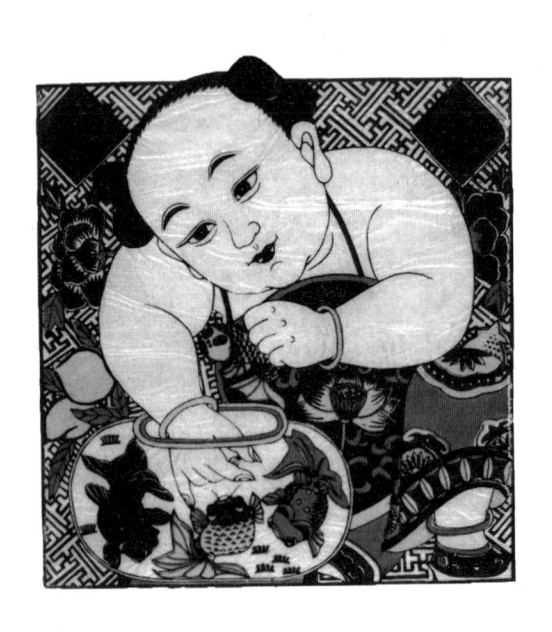

清代《金玉满堂》年画

从明代开始，金鱼走出国门，被其他国家引进。日本是中国金鱼输入最早、品种最多的国家。1502年（明弘治十五年，日本文龟二年）2月26日，中国泉州商人携带一批绯鲋（金鲫鱼）从泉州乘船到达日本长崎，在山阪城（今大阪附近）居住下来。这个记载出自日本安达喜之于1748年编写的《金鱼养玩草》，是中国金鱼传入日本的最早记载。金鱼一到日本，王公贵族、武士官吏都纷纷出高价争购，加以饲养，成为他们心爱的玩物。这批中国金鱼在日本不断繁衍，形成现在日本人称为"和金"的那种金鱼。"和金"是日本金鱼中古老而常见的家族。它体形细长，颜色以红、红白为主，体质强健，适应能力强。

1682年（康熙二十一年），康熙皇帝派遣官员携带大批物品出使琉球，其中就有中国金鱼。1772—1788年，相当于日本安永和天明朝代，这种在琉球繁殖起来的中国金鱼传到了日本的鹿儿岛县，经过日本人的改良，形成一个新品种，名为"琉金"，意思是从琉球传入的金鱼。琉金体形短圆，脊背弯曲，头小而尖，所有的鳍都很长，外形很有视觉冲击力，颜色有红、白、五花三种。日本人认为琉金是高档金鱼的代名词，改良品种红白琉金、宽尾琉金特别受欢迎。

随着中日两国经济、文化交往的加强，在"和金""琉金"两种金鱼传入日本之后，称为"狮子头"的中国金鱼，经过台湾转到日本。这是一种头上包有厚厚一层肉瘤的金鱼，相当珍贵美丽，日本人不断改良，最终培育出闻名于世的"兰寿金鱼"。兰寿金鱼都没有背鳍。由于背鳍消失，背的形状发生弯曲，很像日本妇女用的发梳，所以又称"梳子背金鱼"。它们的尾鳍有三尾、四尾、樱花尾，颜色有红、黄、橙黄、白、红白花斑等。又过了几十年，中国金鱼中的龙睛鱼、珍珠鳞、水泡眼、望天眼、紫帽子等品种都陆续输入日本，成为中国金鱼在外国品种最多的国家。

在日本浮世绘中有一种画风独特的"横滨绘"，出现于幕府末期到明治初年，主要描绘的是横滨港、商馆建筑和外国人生活等内容，为浮世绘注入新的活力。五云亭贞秀（1807—1873），是日本浮世绘歌川画派的著名画家，所以也叫歌川贞秀。1861年，他画有一幅《横滨商馆拂兰西人金鱼玩图》，描绘了横滨幕府金洋汽车旅馆里一位法国妇人正在观赏金鱼的场面。当时横滨是日本对外开放的两个港口之一，大量西方人来到横滨进行贸易，日本的金鱼也由此传入欧洲和美国。

日本歌川贞秀《横滨商馆拂兰西人金鱼玩图》，旧金山亚洲艺术博物馆藏

第七章　明清游艺

中国金鱼传到朝鲜的时间应该早于日本,明清两代朝鲜使臣出使记录统称为《燕行录》,记载在中国的所见所闻,其中《入沈记》记述了中国的金鱼,"人家多养金鱼者,有红黄紫驳四种,形如鲋大,不过数寸,而尾分三歧,若蝦尾然"。之后,金鱼传入朝鲜。19世纪朝鲜学者李圭景《五洲衍文长笺散稿》也写道:"近世有金花鱼自燕(指北京)来者,贵家多养之。……第其色各异,而金鱼为总号。予取金鱼比诸石竹花者,其种变幻不一,其故也。"

中国金鱼在17—18世纪首先由意大利传教士带回欧洲。1643年(明崇祯十六年),意大利耶稣会教士马尔蒂诺·马尔蒂尼(Martino Martini,1614—1661)来到中国,在杭州、兰溪等地传教。他非常喜好中国文化,特地为自己起个中国名字,"卫匡国,字济泰"。杭州是中国金鱼在南方的养殖中心,马尔蒂尼很快就被美丽的金鱼所吸引。他在《中国新地图册》中写道:"中国人非常喜欢这种小金鱼,常常将它们放在家中或花园里的漂亮的鱼缸中精心喂养。如果小鱼的尺寸完美,甚至可以卖到两三个金币。"1651年(清顺治八年),因罗马教廷内部发生礼仪之争,马尔蒂尼奉命返回罗马。马尔蒂尼在他的学生郑维信的陪伴下,从福建乘荷兰商船,途经荷兰返回意大利。临行前,马尔蒂尼购买了"龙睛"和"红头"等金鱼品种,装在直径三尺、高六尺的带盖木桶里。这些金鱼经过几个月的海上颠簸,居然奇迹般地活了下来,并在荷兰展出。马尔蒂尼在他《致杭盖洛神父的信》中说:"我奇迹般地发现,这些瑰丽神圣的中国金鱼竟然活着,已长到八英寸。它给教友们带来难以比喻的惊奇和赞美,它使荷兰博物学家为之倾倒。你要知道,我是多么快活,这是我的中国学生郑玛诺（郑维信）的伟大功绩。这些中国金鱼将留在荷兰，我相信，这将是个历史事件。"就这样，中国金鱼漂洋过海第一次来到欧洲的荷兰。随后荷兰的生物学者经过不断地认识实践，终于在1728年人工养殖金鱼成功。随后，中国金鱼又传到其他欧洲国家，受到这些国家人民的喜爱。英国人基于欧洲人的审美观念，培育出伦敦朱文金、布里斯托金鱼等新品种。在19世纪欧洲艺术家的作品里常常可以见到金鱼的身影。纽约大都会博物馆收藏有一幅佚名的绘画作品，一位身穿欧式服装的男士手提鹦鹉，夫人和孩子好奇地观看，房间放置一件硕大的玻璃鱼缸，红、墨、白的金鱼在游动。有趣的是画面中还有一位中国男士和他的男孩，很有可能欧洲人为了畜养好金鱼，把中国的"鱼把式"和金鱼一起请到了欧洲。

欧洲家庭畜养中国的金鱼、鹦鹉，清代佚名画家绘，纽约大都会博物馆藏

19世纪中，广州商人方棠，在美国旧金山经商20年，积累了万贯家财。他深知美国人好奇的心理，从广州运进了一批"龙睛金鱼"，以每条30美元作为起码的价格，公开拍卖。结果，购买者十分踊跃，拍卖七天，所有金鱼全部售完，有一条金鱼卖到170美元。与此同时，方棠还推出中国的佛山陶瓷鱼缸，配合金鱼出售。金鱼传入美国后，深受美国人民的喜爱，成为中产阶级家庭中时髦的观赏摆设。1876年，美国费城举办赛珍会，中国金鱼盛在华贵的龙瓷鱼缸里，使美国观众叹为观止。经过赛珍会，全美国都认识了美丽的中国金鱼。

此外，中国金鱼还流传到印度尼西亚、马来西亚等南洋国家，并辗转到南美的墨西哥、古巴、秘鲁等国。到20世纪初，被誉为"东方圣鱼"的中国金鱼已经传到世界几十个国家，成为这些国家人民喜爱的观赏动物。

十四、嘉靖帝与"霜眉"的故事

大约在汉代，猫已经进入人类生活，以捕鼠为生，并接受人类的投喂，之后猫的一部分成为宠物供人赏玩，但这时宠物猫还是珍稀之物，所以最先畜养宠物猫的是皇家。唐宋两代，随着不断的繁育，猫已经成为平民百姓家都可拥有的玩物了。

猫进入皇宫，成了帝王的宠物，于是有了猫与帝王的故事。中国古代宫廷宠猫史是从唐代开始的。《资治通鉴》记载，武则天喜猫，训练猫与鹦鹉相处，结果是"猫饥，搏鹦鹉食之"。宋代养猫之风已深入民间，可惜未见宋代宫廷养猫的记载。明代多位皇帝都喜欢养猫，并且在宫廷内专门设立管理御猫的机构——猫儿房，由太监专门饲养御猫。西苑与万岁山（今北海与景山）之间有座乾明门，明代在此处养猫。《明孝宗实录》卷七十五，弘治六年（1493），光禄寺卿胡恭等奏："本寺供应琐屑，费出无经。"这是因为"乾明门养猫十一只，日支猪肉四斤七两，肝一副"，以及虎豹、狗、羊、狐狸、鸽子、刺猬等动物。明代徐复祚《花当阁丛谈》中记载：还要经常派人"买熟豕蹄饲猫"。这是弘治初年的事，到正德年间时经费增长了许多倍，致使嘉靖初年，吏部给事中郑一鹏上《却贡献以光圣德疏》，进谏释放乾明门等处禽鸟虫蚁，停止给皇帝贡献珍禽异兽。然而这种谏言作用不大。明神宗和熹宗也都酷爱养猫。当时御猫都有诸如"小厮""老爹""丫头"等名号，《天启宫词》中，"红罽无尘白画长，丫头日日侍君王"指的就是御猫的名号。

明朝自宣宗之后，历经武宗、世宗、神宗，直至明朝末年，宫苑中畜养着许多珍稀品种的猫，少数几只猫成了皇帝身边的宠爱之物，最有名的当数嘉靖皇帝宠爱的"霜眉"猫。

如今在北京景山公园的北坡，有一棵几百年的古柏，名叫"虬龙柏"。这是因为"霜眉"猫曾被嘉靖皇帝封号为"虬龙"，死后葬于树旁而得名。

最早记载嘉靖帝与"霜眉"猫史实的历史文献是明代沈榜的《宛署杂记》。沈榜（1540—1592），字二山，湖南湘临人，隆庆年间曾任顺天府宛平县知县，留心明代掌故，披阅档册文献，著有《宛署杂记》二十卷，是明代北京史的重要文献。书中卷二十，志遗六记载：

"虬龙，嘉靖初年，禁中有猫美毛而虬，微青色，惟双眉莹然洁白，因号曰霜眉。性不喜噬物，而善解人意，目逐之即逃匿，呼其名则疾至，为舞蹈之状。且夕随驾所之，若待从然。上或时假寐，霜眉辄相依不暂离，即饥渴或便液必俟醒乃去。上以是怜而异之，封为虬龙。忽一日，向上前若疲而泣者，有顷走他处，盘曲以死。上命内侍葬之万岁山阴。勒其碑曰虬龙墓云。夫猫微物耳，一或恋主，而生荣死恤，且足传不朽，此之谓忠无不酬，德及禽兽，有如人臣尽忠报国，奚翅虬龙，或者激劝微义，先帝固亦有取尔已"。此后的《耳谈》《明史》《日下旧闻考》《水曹清暇录》等文献也记载此事，文字多简略，基本上沿袭沈榜之说。

明代佚名《牡丹睡猫图》，弗利尔美术馆藏

从《宛署杂记》的记载来看，嘉靖皇帝宠爱的"霜眉"是一只卷毛狮子猫。它之所以被封为"虬龙"，是因为"美毛而虬"，虬字有盘绕拳曲之意，如虬髯公、虬须客等词汇。《明史》上记载，朝臣袁炜曾作青词赞颂此猫，其中有"化狮作龙"一句，扣住了"霜眉"狮子猫的外形和"虬龙"的封号，所以深受嘉靖皇帝喜欢。从中国古代人们对宠物猫不同品种的喜爱程度分析，狮子猫最得人们喜爱，明代皇宫中多畜养狮子猫正符合时尚。

"霜眉"的形相和毛色非常奇特，拳曲的长毛，纯色，毛色微青，双眉竟然是白色的，"莹然洁白"，所以起名叫"霜眉"。明代邝璠《便民图纂》有"相猫法"一目，第一次出现了相猫之术，到了清代出现了专门的《相猫经》。中国古代的相猫之术将猫的毛色分为三大类：纯色、驳色和狸花。纯色即一色猫，以纯黄为上，纯白次之，纯黑又次之。驳色是指毛色驳杂的多色猫，以两色猫和玳瑁猫为代表。古代黄黑白为玳瑁色。狸花是专指带有虎斑纹的毛色。"霜眉"的毛色呈现纯色的微青色，应该属于长毛纯色的狮子猫。"霜眉"聪慧依人，颇通人性，仰首即去，呼之即来，而且懂得如何讨人欢喜，常常摇头摆尾地跟随嘉靖帝之后，如同侍从。嘉靖帝小憩，"霜眉"也相依不离，就是饥渴或想去尿尿，也要等嘉靖帝醒来再去。所以让嘉靖帝感到惊奇，更加爱惜不已。忽然一天，"霜眉"疲惫地走到嘉靖帝前，似乎在落泪，之后便走到别处，盘曲而死。嘉靖帝命内侍将"霜眉"葬于万岁山北侧，立碑曰"虬龙墓"。《全史宫词》曰："万岁山阴小碣镌，狮龙变化最堪怜。持杯暗向霜眉酹，尚怪君王雨露偏。"清代徐昂发《宫词》中也有"虬龙冢畔回身立，愿奠霜眉酒一杯"之句。

第七章 明清游艺

明代仿宋人《双猫图》,弗利尔美术馆藏

再说说那位写出"化狮作龙"名句的大臣袁炜。清初大学者朱彝尊《静志居诗话》中记载:"霜眉死,命以金棺葬万岁山,存以斋醮。

袁文荣撰词，有化狮作龙语，因题碑曰虬龙冢。"袁炜，字懋中，号元峰，浙江慈溪人，嘉靖十七年进士，历任侍讲学士，礼部尚书、户部尚书，加少傅兼太子太傅，建极殿大学士，谥文荣，著有《元峰集》。袁炜与李春芳、严讷和郭朴合称"青词宰相"，皆因善写青词而位极人臣。嘉靖帝信奉道教，常在宫中斋醮（jiào），命词臣起草祭天界神明的表章，号青词。可惜袁炜所撰祭祀"霜眉"的青词没有传下来，只留有"化狮作龙"一句。明代及后世多抨击袁炜德行，指其因献谀辞而官至辅臣之位。

在中国历史上，明朝宫廷畜养宠物猫恐怕是达到了极盛，嘉靖帝与"霜眉"的故事正是这种宫廷养猫之风的反映。

后　记

　　中国游艺历史悠久，内涵丰富，古往今来，积累了大量的文献史料，除了众多游艺门类的谱录著作外，还有大量分散在史书、地方志、文集、类书中的游艺史料，这些丰富的文献史料成为中国游艺史研究的基础。

　　人们对中国游艺活动的记述和研究起源很早，主要体现在谱录类著作的创作上，二十四史中的《经籍志》《艺文志》和历代古籍目录都有著录，可惜的是这些古代游艺著作大都失传了。此外，古代游艺的史料被古代类书所收录，方便后人查找相关文献，如《永乐大典》《古今图书集成》等。近现代中国游艺活动的文献记载则更多地集中于报刊、地方志和文人随笔杂记中。晚清民国时期的《申报》《北洋画报》《游艺画刊》等报刊包含丰富的中国游艺资料，同时中国地方志的编纂有优良的传统，其中民俗部分成为各地方独特游艺风俗文献的宝库。古代众多游艺项目不断演变发展，成为现代体育的组成部分，纳入了体育史研究的范围。

　　中国古代史籍浩如烟海，难于检索。幸运的是，我们生活在21世纪的网络时代，众多的古籍数据库为人们的学术研究提供了极大的便利，这些高质量、多类型的古籍数据库，内容极其丰富，检索非常方便，成为我们了解中华传统文化的工具，比如国家图书馆开发的《中华古籍资源库》《近代报纸数据库》《数字方志》，上海图书馆的《晚清民国时期中文期刊全文数据库》，南开大学研发的《二十五史全文检索研习系统》，北京大学的《全唐诗分析系统》《全宋诗分析系统》，敦煌研究院的《敦煌学信息资源库》，中华书局开发的《籍合网》，以及数字公司开发的《书格网》《殆知阁》《国学大师》《韩使燕行录全文检索系统》，等等。

对中国古代游艺史的研究，除历史文献外，还有赖于考古学发掘的资料证明。新中国成立以来，考古学发掘和研究取得了丰硕的成果，从出土文物、简牍文献、绘画等方面为中国游艺史提供了大量有价值的、直观形象的实物资料，丰富了中国古代游艺的宝库，解决了以往仅靠历史文献难以释读的内容，比如对六博、双陆、弹棋等古代博戏的解读。考古发掘资料极大地推进了对古代游艺活动的深入研究。2016年国家社科基金重大项目《中国古代体育文物调查和数据库建设》项目启动，将对中国古代游艺文物的调查研究和数字化建设发挥重要的推动作用。目前有关中国游艺史的著作、考古发掘报告、国内外的研究论文，包括大量的硕士、博士学位论文可以检索中国知网、中国哲学社会科学文献中心、中国哲学社会科学学术期刊数据库、中国优秀硕士学位论文数据库、中国优秀博士学位论文数据库、全国报刊索引等。国内主要的哲学社会科学研究机构，尤其是历史学的研究机构大都开发了学术性的官网或微信公众号，比如明清史研究、俗文学研究中心、石刻文献研究信息等，可以从中了解中国游艺史研究的学术动态。

近年来，国家高度重视考古文物资料的数字化建设，全国各大

后 记

博物馆、美术馆等都开发数字文物库、虚拟现实博物馆和 APP 平台，有大量馆藏文物公布出来，成为学术研究的重要资源。比如国家文物局发布的《全国馆藏文物数据库》，北京故宫博物院的《故宫博物院藏品总目》，敦煌研究院的《数字敦煌》，几乎从国家级到市县级、高等院校的博物馆、美术馆官网都有数字展厅或藏品检索，可以根据需要查找相关考古成果或文物信息。国内外许多著名博物馆，如故宫博物院、国家博物馆、美国纽约大都会博物馆、弗利尔美术馆、旧金山亚洲艺术博物馆、日本国家博物馆等都收藏有大量中国文物，这些博物馆、美术馆将部分馆藏中国文物信息、图片对社会公开，成为学术研究公共资源，同时需要注意所有的资料和图片都有具体的知识产权使用规定。此外，每年国内外各大拍卖公司的拍品中也常涉及中国文物或工艺品，可在"ArtBase 中国艺术品图片库"中查寻相关信息。几千年的中国游艺历史，积淀并流传下来大量的相关绘画、雕塑、陶瓷、漆器、刺绣、古籍等实物和图片，反映中国古代游艺的发展演变，是难得的珍贵材料。这些图片较为分散，需要不断地收集和积累。

近现代学术界对中国游艺史的研究，始于杨荫深的《中国游艺研究》一书。之后大部分研究都是从中国体育史的角度入手的。崔乐泉先生是中国体育史研究的名家，对中国游艺史的研究同样成果丰富。进入 21 世纪后，有关中国游艺史的研究得到重视，论文和著作显著增加，研究范围和深度都超过以往，成果丰硕，极大地推进了中国游艺史的研究。本书所附参考文献只是其中较为重要的，偏重学术研究的著作和论文。中国游艺史研究属于跨学科的综合研究，涉及历史学、文化学、哲学、社会学、宗教学、艺术学、文学等。对中国游艺史有兴趣的读者可以查找有关研究论著，扩展自己感兴趣的那部分内容的深度和广度。

对中国游艺发展史的研究，生动再现中国人社会生活的场景，感悟中华民族独特的游艺精神，对传承中华民族优秀文化、促进中国游艺文化发展都具有历史和现实的意义。基于这样的目的，此书力求在阐述中国游艺发展脉络的基础上，突出最具时代特色的内容，做到论从史出，史论结合，通俗易懂，图文并茂，使读者能够了解以中国古代游艺为主的基本面貌和脉络，传递中国游艺精神的内涵和价值，让当代人对灿烂悠久的中国文化有更深更广的体会，并从中汲取有益的营养。

《中国游艺史话》第一版是人民教育出版社于1995年出版的，2010年由中国国际广播出版社修订再版。十多年过去了，学术界对中国游艺史的研究已经取得很大的进展，因此有必要再次修订。本次修订版变动较大，主要工作是根据本书的定位，尽可能地吸收最新的学术研究成果和考古发现，补充部分新内容，增加或更换插图，对全书内容重新梳理，修改原书中的错误和不足。本书的修订工作借鉴了学术界的研究成果，所选用图片主要来自国内外各博物馆和美术馆的公共资源，但必须说明图片版权归各所属机构，其他人如引用本书图片请自行联系所属机构。本书凡是采纳之处均注明出处，如有疏漏且涉及知识产权的问题均由作者负责。对所有有助于编写此书的先辈、同行及各博物馆表示衷心的谢意。特别感谢筴学婧编辑为此书出版所

后 记

做的努力。本书虽经修订，但限于作者的学术视野和写作水平，书中难免存在不妥疏漏之处，望读者批评指正。

王宏凯

2020 年 12 月

主要参考文献

1. 丛振.敦煌游艺文化研究［M］.北京：中国社会科学出版社，2019.

2. 李屏.中国传统游戏研究［M］.太原：山西教育出版社，2012.

3. 崔乐泉.忘忧清乐——古代游艺文化［M］.南京：江苏古籍出版社，2002.

4. 厚艳芬.游艺世界［M］.香港：中华书局（香港），1992.

5. 熊志冲.娱乐文化［M］.成都：巴蜀书社，1990.

6. 李培琴，贺宝林，编著.中原民间游戏文化研究［M］.北京：群言出版社，2020.

7. 鲁威人，等.游戏文化学［M］.北京：首都经贸大学出版社，2019.

8. 南京博物院，等，编著.博·戏——中国古代体育文物［M］.北京：译林出版社，2014.

9. 戈春源.赌博史［M］.上海：上海文艺出版社，1995.

10. 郭泮溪.中国民间游戏与竞技［M］.上海：上海三联书店，1996.

11. 傅芸子.正仓院考古记［M］.上海：上海书画出版社，2014.

12. 常任侠.东方艺术丛谈［M］.上海：上海文艺出版社，1984.

13. 常任侠.常任侠艺术考古论文选集［M］.北京：文物出版社，1984.

14. 朱光潜.文艺心理学［M］.上海：华东师范大学出版社，2015.

15. 中国社会科学院历史研究所，编.英藏敦煌文献［M］.成都：四川人民出版社，1994.

16. 中国科学院考古研究所，编.西安半坡［M］.北京：文物出版社，1963.

17. 刘善承，主编.中国围棋史［M］.成都：成都时代出版社，2007.

18. ［美］高德耀.斗鸡与中国文化［M］.张振军，孔旭荣，等译.北京：中华书局，2005.

19. 王世襄，纂辑.蟋蟀谱集成［M］.上海：上海文化出版社，1993.

20. 刘新园.明宣德官窑蟋蟀罐［M］.北京：生活·读书·新知三联书店，2019.

21. 刘秉果，赵明奇.中国古代足球［M］.济南：齐鲁书社，2008.

22. 倪宝诚.玩具［M］.上海：上海文艺出版社，2002.

23. 王昆吾.唐代酒令艺术［M］.上海：东方出版中心，1995.

24. 畏冬.中国古代儿童题材绘画［M］.北京：紫禁城出版社，1988.

25. 故宫博物院，编.故宫博物院藏清代后妃皇子文物［M］.北京：故宫出版社，2016.

26. ［韩］郑炳模.韩国风俗画［M］.金青龙，赵亮，译.北京：商务印书馆，2015.

27. 刘秉果.中国古代足球史料专集［M］.北京：华夏出版社，1987.

28. ［荷兰］约翰·赫伊津哈.游戏的人［M］.多人，译.北京：中国美术学院出版社，1996.

29. 崔乐泉.游艺起源的考古学观察［J］.体育文化导刊，2003（9）.

30. 卢长怀.中国古代休闲思想研究［D］.大连：东北财经大学，2011.

31. 孙勐，王继红.中国围棋文物的考古发现和初步研究［J］.保定学院学报，2015（6）.

32. 古维秋，崔雪梅.击壤文化价值之研究［J］.北京体育大学学报，2012（2）.

33. 崔乐泉.中国古代球类活动演进与捶丸起源研究［J］.体育科学，2016（7）.

34. 郭成杰，刘友忠.潜山薛家岗文化遗存与镂空陶球活动［J］.安庆师范学院学报，1986（4）.

35. 吴文祺，张其海.莒南大店春秋时期莒国殉人墓［J］.考古学报，1978（3）.

36. 刘章泽.四川什邡市箭台村遗址出土汉代"陀螺"骰子考

[J].四川文物，2016（2）.

37.张文立.秦陵博琼与秦汉博戏之风[J].文博，1989（5）.

38.魏青利.漫谈唐代的骰子[J].黄河黄土黄种人，2019（10）.

39.姜生.六博图与汉墓之仙境隐喻[J].史学集刊，2015（2）.

40.黄志立.樗蒲资料补正[J].平顶山学院学报，2015（6）.

41.赵富学，才让卓玛.投壶四考[J].牡丹江大学学报，2015（11）.

42.付善民.弹棋盛衰史考[J].体育文化导刊，2014（3）.

43.张洪安.我国古代斗戏研究[J].体育文化导刊，2011（3）.

44.杨孝鸿，杨赫.文化视域下的斗鸡风俗及其墓葬图像[J].艺术探索，2018（5）.

45.刘铮，王志鹏.西北地区古代博弈形式浅探[J].西夏研究，2017（3）.

46.宋德金.双陆与民族文化的交流和融合[J].历史研究，2003（2）.

47.黄水云.论历代博弈赋及其时代内蕴[J].东方丛刊，2009（1）.

48.田卫丽.从唐代打马球文物看唐人的精神风貌[J].文物世界，2015（1）.

49.谢瑾.辽、金、元时代的马球运动[J].运动，2010（9）.

50.陶富海，解希恭.山西襄汾曲里村金元墓清理简报[J].山西省考古学会论文集，1992.

51.丛密林.辽代击鞠考略[J].体育文化导刊，2016（1）.

52.路志峻,李金梅.捶丸与高尔夫球关系考[J].敦煌学刊,2020(2).

53.方俊琦.叶子戏考辨[J].浙江师范大学学报,2015(3).

54.王慧.清宫的纸牌[J].紫禁城,2007(1).

55.王鹏.宇文邕与北周时期的象戏活动[J].兰台世界,2014(3).

56.颜下里.八八象棋辨谬[J].体育与科学,2015(2).

57.叶帅.金代博弈活动的初步研究[J].黑龙江民族丛刊,2018(4).

58.张云川.中国象棋定型考[J].体育文史,1996(3).

59.葛奇峰.北宋东京城新郑门遗址出土娱乐类文物品赏[J].文物鉴定与鉴赏,2015(6).

60.刘芳如.苏汉臣婴戏图考[J].故宫文物,2000(206—208).

61.宋秀平.两宋婴戏文物的体育活动辨析[J].成都体育学院学报,2019(3).

62.王乐,魏露苓.明清时期中国金鱼谱及其饲养技术研究[J].古今农业,2015(2).

63.潘吉星.金鱼在中国的家养史及其在东西方的传播[J].自然杂志,2008(5).

64.梁前进.金鱼起源及演化的研究[J].生物学通报,1995(3).

65.黄小峰.蹴鞠图与金瓶梅[J].艺术设计研究,2013(1).

66.王赛时.中国古代燃放烟火的习俗[J].文史杂志,1999(2).

67. 郭正谊.关于七巧图及其他［J］.中国科技史料，1990（11）.

68. 袁长燕.七巧板在欧美［J］.文化译丛，1982（3）.

69. 王连海.万历百子衣中的古代玩具［J］.文艺研究，2004（1）.

70. 李凌.龙舟竞渡在日本传播的历史考察［J］.体育成人教育学刊，2019（5）.

71. 洛梅笙.万物华荣：斗草与斗草令［J］.紫禁城，2017（6）.

72. 钱冰洁.从蟋蟀游艺看晚明休闲文化的机制和根源［J］.台州学院学报，2016（5）.

73. 许冰彬.从宫廷文物看明宣宗的娱乐生活［J］.中国国家博物馆馆刊，2016（2）.

74. 林莉娜.从朱瞻基行乐图谈起［J］.紫禁城，2014（2）.

75. 王文敬，王若光.清代冰嬉文化形态及其价值探究［J］.体育研究与教育，2020（3）.

76. 何家兴.秦简"酒令"的文学史意义［J］.湖南师范大学社会科学学报，2019（5）.

77. 章舜娇，林友标.藏钩游戏探微［J］.体育文化导刊，2012（12）.

78. 王天军，王志华.髀石游戏考论［J］.体育文化导刊，2015（3）.

79. 武恩莲.蹴鞠东传及在日本之演变［J］.沈阳体育学院学报，1993（1）.

80. 张海燕.元明清婴戏图艺术研究［D］.福州：福建师范大学，2013.

81. 欧阳雪峰.中国传统烟火初探［D］.北京：中央美术学院，2013.

图书在版编目（CIP）数据

中国游艺史话：典藏版 / 王宏凯著. —北京：中国国际广播出版社，2020.12（2025.9重印）

（传媒艺苑文丛. 第一辑）

ISBN 978-7-5078-4780-2

Ⅰ. ①中… Ⅱ. ①王… Ⅲ. ①游戏－历史－中国 Ⅳ. ①G898-092

中国版本图书馆CIP数据核字（2020）第239066号

中国游艺史话（典藏版）

著 者	王宏凯
出 品 人	宇　清
项目统筹	李　卉　张娟平
策划编辑	笑学婧
责任编辑	笑学婧
校　　对	张　娜
设　　计	国广设计室

出版发行	中国国际广播出版社有限公司［010-89508207（传真）］
社　　址	北京市丰台区榴乡路88号石榴中心1号楼2001 邮编：100079
印　　刷	环球东方（北京）印务有限公司

开　　本	710×1000　1/16
字　　数	290千字
印　　张	23
版　　次	2020年12月　北京第一版
印　　次	2025年9月　第三次印刷
定　　价	59.00元

版权所有　盗版必究